教育部第三批“全国党建工作样板支部”项目成果
北京市教育科学“十四五”规划2023年度重点课题（编号：CDAA23052）成果

新编21世纪高等职业教育精品教材

智慧财经系列

U0874026

税务会计

主　编◎王玉娟　田春红　杜俊涛
副主编◎马春霖　王希颖　徐　静

中国人民大学出版社
· 北京 ·

图书在版编目（CIP）数据

税务会计 / 王玉娟，田春红，杜俊涛主编．-- 北京：中国人民大学出版社，2024.1

新编 21 世纪高等职业教育精品教材．智慧财经系列

ISBN 978-7-300-32158-5

Ⅰ．①税… Ⅱ．①王… ②田… ③杜… Ⅲ．①税收会计－高等职业教育－教材 Ⅳ．① F810.62

中国国家版本馆 CIP 数据核字（2023）第 174384 号

教育部第三批“全国党建工作样板支部”项目成果

北京市教育科学“十四五”规划 2023 年度重点课题（编号：CDAA23052）成果

新编 21 世纪高等职业教育精品教材・智慧财经系列

税务会计

主　编　王玉娟　田春红　杜俊涛

副主编　马春霖　王希颖　徐　静

Shuiwu Kuaiji

出版发行	中国人民大学出版社		
社　　址	北京中关村大街 31 号	**邮政编码**	100080
电　　话	010－62511242（总编室）		010－62511770（质管部）
	010－82501766（邮购部）		010－62514148（门市部）
	010－62515195（发行公司）		010－62515275（盗版举报）
网　　址	http://www.crup.com.cn		
经　　销	新华书店		
印　　刷	中煤（北京）印务有限公司		
开　　本	787 mm×1092 mm　1/16	**版　　次**	2024 年 1 月第 1 版
印　　张	22	**印　　次**	2024 年 1 月第 1 次印刷
字　　数	461 000	**定　　价**	68.00 元

版权所有　侵权必究　　印装差错　负责调换

编委会

编委会主任：周丽（北京经济管理职业学院）
编委会成员（按姓氏笔画排序）：
马春霖（天津倚天会计师事务所有限公司）
王玉娟（北京经济管理职业学院）
王希颖（北京经济管理职业学院）
田春红（天津倚天会计师事务所有限公司）
刘华富（北京经济管理职业学院）
刘福祥（北京经济管理职业学院）
杜俊涛（天津立信会计师事务所有限公司）
徐静（北京经济管理职业学院）
黄世圆（山东农业大学）

前言

2022 年 4 月 20 日，全国人大审议通过了新修订的《中华人民共和国职业教育法》(以下简称《职业教育法》)。《职业教育法》明确提出："国家鼓励行业组织、企业等参与职业教育专业教材开发，将新技术、新工艺、新理念纳入职业学校教材，并可以通过活页式教材等多种方式进行动态更新；支持运用信息技术和其他现代化教学方式，开发职业教育网络课程等学习资源，创新教学方式和学校管理方式，推动职业教育信息化建设与融合应用。"为响应《职业教育法》相关要求，王玉娟（教授）、田春红（全国高端会计人才）和杜俊涛（天津市会计领军人才）共同主编了本活页教材——《税务会计》。

本教材共分四部分：第一部分为两个典型涉税案例；第二部分为理论篇，将日常工作中的涉税知识及税务会计的概念、目标和方法进行归纳，为后续章节学习提供理论基础；第三部分为实践篇，是本教材的主体，包括十三个学习任务，可以直接指导学生进行涉税实务操作；第四部分为附录，包括相关表格、平台操作视频和综合案例答案二维码。

本教材的创新之处主要体现在：

（1）思政引领。本教材以习近平新时代中国特色社会主义思想为指引，贯彻落实党的二十大精神，实现"传授专业知识"与"立德树人"无缝对接。党的二十大报告提出，推动理想信念教育常态化制度化，持续抓好党史、新中国史、改革开放史、社会主义发展史宣传教育，引导人民知史爱党、知史爱国，不断坚定中国特色社会主义共同理想。本教材配有中国共产党领导下我国税收发展史微视频，通过微视频映照出中国共产党为人民谋幸福的初心使命，这也是党领导中国经济建设不断在探索中前进，披荆斩棘、砥砺奋进、走向辉煌的生动写照。本教材将党的二十大报告中的优化税制结构、完善分配制度、支持绿色发展等理念融入思政园地，对提升课程思政水平大有裨益。

（2）与时俱进。本教材以 2024 年 1 月 31 日之前的财税法规为依据，内容贴近实际工作，使"学"与"用"一致，最大限度地规避学生在实际工作中产生的涉税风险。

（3）贴近实际。本教材提供的两个典型涉税案例均取材于企业单位实际业务，直接将原始票据和报表在进行脱敏处理后纳入教材内容，最大限度地满足了贴近实际的需求。同时，配套的财务实训平台也是与实际工作环境高度一致，进一步提升学生数字化财会实操水平。本教材提供的丰富教材资源旨在为学生提供一个真实的操作环境，从而实现与财税实际工作无缝对接。

（4）强化能力。传统教材按税种设计案例，虽然有利于学生系统掌握单一税种的理论知识，却不利于培养全面思维和综合应用能力。学生毕业后面临的企业实际业务往往比传统教材提供的案例复杂，通常一笔经济业务涉及多个税种，不同税种之间天然存在着内在联系。本教材利用仿真综合案例将十三个学习任务串联起来，有利于提升财税专业学生对各税种的综合应用能力，这也是落实《职业教育法》，不断提升学生的税务会计核算技能，提高学生就业竞争力的具体体现。

（5）活页教材。本教材考虑了税务会计岗位工作特点和教学需求，采用活页装订形式。读者可以按照需要将某个具体税种涉及的凭证样例、实施任务和知识点等内容分别从教材取出，并排展示，提升学习效率。

（6）平台操作。为了使学生熟悉税务会计岗位工作流程，本教材结合两个典型涉税案例免费为读者提供财务实训平台。通过财务实训平台进行实践操作，学生可提高学习兴趣，调动学习专业知识的积极性，增强感性认识。

（7）书证融合。本教材根据初级会计职称考试中的税收考点设计内容。教材提供的"即测即评"试题来源于初级会计职称考试真题，学生通过扫描二维码进行答题，这种答题方式与目前我国初级会计职称考试采用无纸化考试相适应。

（8）党建成果。本教材是北京经济管理职业学院税务教研室党支部（第三批全国党建工作样板支部培育创建单位）和天津倚天会计师事务所有限公司党支部（全国先进会计师事务所党支部）党建合作创新成果。两个党支部充分发挥各自优势，积极探索校企党支部之间优势互补、共同发展的党建工作新路径，将立德树人、党业融合、校企合作等最新理念贯彻教材始终，对未来职业教育教材编撰具有重要参考意义。

本教材理论篇由王玉娟完成编写；两个典型涉税案例和答案的编写、实践篇中十三个学习任务的"任务实施"由企业专家田春红、杜俊涛、马春霖和山东农业大学黄世圆编写；实践篇中十三个学习任务除"任务实施"外的内容由北京经济管理职业学院教师完成，具体分工如下：王玉娟编写学习任务一、学习任务三、学习任务八、学习任务九和学习任务十三，王希颖编写学习任务二、学习任务六、学习任务十和学习任务十一，徐静编写学习任务四、学习任务五、学习任务七和学习任务十二。教材配套的财税实训平台操作视频录制由王玉娟完成，中国共产党领导下我国税收发展史的微课视频讲解由王玉娟、王希颖、徐静完成，党的二十大与税收微课视频由王玉娟完成，活页教材整体框架和结构设计由王玉娟和田春红完成，教材初稿和终稿的审定由王玉娟、田春红和杜俊涛完成。

本教材是北京市教育科学"十四五"规划 2023 年度重点课题"数字经济视域下职业教育新型态教材开发策略与建设路径研究"（课题编号：CDAA23052）成果。本教材能够顺利出版，应当感谢中国人民大学出版社的各位编辑，感谢他们的理解、支持和辛勤劳动。在撰写本教材过程中，编者参考了许多专家、学者的研究成果，在此谨向所有参考文献的作者表示感谢！

由于时间及水平所限，教材中难免有错误和疏漏，恳请广大读者和学界专家批评指正。

编者

教材使用说明

《税务会计》活页教材分为四部分：第一部分为两个典型涉税案例，包括小规模纳税人综合案例和一般纳税人综合案例。第二部分为理论篇，介绍税收与税法、税收要素、我国现行税收法律体系和税务会计。第三部分为实践篇，包括十三个学习任务。学习任务一至学习任务十一及学习任务十三按照税种进行分类，包括增值税、消费税、城市维护建设税及附加、房产税、城镇土地使用税、印花税、车船税、契税、土地增值税、车辆购置税、个人所得税以及企业所得税十二个税种的税务会计实务；学习任务十二为社会保险和住房公积金会计核算内容。每个学习任务均由学习任务描述、教学目标、思政园地、任务书、任务分组、准备工作、思维导图、任务实施、任务评价、任务总结、学习任务的相关知识点、即测即评等部分组成。第四部分为附录，包括相关表格、平台操作视频和综合案例答案二维码。

本教材提供的资源包括：党的二十大与税收微课视频、中国共产党领导下我国税收发展史微课视频、平台操作视频讲解、典型涉税案例、即测即评试题库和财税实训平台（网址：http://cssx.rdlearning.cn）。

学生将活页教材内页按照内容分类整理（如图 1 ～图 6 所示），根据学习需求重新组合教材内页顺序。下面介绍三种使用本教材的方法。

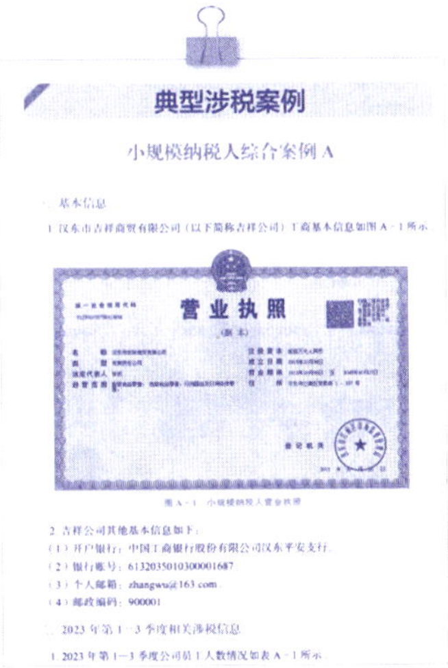
典型涉税案例

小规模纳税人综合案例 A

图 1　小规模纳税人综合案例

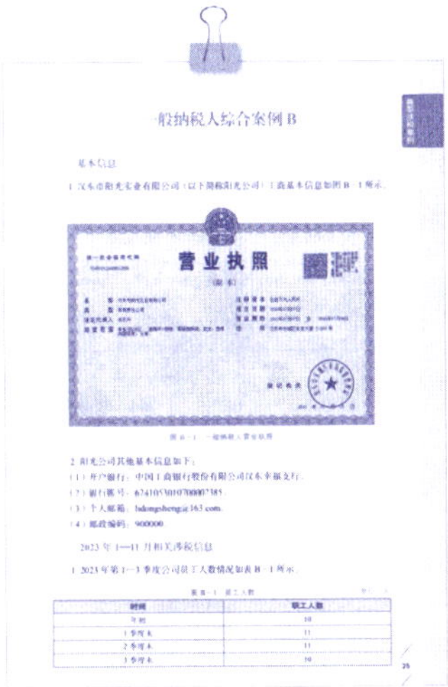
一般纳税人综合案例 B

图 2　一般纳税人综合案例

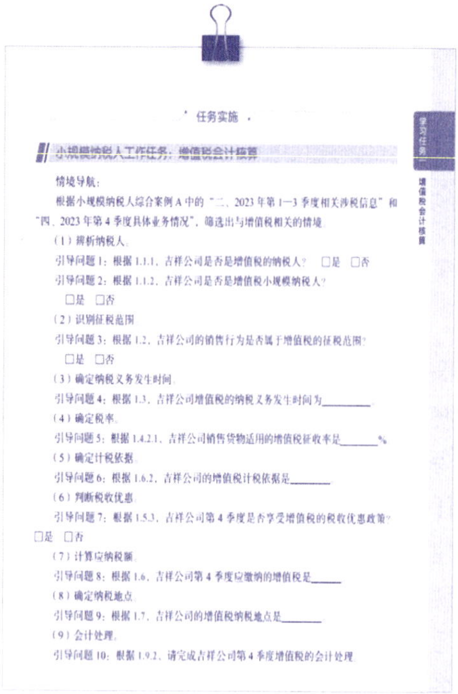
任务实施

小规模纳税人工作任务：增值税会计核算

情境导航：

根据小规模纳税人综合案例 A 中的“二、2023 年第 1—3 季度相关涉税信息”和“四、2023 年第 4 季度具体业务情况”，筛选出与增值税相关的情境。

（1）辨析纳税人。

引导问题 1：根据 1.1.1，吉祥公司是否是增值税的纳税人？ □是 □否

引导问题 2：根据 1.1.2，吉祥公司是否是增值税小规模纳税人？

□是 □否

（2）识别征税范围。

引导问题 3：根据 1.2，吉祥公司的销售行为是否属于增值税的征税范围？

□是 □否

（3）确定纳税义务发生时间。

引导问题 4：根据 1.3，吉祥公司增值税的纳税义务发生时间为________。

（4）确定税率。

引导问题 5：根据 1.4.2.1，吉祥公司销售货物适用的增值税征收率是______%。

（5）确定计税依据。

引导问题 6：根据 1.6.2，吉祥公司的增值税计税依据是______。

（6）判断税收优惠。

引导问题 7：根据 1.5.3，吉祥公司第 4 季度是否享受增值税的税收优惠政策？

□是 □否

（7）计算应纳税额。

引导问题 8：根据 1.6，吉祥公司第 4 季度应缴纳的增值税是_____。

（8）确定纳税地点。

引导问题 9：根据 1.7，吉祥公司的增值税纳税地点是______。

（9）会计处理。

引导问题 10：根据 1.9.2，请完成吉祥公司第 4 季度增值税的会计处理。

学习任务一 增值税会计核算

图 3 小规模纳税人任务实施

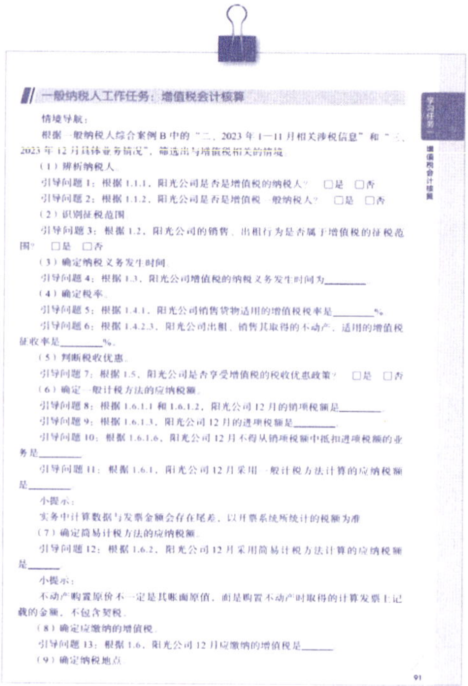
一般纳税人工作任务：增值税会计核算

情境导航：

根据一般纳税人综合案例 B 中的“二、2023 年 1—11 月相关涉税信息”和“三、2023 年 12 月具体业务情况”，筛选出与增值税相关的情境。

（1）辨析纳税人。

引导问题 1：根据 1.1.1，阳光公司是否是增值税的纳税人？ □是 □否

引导问题 2：根据 1.1.2，阳光公司是否是增值税一般纳税人？ □是 □否

（2）识别征税范围。

引导问题 3：根据 1.2，阳光公司的销售、出租行为是否属于增值税的征税范围？ □是 □否

（3）确定纳税义务发生时间。

引导问题 4：根据 1.3，阳光公司增值税的纳税义务发生时间为________。

（4）确定税率。

引导问题 5：根据 1.4.1，阳光公司销售货物适用的增值税税率是________%。

引导问题 6：根据 1.4.2.3，阳光公司出租、销售其取得的不动产，适用的增值税征收率是________%。

（5）判断税收优惠。

引导问题 7：根据 1.5，阳光公司是否享受增值税的税收优惠政策？ □是 □否

（6）确定一般计税方法的应纳税额。

引导问题 8：根据 1.6.1.1 和 1.6.1.2，阳光公司 12 月的销项税额是________。

引导问题 9：根据 1.6.1.3，阳光公司 12 月的进项税额是________。

引导问题 10：根据 1.6.1.6，阳光公司 12 月不得从销项税额中抵扣进项税额的业务是________。

引导问题 11：根据 1.6.1，阳光公司 12 月采用一般计税方法计算的应纳税额是________。

小提示：

实务中计算数据与发票金额会存在尾差，以开票系统所统计的税额为准

（7）确定简易计税方法的应纳税额。

引导问题 12：根据 1.6.2，阳光公司 12 月采用简易计税方法计算的应纳税额是______。

小提示：

不动产购置原价不一定是其账面原值，而是购置不动产时取得的计算发票上记载的金额，不包含契税。

（8）确定应缴纳的增值税。

引导问题 13：根据 1.6，阳光公司 12 月应缴纳的增值税是______

（9）确定纳税地点。

91

学习任务一 增值税会计核算

图 4 一般纳税人任务实施

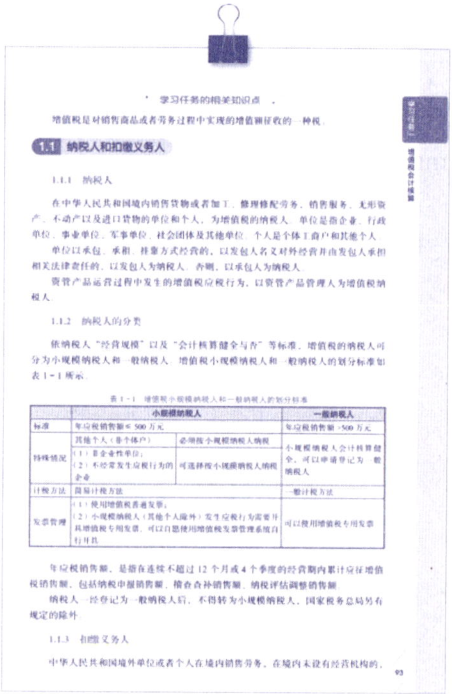
学习任务的相关知识点

增值税是对销售商品或者劳务过程中实现的增值额征收的一种税。

1.1 纳税人和扣缴义务人

1.1.1 纳税人

在中华人民共和国境内销售货物或者加工、修理修配劳务，销售服务、无形资产、不动产以及进口货物的单位和个人，为增值税的纳税人。单位是指企业、行政单位、事业单位、军事单位、社会团体及其他单位。个人是个体工商户和其他个人。

单位以承包、承租、挂靠方式经营的，以发包人名义对外经营并由发包人承担相关法律责任的，以发包人为纳税人。否则，以承包人为纳税人。

资管产品运营过程中发生的增值税应税行为，以资管产品管理人为增值税纳税人。

1.1.2 纳税人的分类

依纳税人“经营规模”以及“会计核算健全与否”等标准，增值税的纳税人可分为小规模纳税人和一般纳税人。增值税小规模纳税人和一般纳税人的划分标准如表 1－1 所示。

表 1－1 增值税小规模纳税人和一般纳税人的划分标准

	小规模纳税人		一般纳税人
标准	年应税销售额≤500 万元		年应税销售额>500 万元
特殊情况	其他个人（非个体户）	必须按小规模纳税人纳税	小规模纳税人会计核算健全，可以申请登记为一般纳税人
	（1）非企业性单位；（2）不经常发生应税行为的企业	可选择按小规模纳税人纳税	
计税方法	简易计税方法		一般计税方法
发票管理	（1）使用增值税普通发票；（2）小规模纳税人（其他个人除外）发生应税行为需要开具增值税专用发票，可以自愿使用增值税发票管理系统自行开具		可以使用增值税专用发票

年应税销售额，是指在连续不超过 12 个月或 4 个季度的经营期内累计应征增值税销售额，包括纳税申报销售额、稽查查补销售额、纳税评估调整销售额。

纳税人一经登记为一般纳税人后，不得转为小规模纳税人，国家税务总局另有规定的除外。

1.1.3 扣缴义务人

中华人民共和国境外单位或者个人在境内销售劳务，在境内未设有经营机构的，

93

学习任务一 增值税会计核算

图 5 学习任务的相关知识点

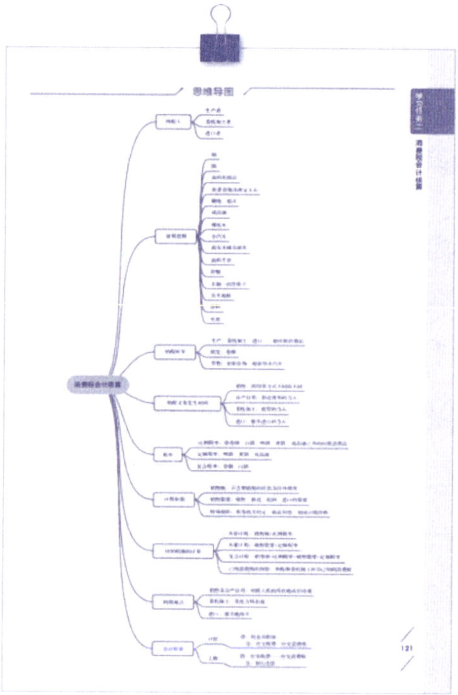

图 6 思维导图

一、学习税务会计实务操作

学习综合案例需要准备的教材页包括：小规模纳税人综合案例（如图 1 所示）、一般纳税人综合案例（如图 2 所示）、小规模纳税人任务实施（如图 3 所示）、一般纳税人任务实施（如图 4 所示）、学习任务的相关知识点（如图 5 所示）。

第一步，以小规模纳税人综合案例和一般纳税人综合案例为实训案例，学生根据“任务实施”的引导问题对应的“索引号”，查阅“学习任务的相关知识点”。学生扫描教材附录中的“相关表格扫一扫”二维码，下载相关表格，完成税款计算。如果学习实训案例过程中遇到问题，可以扫描附录中的“综合案例答案”二维码获取两个综合案例引导问题的答案。通过本步骤的学习，实现“教学目标”中的“知识目标”。

第二步，以一般纳税人综合案例为实训案例，学生登录财税实训平台学习会计凭证录入，如果操作遇到问题，可以扫描附录中的“操作视频扫一扫”二维码观看微课视频。通过本步骤的学习，实现“教学目标”中的“能力目标”。

第三步，学生通过完成“任务实施”中的“引导问题”、扫描“准备工作”中“微课视频扫一扫”和“思政园地”中“党的二十大与税收”观看含有思政元素的微课视频、阅读思政园地，树立正确的世界观、人生观和价值观。通过本步骤的学习，实现“教学目标”中的“素养目标”。

二、复习初级会计职称考试

初级会计职称考试对税法的测试采用理论测试，需要准备的教材页包括：学习任务的相关知识点（如图 5 所示）和思维导图（如图 6 所示）。

第一步，阅读并记忆“学习任务的相关知识点”，扫描“即测即评”二维码，完成测试题。

第二步，阅读并记忆思维导图。

三、复习 1+X 证书考试

1+X 证书考试一般包括理论测试和实践操作两个环节，需要准备的教材页包括：小规模纳税人综合案例（如图 1 所示）、一般纳税人综合案例（如图 2 所示）、小规模纳税人任务实施（如图 3 所示）、一般纳税人任务实施（如图 4 所示）、学习任务的相关知识点（如图 5 所示）、思维导图（如图 6 所示）。

第一步，阅读并记忆“学习任务的相关知识点”，扫描“即测即评”二维码，完成测试题。

第二步，阅读并记忆思维导图。

第三步，以一般纳税人综合案例为测试案例，登录财税实训平台，完成税务会计凭证操作。

目 录

典型涉税案例

理论篇

实践篇

典型涉税案例

小规模纳税人综合案例 A

一、基本信息

1. 汉东市吉祥商贸有限公司（以下简称吉祥公司）工商基本信息如图 A－1 所示。

统一社会信用代码
91230101675841385K

营业执照
（副 本）

扫描二维码登录"国家企业信用信息公示系统"了解更多登记、备案、许可、监管信息

名　　称　汉东市吉祥商贸有限公司
类　　型　有限责任公司
法定代表人　张武
经营范围　散装食品零售；包装食品零售；日用器皿及日用杂货零售。

注册资本　贰佰万元人民币
成立日期　2015年10月08日
营业期限　2015年10月08日 至 2045年10月07日
住　　所　汉东市江南区贸易街 1－157 号

登记机关　汉东市江南区市场监督管理局

2015 年 10 月 18 日

图 A－1　小规模纳税人营业执照

2. 吉祥公司其他基本信息如下：

（1）开户银行：中国工商银行股份有限公司汉东平安支行。

（2）银行账号：6132035010300001687。

（3）个人邮箱：zhangwu@163.com。

（4）邮政编码：900001。

二、2023 年第 1—3 季度相关涉税信息

1. 2023 年第 1—3 季度公司员工人数情况如表 A－1 所示。

表 A－1　员工人数　　单位：人

时间	职工人数
年初	5
1 季度末	5
2 季度末	5
3 季度末	5

2. 2023 年第 1—3 季度资产总额情况如表 A－2 所示。

表 A－2　资产总额情况　　金额单位：万元

时间	资产总额
年初	245.67
1 季度末	253.28
2 季度末	258.94
3 季度末	264.91

3. 2023 年 3 季度末资产负债表如表 A－3 所示。

表 A－3　资产负债表

编制单位：汉东市吉祥商贸有限公司　　2023 年 9 月 30 日　　金额单位：元

资产	年初余额	期末余额	负债和所有者权益	年初余额	期末余额
流动资产：			流动负债：		
货币资金	1 862 009.12	2 044 752.28	短期借款		
交易性金融资产			交易性金融负债		
衍生金融资产			衍生金融负债		
应收票据			应付票据		
应收账款			应付账款	333 700.00	315 900.00
应收款项融资			预收款项		
预付款项			合同负债		
其他应收款			应交税费	7 071.13	5 342.86
存货	202 000.00	230 000.00	应付职工薪酬		
合同资产			其他应付款	200 000.00	200 000.00
持有待售资产			持有待售负债		
一年内到期的非流动资产			一年内到期的非流动负债		
其他流动资产			其他流动负债		
流动资产合计	2 064 009.12	2 274 752.28	流动负债合计	540 771.13	521 242.86
非流动资产：			非流动负债：		
债权投资			长期借款		
其他债权投资			应付债券		
长期应收款			租赁负债		
长期股权投资			长期应付款		
其他权益工具投资			预计负债		

续表

资产	年初余额	期末余额	负债和所有者权益	年初余额	期末余额
其他非流动金融资产			递延收益		
投资性房地产			递延所得税负债		
固定资产	392 687.60	374 340.74	其他非流动负债		
在建工程			非流动负债合计		
生产性生物资产			负债合计	540 771.13	521 242.86
油气资产			所有者权益：		
使用权资产			实收资本	2 000 000.00	2 000 000.00
无形资产			其他权益工具		
开发支出			资本公积		
商誉			减：库存股		
长期待摊费用			其他综合收益		
递延所得税资产			专项储备		
其他非流动资产			盈余公积		
非流动资产合计	392 687.60	374 340.74	未分配利润	-84 074.41	127 850.16
			所有者权益合计	1 915 925.59	2 127 850.16
资产总计	2 456 696.72	2 649 093.02	负债和所有者权益总计	2 456 696.72	2 649 093.02

4. 2023 年第 1—3 季度利润表如表 A－4 所示。

表 A－4　利润表

编制单位：汉东市吉祥商贸有限公司　　2023 年 1—9 月　　金额单位：元

项目	金额
一、营业收入	1 800 000.00
减：营业成本	1 151 400.00
税金及附加	2 632.50
销售费用	33 450.00
管理费用	433 236.86
研发费用	
财务费用	-38 400.00
加：其他收益	
投资收益	
公允价值变动收益	
资产减值损失	
二、营业利润	217 680.64
加：营业外收入	
减：营业外支出	
三、利润总额	217 680.64
减：所得税费用	5 756.07
四、净利润	211 924.57

5. 2023 年第 1—3 季度科目余额表如表 A－5 所示。

表 A－5　科目余额表

会计期间：　2023.1.1—2023.9.30　金额单位：元

科目编号	会计科目	期初余额	本期借方发生额	本期贷方发生额	期末余额
1002	银行存款	1 862 009.12	1 861 200.00	1 678 456.84	2 044 752.28
100201	工商银行汉东平安支行	1 862 009.12	1 861 200.00	1 678 456.84	2 044 752.28
1405	库存商品	202 000.00	1 179 400.00	1 151 400.00	230 000.00
1601	固定资产	515 000.00			515 000.00
160101	房屋及建筑物	515 000.00			515 000.00
1602	累计折旧	122 312.40		18 346.86	140 659.26
160201	房屋及建筑物	122 312.40		18 346.86	140 659.26
2202	应付账款	333 700.00	1 197 200.00	1 179 400.00	315 900.00
2211	应付职工薪酬		376 890.00	376 890.00	
221101	短期薪酬		350 902.50	350 902.50	
22110101	职工工资		252 000.00	252 000.00	
22110102	社会保险费		16 537.50	16 537.50	
2211010201	医疗保险		15 750.00	15 750.00	
2211010202	工伤保险		787.50	787.50	
22110103	住房公积金		17 325.00	17 325.00	
22110104	职工福利费		40 000.00	40 000.00	
22110105	职工教育经费		20 000.00	20 000.00	
22110106	工会经费		5 040.00	5 040.00	
221102	离职后福利		25 987.50	25 987.50	
22110201	设定提存计划		25 987.50	25 987.50	
2211020101	基本养老保险		25 200.00	25 200.00	
2211020102	失业保险		787.50	787.50	
2221	应交税费	7 071.13	30 126.09	28 397.82	5 342.86
222101	应交增值税	5 000.00	23 000.00	18 000.00	
222102	应交城市维护建设税	175.00	805.00	630.00	
222103	应交教育费附加	75.00	345.00	270.00	
222104	应交地方教育费附加	50.00	230.00	180.00	
222105	应交个人所得税	503.25	2 009.25	2 009.25	503.25
222106	应交房产税	1 081.50	2 163.00	1 081.50	
222107	应交城镇土地使用税	30.00	60.00	30.00	
222108	应交印花税	156.38	449.81	441.00	147.57
222109	应交所得税		1 064.03	5 756.07	4 692.04
2241	其他应付款	200 000.00	33 862.50	33 862.50	200 000.00
4001	实收资本	2 000 000.00			2 000 000.00
4101	盈余公积				
410101	法定盈余公积				
4104	未分配利润	−84 074.41		211 924.57	127 850.16
6001	主营业务收入		1 800 000.00	1 800 000.00	

续表

科目编号	会计科目	期初余额	本期借方发生额	本期贷方发生额	期末余额
600101	食品收入		1 800 000.00	1 800 000.00	
6117	其他收益				
6401	主营业务成本		1 151 400.00	1 151 400.00	
6403	税金及附加		2 632.50	2 632.50	
6601	销售费用		33 450.00	33 450.00	
660101	广告宣传费		33 450.00	33 450.00	
6602	管理费用		433 236.86	433 236.86	
660201	办公费		20 000.00	20 000.00	
660202	折旧费		18 346.86	18 346.86	
660203	业务招待费		18 000.00	18 000.00	
660204	工资薪金		252 000.00	252 000.00	
660205	社会保险费		42 525.00	42 525.00	
660206	住房公积金		17 325.00	17 325.00	
660207	职工福利费		40 000.00	40 000.00	
660208	职工教育经费		20 000.00	20 000.00	
660209	工会经费		5 040.00	5 040.00	
6603	财务费用		−38 400.00	−38 400.00	
660301	手续费		4 800.00	4 800.00	
660302	利息收入		−43 200.00	−43 200.00	
6711	营业外支出				
6801	所得税费用		5 756.07	5 756.07	

6. 2018—2022 年当年境内所得额如表 A－6 所示。

表 A－6　2018—2022 年当年境内所得额　　金额单位：元

年份	2022 年	2021 年	2020 年	2019 年	2018 年
当年境内所得额	103 901.67	275 836.41	119 724.36	−216 789.35	−385 232.28

注：从 2018—2022 年企业所得税年度纳税申报表中摘录，2017 年及以前年度无待弥补亏损额。

7. 第 3 季度末房屋、土地基本信息如表 A－7 所示。

表 A－7　第 3 季度末房屋、土地基本信息

名称	账面原值		购置时间	不动产编号	不动单元号	建筑面积（m^2）	房产原值减除比例
	金额（元）	其中：契税（元）					
办公用房	515 000.00	15 000.00	2017 年 12 月	2134835	111202040003GB 0006F000100157	50	30%
名称	土地面积（m^2）	土地等级	城镇土地使用税税额标准	宗地号	房屋坐落地点		
办公用房	10	二级	12 元 / 平方米	05-10-28-005	汉东市江南区贸易街 1-157 号		

注：房产原值减除比例根据当地标准确定；土地等级和城镇土地使用税税额标准由当地所属税务机关核实并在电子税务局系统采集。

8. 第 3 季度末固定资产折旧明细表如表 A－8 所示。

表 A－8 第 3 季度末固定资产折旧明细表

2023 年 9 月 金额单位：元

固定资产名称	数量单位	入账日期	原值	计提月份	残值率	月折旧	1—9 月折旧	已用月数	累计折旧
办公用房	1 套	2017-12	515 000.00	240	5%	2 038.54	18 346.86	69	140 659.26

9. 个人所得税按月度申报；增值税、城市维护建设税、教育费附加和地方教育附加、印花税、企业所得税按季度申报；城镇土地使用税和房产税按年计算，每半年缴纳一次，分别于 1 月份、7 月份缴纳。（涉及减征的，汉东市规定均按最高幅度减征）

三、2023 年工资、保险及专项附加扣除情况

吉祥公司员工 2023 年员工信息，月工资、保险及专项附加扣除数据如表 A－9～表 A－11 所示。

表 A－9 员工信息

姓名	性别	身份证号码	国籍	入职日期	是否雇员	是否股东、投资者	人员状态	手机号码
张武	男	3701011982020812××	中国	2015/8/18	是	是	正常	188030158××
王娟	女	3701011986100991××	中国	2015/9/15	是	否	正常	137131251××
胡晓红	女	3701011988052065××	中国	2015/10/13	是	否	正常	139237943××
张一健	男	3701021997120128××	中国	2020/5/6	是	否	正常	133034569××
李宏波	男	3701021997080935××	中国	2020/6/10	是	否	正常	186130067××

注：办税人员为胡晓红，财务人员为王娟。

表 A－10　1 月工资表

金额单位：元

姓名	应发工资	上年平均月工资	应扣个人缴纳保险					税前合计	专项附加扣除	个人所得税	实发金额
			养老保险（8%）	医疗保险（2%）	失业保险（0.5%）	住房公积金（11%）	合计				
张武	15 000.00	4 500.00	360.00	90.00	22.50	495.00	967.50	14 032.50	4 000.00	150.98	13 881.52
王娟	4 000.00	4 000.00	320.00	80.00	20.00	440.00	860.00	3 140.00		0.00	3 140.00
胡晓红	4 000.00	4 000.00	320.00	80.00	20.00	440.00	860.00	3 140.00		0.00	3 140.00
张一健	2 500.00	2 500.00	200.00	50.00	12.50	275.00	537.50	1 962.50		0.00	1 962.50
李宏波	2 500.00	2 500.00	200.00	50.00	12.50	275.00	537.50	1 962.50		0.00	1 962.50
合计	28 000.00	—	1 400.00	350.00	87.50	1 925.00	3 762.50	24 237.50	4 000.00	150.98	24 086.52

注：（1）吉祥公司其他月份发放的工资金额与 1 月份一样，其他员工全年应纳税所得额减去基本费用后小于零，不需要预扣预缴个人所得税。

（2）2023 年 12 月，张武从外单位取得讲课费 5 000 元，未代扣代缴个人所得税。

表 A－11　专项附加扣除数据

姓名	项目						合计
	子女教育	继续教育	大病医疗	住房贷款利息	住房租金	赡养老人	
张武	2 000			1 000		1 000	4 000
合计							4 000

姓名	申请项目	配偶姓名	身份证号码	子女姓名	身份证号码	出生日期	国籍	当前受教育阶段	受教育日期起	就读国家	就读学校名称	本人扣缴比例
张武	子女教育	王娟	3701011986100991××	张远帆	3701012014030612××	2014/03/06	中国	义务教育	2020/9/1	中国	实验小学	100%

姓名	申请项目	配偶姓名	身份证号码	地址	房屋所有权证编号	本人是否借款人	扣除比例	公积金贷款合同编号	首次还款日期	贷款期限（月数）
张武	住房贷款	王娟	3701011986100991××	汉东市幸福小区 1-302	38451201	是	100%	JK573416	2016/8/10	240

姓名	申请项目	独生子女	父亲姓名	身份证号码	出生日期	本人扣缴比例
张武	赡养老人	否	张国庆	370101195210010l××	1952/10/01	33.33%

四、2023 年第 4 季度具体业务情况

业务 A－1：吉祥公司第 4 季度采取直接收款方式销售货物，均签订了购销合同，如图 A－2 所示。自行开具增值税普通发票，具体开票信息及收款情况如图 A－3 ～图 A－8 所示。

购销合同

购货单位（甲方）：汉东市亲民超市有限公司

供货单位（乙方）：汉东市吉祥商贸有限公司

根据《中华人民共和国民法典》及国家相关法律、法规之规定，甲乙双方本着平等互利的原则，就甲方购买乙方货物一事达成以下协议。

一、货物的名称、数量及价格：

货物名称	规格型号	单位	数量	单价	金额	税率	价税合计
旺旺饼干		箱	150	2,000.00	300,000.00	1%	303,000.00
合计（大写） 叁拾万叁仟元整							¥303,000.00

二、交货方式和费用承担：交货方式：购货方自行提货，交货时间：2023年12月31日 前，交货地点：汉东市江南区贸易街。

三、付款时间与付款方式：每月末结算一次，根据实际提货数量进行结算。

四、质量异议期：订货方对供货方的货物质量有异议时，应在收到货物后 3日 内提出，逾期视为货物质量合格。

五、未尽事宜经双方协商可签订补充协议，与本合同具有同等效力。

六、本合同自双方签字、盖章之日起生效，本合同壹式贰份，甲乙双方各执壹份。

甲方（签章）：汉东市亲民超市有限公司

授权代表：

地址：

电话：

日期：2023 年 10 月 10 日

乙方（签章）：汉东市吉祥商贸有限公司

授权代表：

地址：

电话：

日期：2023 年 10 月 10 日

图 A－2　吉祥公司第 4 季度销售合同

370102200140　　汉东 增值税普通发票　　№ 81947154　　370102200140 81947154

记账联

机器编号：982888812388　　开票日期：2023年10月25日

购买方	名称：汉东市亲民超市有限公司 纳税人识别号：924502035891235963 地址、电话：汉东市江北区朝阳路10号 133010542×× 开户行及账号：中国工商银行股份有限公司汉东朝阳支行6132047820300002574	密码区	6-1%#77562094#805%50463810-4 -70#6945-1%>8>6%9288*951#->4 0*1>*97-1849%2-4#065-%22*89% #18546*11173609283#8378%7485

货物或应税劳务、服务名称	规格型号	单位	数量	单价	金额	税率	税额
*焙烤食品*旺旺饼干		箱	60	2,000.00	120,000.00	1%	1,200.00
合计					¥120,000.00		¥1,200.00
价税合计（大写）	⊗壹拾贰万壹仟贰佰元整				（小写）¥121,200.00		

销售方	名称：汉东市吉祥商贸有限公司 纳税人识别号：91230101675841385K 地址、电话：汉东市江南区贸易街 1－157 号139237943×× 开户行及账号：中国工商银行股份有限公司汉东平安支行6132035010300001687	备注	

收款人：张一健　　复核：王娟　　开票人：胡晓红　　销售方：（章）

税总函［202X］××号×××公司

第一联：记账联 销售方记账凭证

图 A－3　吉祥公司 10 月销售发票

业务回单（收款）

日期：2023 年 10 月 28 日

回单编号：23157378984

付款人户名：汉东市亲民超市有限公司　　付款人开户行：中国工商银行股份有限公司汉东朝阳支行

付款人账号（卡号）：6132047820300002574

收款人户名：汉东市吉祥商贸有限公司　　收款人开户行：中国工商银行股份有限公司汉东平安支行

收款人账号（卡号）：6132035010300001687

金额：壹拾贰万壹仟贰佰元整　　小写：¥121,200.00 元

业务（产品）种类：同城转账　　凭证种类：000000000　　凭证号码：000000000000000000

摘要：10月货款　　用途：货款　　币种：人民币

交易机构：0613200350　　记账柜员：87896　　交易代码：28216　　渠道：网上银行

中国工商银行股份有限公司　汉东平安支行　业务专用章　58C80561B006　打印柜员：0

本回单为第 1 次打印，注意重复　　打印日期：2023 年 10 月 28 日

图 A－4　吉祥公司 10 月售货银行回单

370102200140　　汉东增值税普通发票　　№ 81947155　　370102200140　81947155

记账联

机器编号：982888812388　　开票日期：2023年11月25日

购买方
名称：汉东市亲民超市有限公司
纳税人识别号：924502035891235963
地址、电话：汉东市江北区朝阳路10号 133010542××
开户行及账号：中国工商银行股份有限公司汉东朝阳支行6132047820300002574

密码区
5-2%#77562094#805%73603810-8
-70#6945-1%>8>6%9288*951#->8
0*1>*97-1849%2-4#065-%22*89%
#18546*77563609283#8378%1849

货物或应税劳务、服务名称	规格型号	单位	数量	单价	金额	税率	税额
*焙烤食品*旺旺饼干		箱	40	2,000.00	80,000.00	1%	800.00
合计					¥80,000.00		¥800.00

价税合计（大写）⊗捌万零捌佰元整　　（小写）¥80,800.00

销售方
名称：汉东市吉祥商贸有限公司
纳税人识别号：91230101675841385K
地址、电话：汉东市江南区贸易街 1－157 号139237943××
开户行及账号：中国工商银行股份有限公司汉东平安支行6132035010300001687

备注

收款人：张一健　　复核：王娟　　开票人：胡晓红　　销售方：（章）

税总函[202X]××号××××公司

第一联：记账联　销售方记账凭证

图 A－5　吉祥公司 11 月销售发票

业务回单（收款）

日期：2023 年 11 月 28 日

回单编号：44012536662

付款人户名：汉东市亲民超市有限公司　　付款人开户行：中国工商银行股份有限公司汉东朝阳支行

付款人账号（卡号）：6132047820300002574

收款人户名：汉东市吉祥商贸有限公司　　收款人开户行：中国工商银行股份有限公司汉东平安支行

收款人账号（卡号）：6132035010300001687

金额：捌万零捌佰元整　　小写：¥80,800.00 元

业务（产品）种类：同城转账　　凭证种类：000000000　　凭证号码：000000000000000000

摘要：11月货款　　用途：货款　　币种：人民币

交易机构：0613200350　　记账柜员：08851　　交易代码：40171　　渠道：网上银行

中国工商银行股份有限公司　汉东平安支行　业务专用章　292F055EF206　打印柜员：0

本回单为第 1 次打印，注意重复　　打印日期：2023 年 11 月 28 日

图 A－6　吉祥公司 11 月售货银行回单

汉东 增值税电子普通发票

机器编号：982888812388

发票代码：370102310365
发票号码：27768042
开票日期：2023年12月25日
校 验 码：12803 06854 71333 20492

购买方	名　　称：汉东市亲民超市有限公司 纳税人识别号：924502035891235963 地 址、电 话：汉东市江北区朝阳路10号 133010542×× 开户行及账号：中国工商银行股份有限公司汉东朝阳支行6132047820300002574	密码区	-#-6438>>6-9-%74#%4638>58-73 39>%>895%342#9--89-4#3956083 6--5776%33*#2005519%#5*>*08# 9*8#72969943**-4%66866183248

货物或应税劳务、服务名称	规格型号	单位	数 量	单 价	金 额	税率	税 额
*焙烤食品*旺旺饼干		箱	50	2,000.00	100,000.00	1%	1,000.00
合　　计					¥100,000.00		¥1,000.00
价税合计（大写）	⊗ 壹拾万壹仟元整				（小写）¥101,000.00		

销售方	名　　称：汉东市吉祥商贸有限公司 纳税人识别号：91230101675841385K 地 址、电 话：汉东市江南区贸易街 1－157 号139237943×× 开户行及账号：中国工商银行股份有限公司汉东平安支行6132035010300001687	备注	

收款人：张一健　　复核：王娟　　开票人：胡晓红　　销售方：（章）

图 A－7　吉祥公司 12 月销售发票

业务回单（收款）

日期：2023 年 12 月 28 日

回单编号：53150165490

付款人户名：汉东市亲民超市有限公司　　付款人开户行：中国工商银行股份有限公司汉东朝阳支行

付款人账号(卡号)：6132047820300002574

收款人户名：汉东市吉祥商贸有限公司　　收款人开户行：中国工商银行股份有限公司汉东平安支行

收款人账号(卡号)：6132035010300001687

金额：壹拾万壹仟元整　　小写：¥101,000.00 元

业务(产品)种类：同城转账　　凭证种类：000000000　　凭证号码：0000000000000000

摘要：12月货款　　用途：货款　　币种：人民币

交易机构：0613200350　　记账柜员：07001　　交易代码：31263　　渠道：网上银行

中国工商银行股份有限公司 汉东平安支行 业务专用章 183B128SX372

本回单为第 1 次打印，注意重复　　打印日期：2023 年 12 月 28 日

图 A－8　吉祥公司 12 月售货银行回单

业务 A－2：吉祥公司第 4 季度购入一批货物签订了购销合同，如图 A－9 所示，季末取得增值税普通发票并支付了部分以往货款，如图 A－10、图 A－11 所示。存货采用个别计价法，该批货物当季销售一半。

购销合同

购货单位（甲方）：汉东市吉祥商贸有限公司

供货单位（乙方）：汉东市旺旺食品有限公司

根据《中华人民共和国民法典》及国家相关法律、法规之规定，甲乙双方本着平等互利的原则，就甲方购买乙方货物一事达成以下协议。

一、货物的名称、数量及价格：

货物名称	规格型号	单位	数量	单价	金额	税率	价税合计
旺旺饼干		箱	300	1,333.33	400,000.00	1%	404,000.00
合计（大写） 肆拾万肆仟元整							¥404,000.00

二、交货方式和费用承担：交货方式：供货方运送至交货地点，交货时间：2023年12月31日 前，交货地点：汉东市江南区贸易街。

三、付款时间与付款方式：季末时根据实际数量进行开票结算。

四、质量异议期：订货方对供货方的货物质量有异议时，应在收到货物后 3日 内提出，逾期视为货物质量合格。

五、未尽事宜经双方协商可作补充协议，与本合同具有同等效力。

六、本合同自双方签字、盖章之日起生效；本合同壹式贰份，甲乙双方各执壹份。

甲方（签章）：	乙方（签章）：
授权代表：	授权代表：
地址：	地址：
电话：	电话：
日期：2023 年 10 月 08 日	日期：2023 年 10 月 08 日

图 A－9　吉祥公司第 4 季度购货合同

汉东　增值税电子普通发票

发票代码：370102303636
发票号码：72083371
开票日期：2023年12月26日
校 验 码：67038 49777 41451 28064

机器编号：093576784505

购买方	名　　称：汉东市吉祥商贸有限公司 纳税人识别号：91230101675841385K 地 址、电 话：汉东市江南区贸易街 1 － 157 号139237943×× 开户行及账号：中国工商银行股份有限公司汉东平安支行6132035010300001687	密码区	64>>-950#4%6>%453-*7**44*21- 039%8>3-225%4>246*507247>901 514037420835*>#%501026-*61>7 321*>82-7>13%578086*6276725*

货物或应税劳务、服务名称	规格型号	单位	数量	单价	金额	税率	税额
*焙烤食品*旺旺饼干		箱	300	1,333.33	400,000.00	1%	4,000.00
合　　计					¥400,000.00		¥4,000.00
价税合计（大写）	⊗ 肆拾万肆仟元整					（小写）¥404,000.00	

销售方	名　　称：汉东市旺旺食品有限公司 纳税人识别号：91230000283928560G 地 址、电 话：汉东市开发区第一大街12号139020856×× 开户行及账号：中国工商银行股份有限公司汉东开发区支行6158002821700000182	备注	

收款人：×××　　复核：×××　　开票人：×××　　销售方：（章）

图 A－10　吉祥公司第 4 季度购货发票

业务回单（付款）

日期：2023 年 12 月 26 日

回单编号：10869463023

付款人户名：汉东市吉祥商贸有限公司　　付款人开户行：中国工商银行股份有限公司汉东平安支行

付款人账号(卡号)：6132035010300001687

收款人户名：汉东市旺旺食品有限公司　　收款人开户行：中国工商银行股份有限公司汉东开发区支行

收款人账号(卡号)：6158002821700000182

金额：叁拾玖万陆仟元整　　小写：¥396,000.00 元

业务(产品)种类：同城转账　　凭证种类：000000000　　凭证号码：0000000000000000

摘要：货款　　用途：货款　　币种：人民币

交易机构：0613200350　　记账柜员：22400　　交易代码：64820　　渠道：网上银行

中国工商银行股份有限公司 汉东平安支行 业务专用章 7B34C3487006 打印柜员：0

本回单为第 1 次打印，注意重复　　打印日期：2023 年 12 月 26 日

图 A－11　吉祥公司第 4 季度购货银行回单

业务 A－3：吉祥公司第 4 季度的工资支付情况如图 A－12～图 A－14、表 A－12～表 A－14 所示。社会保险费缴纳情况如图 A－15～图 A－17、表 A－15 所示。职工福利费、工会经费和职工教育经费发票及付款情况如图 A－18～图 A－22 所示。住房公积金缴纳情况如图 A－23～图 A－25、表 A－16 所示。

业务回单（付款）

日期：2023 年 10 月 09 日

回单编号：44151976135

付款人户名：汉东市吉祥商贸有限公司　　付款人开户行：中国工商银行股份有限公司汉东平安支行

付款人账号(卡号)：6132035010300001687

收款人户名：　　收款人开户行：

收款人账号(卡号)：

金额：贰万叁仟柒佰叁拾肆元贰角伍分　　小写：¥23,734.25 元

业务(产品)种类：代理业务　　凭证种类：000000000　　凭证号码：0000000000000000

摘要：工资　　用途：　　币种：人民币

交易机构：0613200350　　记账柜员：08989　　交易代码：93934　　渠道：其他

中国工商银行股份有限公司 汉东平安支行 业务专用章 2BA38EC21596 打印柜员：0

本回单为第 1 次打印，注意重复　　打印日期：2023 年 10 月 09 日

图 A－12　吉祥公司 10 月工资银行回单

表 A－12　10 月工资表　　金额单位：元

姓名	应发工资	应扣个人缴纳保险					税前合计	专项附加扣除	1—9 月累计已缴税额	本月应交个人所得税	实发金额
		养老保险（8%）	医疗保险（2%）	失业保险（0.5%）	住房公积金（11%）	合计					
张武	15 000.00	360.00	90.00	22.50	495.00	967.50	14 032.50	4 000.00	2 009.25	503.25	13 529.25
王娟	4 000.00	320.00	80.00	20.00	440.00	860.00	3 140.00				3 140.00
胡晓红	4 000.00	320.00	80.00	20.00	440.00	860.00	3 140.00				3 140.00
张一健	2 500.00	200.00	50.00	12.50	275.00	537.50	1 962.50				1 962.50
李宏波	2 500.00	200.00	50.00	12.50	275.00	537.50	1 962.50				1 962.50
合计	28 000.00	1 400.00	350.00	87.50	1 925.00	3 762.50	24 237.50	4 000.00	2 009.25	503.25	23 734.25

业务回单（付款）

日期：2023 年 11 月 09 日

回单编号：94845220529

付款人户名：汉东市吉祥商贸有限公司　　付款人开户行：中国工商银行股份有限公司汉东平安支行

付款人账号（卡号）：6132035010300001687

收款人户名：　　收款人开户行：

收款人账号（卡号）：

金额：贰万叁仟柒佰叁拾肆元贰角伍分　　小写：¥23,734.25 元

业务（产品）种类：代理业务　　凭证种类：000000000　　凭证号码：0000000000000000

摘要：工资　　用途：　　币种：人民币

交易机构：0613200350　　记账柜员：41091　　交易代码：36145　　渠道：其他

中国工商银行股份有限公司 汉东平安支行 业务专用章 2T26B7352018 打印柜员：9

本回单为第 1 次打印，注意重复　　打印日期：2023 年 11 月 09 日

图 A－13　吉祥公司 11 月工资银行回单

表 A－13　11 月工资表

金额单位：元

姓名	应发工资	应扣个人缴纳保险					税前合计	专项附加扣除	1—10 月累计已缴税额	本月应交个人所得税	实发金额
		养老保险（8%）	医疗保险（2%）	失业保险（0.5%）	住房公积金（11%）	合计					
张武	15 000.00	360.00	90.00	22.50	495.00	967.50	14 032.50	4 000.00	2 512.50	503.25	13 529.25
王娟	4 000.00	320.00	80.00	20.00	440.00	860.00	3 140.00				3 140.00
胡晓红	4 000.00	320.00	80.00	20.00	440.00	860.00	3 140.00				3 140.00
张一健	2 500.00	200.00	50.00	12.50	275.00	537.50	1 962.50				1 962.50
李宏波	2 500.00	200.00	50.00	12.50	275.00	537.50	1 962.50				1 962.50
合计	28 000.00	1 400.00	350.00	87.50	1 925.00	3 762.50	24 237.50	4 000.00	2 512.50	503.25	23 734.25

业务回单（付款）

日期：2023 年 12 月 09 日

回单编号：74552307540

付款人户名：汉东市吉祥商贸有限公司　　付款人开户行：中国工商银行股份有限公司汉东平安支行

付款人账号（卡号）：6132035010300001687

收款人户名：　　收款人开户行：

收款人账号（卡号）：

金额：贰万叁仟柒佰叁拾肆元贰角伍分　　小写：¥23,734.25 元

业务（产品）种类：代理业务　　凭证种类：000000000　　凭证号码：0000000000000000

摘要：工资　　用途：　　币种：人民币

交易机构：0613200350　　记账柜员：75433　　交易代码：17853　　渠道：其他

中国工商银行股份有限公司 汉东平安支行 业务专用章 32ER51260239 打印柜员：9

本回单为第 1 次打印，注意重复　　打印日期：2023 年 12 月 09 日

图 A－14　吉祥公司 12 月工资银行回单

表 A－14　12 月工资表　　金额单位：元

姓名	应发工资	应扣个人缴纳保险					税前合计	专项附加扣除	1—11 月累计已缴税额	本月应交个人所得税	实发金额
		养老保险（8%）	医疗保险（2%）	失业保险（0.5%）	住房公积金（11%）	合计					
张武	15 000.00	360.00	90.00	22.50	495.00	967.50	14 032.50	4 000.00	3 015.75	503.25	13 529.25
王娟	4 000.00	320.00	80.00	20.00	440.00	860.00	3 140.00				3 140.00
胡晓红	4 000.00	320.00	80.00	20.00	440.00	860.00	3 140.00				3 140.00
张一健	2 500.00	200.00	50.00	12.50	275.00	537.50	1 962.50				1 962.50
李宏波	2 500.00	200.00	50.00	12.50	275.00	537.50	1 962.50				1 962.50
合计	28 000.00	1 400.00	350.00	87.50	1 925.00	3 762.50	24 237.50	4 000.00	3 015.75	503.25	23 734.25

中国工商银行　　凭证

电子缴税付款凭证

缴税日期：2023 年 10 月 18 日　　凭证字号：20231002

纳税人全称及纳税人识别号：汉东市吉祥商贸有限公司 91230101675841385K

付款人全称：汉东市吉祥商贸有限公司

付款人账号：6132035010300001687　　征收机关名称：国家税务总局汉东市江南区税务局

付款人开户行：中国工商银行股份有限公司汉东平安支行　　收款国库（银行）名称：国家金库汉东市江南区支库

小写（合计）金额：¥6, 562. 50 元　　缴款书交易流水号：23201809

大写（合计）金额：陆仟伍佰陆拾贰元伍角整　　税票号码：811039158149730887

税（费）种名称	所属日期	实缴金额（单位：元）
失业保险费	2023. 10. 01 - 2023. 10. 31	¥175. 00
基本医疗保险费	2023. 10. 01 - 2023. 10. 31	¥2, 100. 00
企业职工基本养老保险费	2023. 10. 01 - 2023. 10. 31	¥4, 200. 00
工伤保险费	2023. 10. 01 - 2023. 10. 31	¥87. 50

（印章：中国工商银行股份有限公司 汉东平安支行 业务专用章 32BV7F103258）

第 1 次打印　　打印时间：2023 年 10 月 18 日

客户回单联　　验证码：184772　　复核：　　记账：

图 A－15　吉祥公司 10 月社会保险费银行回单

表 A－15　10 月社会保险费明细表　　金额单位：元

姓名	社会保险基数	养老保险		医疗保险		失业保险		工伤保险	合计		
		单位（16%）	个人（8%）	单位（10%）	个人（2%）	单位（0.5%）	个人（0.5%）	单位（0.5%）	单位（27%）	个人（10.5%）	合计
张武	4 500.00	720.00	360.00	450.00	90.00	22.50	22.50	22.50	1 215.00	472.50	1 687.50
王娟	4 000.00	640.00	320.00	400.00	80.00	20.00	20.00	20.00	1 080.00	420.00	1 500.00
胡晓红	4 000.00	640.00	320.00	400.00	80.00	20.00	20.00	20.00	1 080.00	420.00	1 500.00
张一健	2 500.00	400.00	200.00	250.00	50.00	12.50	12.50	12.50	675.00	262.50	937.50
李宏波	2 500.00	400.00	200.00	250.00	50.00	12.50	12.50	12.50	675.00	262.50	937.50
合计	17 500.00	2 800.00	1 400.00	1 750.00	350.00	87.50	87.50	87.50	4 725.00	1 837.50	6 562.50

注：11—12 月社会保险费明细表与 10 月份相同。

中国工商银行　　凭证

电子缴税付款凭证

缴税日期：2023 年 11 月 18 日　　凭证字号：20231102

纳税人全称及纳税人识别号：汉东市吉祥商贸有限公司 91230101675841385K

付款人全称：汉东市吉祥商贸有限公司

付款人账号：6132035010300001687　　征收机关名称：国家税务总局汉东市江南区税务局

付款人开户行：中国工商银行股份有限公司汉东平安支行　　收款国库（银行）名称：国家金库汉东市江南区支库

小写（合计）金额：¥6,562.50 元　　缴款书交易流水号：49865220

大写（合计）金额：陆仟伍佰陆拾贰元伍角整　　税票号码：348103460422255835

税（费）种名称	所属日期	实缴金额（单位：元）
失业保险费	2023.11.01 - 2023.11.30	¥175.00
基本医疗保险费	2023.11.01 - 2023.11.30	¥2,100.00
企业职工基本养老保险费	2023.11.01 - 2023.11.30	¥4,200.00
工伤保险费	2023.11.01 - 2023.11.30	¥87.50

中国工商银行股份有限公司 汉东平安支行 业务专用章 1NX032NN2582

第 1 次打印　　打印时间：2023 年 11 月 18 日

客户回单联　　验证码：340325　　复核：　　记账：

图 A-16　吉祥公司 11 月社会保险费银行回单

中国工商银行　　凭证

电子缴税付款凭证

缴税日期：2023 年 12 月 18 日　　凭证字号：20231202

纳税人全称及纳税人识别号：汉东市吉祥商贸有限公司 91230101675841385K

付款人全称：汉东市吉祥商贸有限公司

付款人账号：6132035010300001687　　征收机关名称：国家税务总局汉东市江南区税务局

付款人开户行：中国工商银行股份有限公司汉东平安支行　　收款国库（银行）名称：国家金库汉东市江南区支库

小写（合计）金额：¥6,562.50 元　　缴款书交易流水号：73115552

大写（合计）金额：陆仟伍佰陆拾贰元伍角整　　税票号码：782605784372730200

税（费）种名称	所属日期	实缴金额（单位：元）
失业保险费	2023.12.01 - 2023.12.31	¥175.00
基本医疗保险费	2023.12.01 - 2023.12.31	¥2,100.00
企业职工基本养老保险费	2023.12.01 - 2023.12.31	¥4,200.00
工伤保险费	2023.12.01 - 2023.12.31	¥87.50

中国工商银行股份有限公司 汉东平安支行 业务专用章 525JK7CV0012

第 1 次打印　　打印时间：2023 年 12 月 18 日

客户回单联　　验证码：055348　　复核：　　记账：

图 A-17　吉祥公司 12 月社会保险费银行回单

汉东 增值税电子普通发票

机器编号：436737133842

发票代码：370102352862
发票号码：32781441
开票日期：2023年12月29日
校 验 码：01353 54269 78249 49347

购买方	名　　称：汉东市吉祥商贸有限公司 纳税人识别号：91230101675841385K 地 址、电 话：汉东市江南区贸易街 1 － 157 号139237943×× 开户行及账号：中国工商银行股份有限公司汉东平安支行6132035010300001687	密码区	9*-0-623#163%-4%16*75**00000 >939%7794%9>>#18>3>16>659-77 278#255*05>#02-895818*%43615 30#9>*21*9-45808---##>058*62

货物或应税劳务、服务名称	规格型号	单位	数 量	单 价	金 额	税率	税 额
*会议展览服务*年会服务		笔	1	9,433.96	9,433.96	6%	566.04
合　　计					¥9,433.96		¥566.04
价税合计（大写）	⊗ 壹万元整				（小写）¥10,000.00		

销售方	名　　称：汉东市惠民物业服务有限公司 纳税人识别号：92450253623412532R 地 址、电 话：汉东市江南区贸易街 1 － 157 号139358328×× 开户行及账号：中国工商银行股份有限公司汉东平安支行6132035010300002365	备注	

收款人：××× 复核：××× 开票人：××× 销售方：（章）

图 A－18　吉祥公司第 4 季度年会发票

业务回单（付款）

日期：2023 年 12 月 30 日

回单编号：12380240730

付款人户名：汉东市吉祥商贸有限公司　付款人开户行：中国工商银行股份有限公司汉东平安支行

付款人账号(卡号)：6132035010300001687

收款人户名：汉东市惠民物业服务有限公司　收款人开户行：中国工商银行股份有限公司汉东平安支行

收款人账号(卡号)：6132035010300002365

金额：壹万元整　小写：¥10,000.00 元

业务(产品)种类：同城转账　凭证种类：000000000　凭证号码：000000000000000000

摘要：年会服务费　用途：年会服务费　币种：人民币

交易机构：0613200350　记账柜员：75019　交易代码：70163　渠道：网上银行

本回单为第 1 次打印，注意重复　打印日期：2023 年 12 月 30 日

图 A－19　吉祥公司第 4 季度年会银行回单

中国工商银行　凭证

电子缴税付款凭证

缴税日期：2023 年 12 月 31 日　凭证字号：20230013

纳税人全称及纳税人识别号：汉东市吉祥商贸有限公司　91230101675841385K

付款人全称：汉东市吉祥商贸有限公司

付款人账号：6132035010300001687　征收机关名称：国家税务总局汉东市江南区税务局

付款人开户行：中国工商银行股份有限公司汉东平安支行　收款国库（银行）名称：国家金库汉东市江南区支库

小写(合计)金额：¥1,680.00 元　缴款书交易流水号：82427740

大写(合计)金额：壹仟陆佰捌拾元整　税票号码：402207469581926217

税（费）种名称	所属日期	实缴金额（单位：元）
其他收入	2023.10.01 － 2023.12.31	¥1,680.00

第 1 次打印　打印时间：2023 年 12 月 31 日

客户回单联　验证码：776940　复核：　记账：

图 A－20　吉祥公司第 4 季度工会经费银行回单

370102300140　　汉东增值税普通发票　　№ 14375064　370102300140

发票联　　14375064

机器编号：753006325109　　开票日期：2023年11月25日

购买方	名称：汉东市吉祥商贸有限公司 纳税人识别号：91230101675841385K 地址、电话：汉东市江南区贸易街 1－157 号139237943×× 开户行及账号：中国工商银行股份有限公司汉东平安支行6132035010300001687			密码区	3%4>14#311648>4#1414*0#491%7 83-6#924340782524>4779—%5%3 >21459#*1#216380%-53##24>>81 *-*29#863897%%6*6%%8-*04%%-8		
货物或应税劳务、服务名称	规格型号	单位	数量	单价	金额	税率	税额
*非学历教育服务*培训费		项	1	9,433.96	9,433.96	6%	566.04
合计					¥9,433.96		¥566.04
价税合计（大写）	⊗壹万元整				（小写）¥10,000.00		
销售方	名称：汉东市非凡教育科技有限公司 纳税人识别号：9245000007868731028 地址、电话：汉东市开发区第一大街128号185021868×× 开户行及账号：中国工商银行股份有限公司汉东开发区支行6158002821700003783			备注			

收款人：×××　　复核：×××　　开票人：×××

税总函［202×］××号×××公司

第二联：发票联　购买方记账凭证

图 A－21　吉祥公司第 4 季度培训费发票

业务回单（付款）

日期：2023 年 11 月 25 日

回单编号：68046082488

付款人户名：汉东市吉祥商贸有限公司　　付款人开户行：中国工商银行股份有限公司汉东平安支行

付款人账号（卡号）：6132035010300001687

收款人户名：汉东市非凡教育科技有限公司　　收款人开户行：中国工商银行股份有限公司汉东开发区支行

收款人账号（卡号）：6158002821700003783

金额：壹万元整　　小写：¥10,000.00 元

业务（产品）种类：同城转账　　凭证种类：000000000　　凭证号码：0000000000000000

摘要：培训费　　用途：培训费　　币种：人民币

交易机构：0613200350　　记账柜员：21784　　交易代码：16829　　渠道：网上银行

中国工商银行股份有限公司 汉东平安支行 业务专用章 35KU27AC3897 打印柜员：0

本回单为第 1 次打印，注意重复　　打印日期：2023 年 11 月 25 日

图 A－22　吉祥公司第 4 季度培训费银行回单

业务回单（付款）

日期：2023 年 10 月 18 日

回单编号：36115600001

付款人户名：汉东市吉祥商贸有限公司　　付款人开户行：中国工商银行股份有限公司汉东平安支行

付款人账号（卡号）：6132035010300001687

收款人户名：汉东市住房公积金管理中心　　收款人开户行：中国工商银行股份有限公司

收款人账号（卡号）：6132001217650000066

金额：叁仟捌佰伍拾元整　　小写：¥3,850.00 元

业务（产品）种类：转账　　凭证种类：000000000　　凭证号码：0000000000000000

摘要：2001766　　用途：2001766　　币种：人民币

交易机构：0613200012　　记账柜员：00256　　交易代码：85998　　渠道：其他

中国工商银行股份有限公司 汉东平安支行 业务专用章 2B3F38DC5303 打印柜员：0

本回单为第 1 次打印，注意重复　　打印日期：2023 年 10 月 18 日

图 A－23　吉祥公司 10 月住房公积金银行回单

表 A－16　10 月住房公积金明细表　　　金额单位：元

姓名	住房公积金基数	住房公积金		
		单位（11%）	个人（11%）	合计
张武	4 500.00	495.00	495.00	990.00
王娟	4 000.00	440.00	440.00	880.00
胡晓红	4 000.00	440.00	440.00	880.00
张一健	2 500.00	275.00	275.00	550.00
李宏波	2 500.00	275.00	275.00	550.00
合计	17 500.00	1 925.00	1 925.00	3 850.00

注：11—12 月住房公积金明细表与 10 月相同。

业务回单（付款）

日期：2023 年 11 月 18 日

回单编号：11875600001

付款人户名：汉东市吉祥商贸有限公司　　付款人开户行：中国工商银行股份有限公司汉东平安支行

付款人账号（卡号）：6132035010300001687

收款人户名：汉东市住房公积金管理中心　　收款人开户行：中国工商银行股份有限公司

收款人账号（卡号）：6132001217650000066

金额：叁仟捌佰伍拾元整　　小写：¥3,850.00 元

业务（产品）种类：转账　　凭证种类：000000000　　凭证号码：0000000000000000

摘要：2001766　　用途：2001766　　币种：人民币

交易机构：0613200012　　记账柜员：00298　　交易代码：59178　　渠道：其他

中国工商银行股份有限公司 汉东平安支行 业务专用章 1B7V23SD0268 打印柜员：0

本回单为第 1 次打印，注意重复　　打印日期：2023 年 11 月 18 日

图 A－24　吉祥公司 11 月住房公积金银行回单

业务回单（付款）

日期：2023 年 12 月 18 日

回单编号：15613200001

付款人户名：汉东市吉祥商贸有限公司　　付款人开户行：中国工商银行股份有限公司汉东平安支行

付款人账号（卡号）：6132035010300001687

收款人户名：汉东市住房公积金管理中心　　收款人开户行：中国工商银行股份有限公司

收款人账号（卡号）：6132001217650000066

金额：叁仟捌佰伍拾元整　　小写：¥3,850.00 元

业务（产品）种类：转账　　凭证种类：000000000　　凭证号码：0000000000000000

摘要：2001766　　用途：2001766　　币种：人民币

交易机构：0613200012　　记账柜员：00687　　交易代码：73521　　渠道：其他

中国工商银行股份有限公司 汉东平安支行 业务专用章 2B3F38DC6303 打印柜员：0

本回单为第 1 次打印，注意重复　　打印日期：2023 年 12 月 18 日

图 A－25　吉祥公司 12 月住房公积金银行回单

业务 A－4：吉祥公司第 4 季度餐费、办公用品发票及银行回单如图 A－26～图 A－29 所示。

370102302863　　汉东　增值税普通发票　　№ 33500941　370102302863　33500941

发票联

机器编号：631574631915　　开票日期：2023年11月25日

购买方　名　　称：汉东市吉祥商贸有限公司
纳税人识别号：91230101675841385K
地 址、电 话：汉东市江南区贸易街 1 - 157 号139237943××
开户行及账号：中国工商银行股份有限公司汉东平安支行6132035010300001687

密码区　4#61391%%2-28#-92571523-7603
%1900*37>8%%54>43%9#4243840-
0>#339*277-4%%6%32628—2%119
902752854939-45#10143%18207%

货物或应税劳务、服务名称	规格型号	单位	数量	单价	金额	税率	税额
*餐饮服务*餐费			1	9,433.96	9,433.96	6%	566.04
合　　计					¥9,433.96		¥566.04

价税合计（大写）　⊗ 壹万元整　　（小写）¥10,000.00

销售方　名　　称：汉东市有缘餐饮有限公司
纳税人识别号：92450302FB08736284F
地 址、电 话：汉东市江南区光明路28号132220058××
开户行及账号：中国工商银行股份有限公司汉东光明支行6132078270200002876

备注　（汉东市有缘餐饮有限公司 91120302FB08736284F 发票专用章）

收款人：×××　　复核：×××　　开票人：×××

第二联：发票联　购买方记账凭证

税总函[202X]××号××××公司

图 A－26　吉祥公司第 4 季度餐费发票

业务回单（付款）

日期：2023 年 11 月 25 日

回单编号：22408059649

付款人户名：汉东市吉祥商贸有限公司　　付款人开户行：中国工商银行股份有限公司汉东平安支行

付款人账号(卡号)：6132035010300001687

收款人户名：汉东市有缘餐饮有限公司　　收款人开户行：中国工商银行股份有限公司汉东光明支行

收款人账号(卡号)：6132078270200002876

金额：壹万元整　　小写：¥10,000.00 元

业务(产品)种类：同城转账　　凭证种类：000000000　　凭证号码：0000000000000000

摘要：餐费　　用途：餐费　　币种：人民币

交易机构：0613200350　　记账柜员：06907　　交易代码：48227　　渠道：网上银行

（中国工商银行股份有限公司 汉东平安支行 业务专用章 32BC25002176）

本回单为第 1 次打印，注意重复　　打印日期：2023 年 11 月 25 日

图 A－27　吉祥公司第 4 季度餐费银行回单

370102301286　　汉东　增值税普通发票　　№ 72041413　370102301286　72041413

发票联

机器编号：321002353289　　开票日期：2023年12月22日

购买方　名　　称：汉东市吉祥商贸有限公司
纳税人识别号：91230101675841385K
地 址、电 话：汉东市江南区贸易街 1 - 157 号139237943××
开户行及账号：中国工商银行股份有限公司汉东平安支行6132035010300001687

密码区　2*7516>3>-150>44*%%485*19754
9-4>026>#6577*>018>018%9783*
61616#%2*-392*68-7-%%2315119
36*139149785—76749%-9>>624>

货物或应税劳务、服务名称	规格型号	单位	数量	单价	金额	税率	税额
*纸制品*A4打印纸　10包/箱		箱	50	176.99	8,849.56	13%	1,150.44
*纸制品*定制纸杯　5000个/袋		袋	1	1,946.90	1,946.90	13%	253.10
*文具*黑色中性笔　12支/盒	0.5mm	盒	50	21.24	1,061.95	13%	138.05
*文具*长尾夹　24只/盒	41mm	盒	100	14.16	1,415.93	13%	184.07
合　　计					¥13,274.34		¥1,725.66

价税合计（大写）　⊗ 壹万伍仟元整　　（小写）¥15,000.00

销售方　名　　称：汉东市盛达贸易有限公司
纳税人识别号：924500001325865143
地 址、电 话：汉东市东城区明苑路32号139120055××
开户行及账号：中国工商银行股份有限公司汉东明苑支行6132035187500002816

备注　（汉东市盛达贸易有限公司 924500001325865143 发票专用章）

收款人：×××　　复核：×××　　开票人：×××

第二联：发票联　购买方记账凭证

税总函[202X]××号××××公司

图 A－28　吉祥公司第 4 季度办公用品发票

业务回单（付款）

日期：2023 年 12 月 22 日

回单编号：77466563816

付款人户名：汉东市吉祥商贸有限公司　　付款人开户行：中国工商银行股份有限公司汉东平安支行

付款人账号（卡号）：6132035010300001687

收款人户名：汉东市盛达贸易有限公司　　收款人开户行：中国工商银行股份有限公司汉东明苑支行

收款人账号（卡号）：6132035187500002816

金额：壹万伍仟元整　　小写：¥15,000.00 元

业务（产品）种类：同城转账　　凭证种类：000000000　　凭证号码：0000000000000000

摘要：办公用品　　用途：办公用品　　币种：人民币

交易机构：0613200350　　记账柜员：00864　　交易代码：33184　　渠道：网上银行

中国工商银行股份有限公司 汉东平安支行 业务专用章 28BF03674216 打印柜员：0

本回单为第 1 次打印，注意重复　　打印日期：2023 年 12 月 22 日

图 A－29　吉祥公司第 4 季度办公用品费用银行回单

业务 A－5：吉祥公司第 4 季度存款利息、手续费银行回单如图 A－30、图 A－31 所示。

业务回单（收款）

日期：2023 年 12 月 21 日

回单编号：25314900001

付款人户名：　　付款人开户行：

付款人账号（卡号）：

收款人户名：汉东市吉祥商贸有限公司　　收款人开户行：中国工商银行股份有限公司汉东平安支行

收款人账号（卡号）：6132035010300001687

金额：壹万捌仟元整　　小写：¥18,000.00 元

业务（产品）种类：利息入账　　凭证种类：000000000　　凭证号码：0000000000000000

摘要：利息　　用途：利息　　币种：人民币

交易机构：0613200350　　记账柜员：00001　　交易代码：50012　　渠道：批量业务

中国工商银行股份有限公司 汉东平安支行 业务专用章 6BC28235C008 打印柜员：0

本回单为第 1 次打印，注意重复　　打印日期：2023 年 12 月 21 日

图 A－30　吉祥公司第 4 季度利息收入银行回单

业务回单（付款）

日期：2023 年 12 月 26 日

回单编号：21721200001

付款人户名：汉东市吉祥商贸有限公司　　付款人开户行：中国工商银行股份有限公司汉东平安支行

付款人账号（卡号）：6132035010300001687

收款人户名：　　收款人开户行：

收款人账号（卡号）：

金额：贰仟元整　　小写：¥2,000.00 元

业务（产品）种类：对公收费　　凭证种类：000000000　　凭证号码：0000000000000000

摘要：手续费　　用途：手续费　　币种：人民币

交易机构：0613200350　　记账柜员：00001　　交易代码：26383　　渠道：批量业务

中国工商银行股份有限公司 汉东平安支行 业务专用章 26SW25720129 打印柜员：0

本回单为第 1 次打印，注意重复　　打印日期：2023 年 12 月 26 日

图 A－31　吉祥公司第 4 季度手续费银行回单

业务 A－6：吉祥公司第 4 季度参加展销会，支付会展费的发票及银行回单如图 A－32、图 A－33 所示。

370102200130　　汉东增值税普通发票　　№ 59831522　370102200130　59831522

发票联

机器编号：325600031856　　开票日期：2023年10月12日

购买方	名　　称：汉东市吉祥商贸有限公司 纳税人识别号：91230101675841385K 地址、电话：汉东市江南区贸易街 1－157 号139237943×× 开户行及账号：中国工商银行股份有限公司汉东平安支行6132035010300001687			密码区	77-8#8>-#6-4#*7942*-075#68#* #948#60944-%#56#91*067%#2-63 0366>*6%2878*92-%13**64>0816 88>>#7***>—030*9*-193716878		
货物或应税劳务、服务名称	规格型号	单位	数量	单价	金额	税率	税额
*会展服务*会展费		项	1	15,000.00	15,000.00	1%	150.00
合　　计					¥15,000.00		¥150.00
价税合计（大写）	⊗壹万伍仟壹佰伍拾元整				（小写）¥15,150.00		
销售方	名　　称：汉东市创新文化传媒有限公司 纳税人识别号：912302035830286012 地址、电话：汉东市开发区第一大街68号133250358×× 开户行及账号：中国工商银行股份有限公司汉东开发区支行6158002821700002873			备注			

收款人：×××　　复核：×××　　开票人：×××　　销售方：（章）

（印章：汉东市创新文化传媒有限公司 912302035830286012 发票专用章）

税总函［202X］××号××××公司

第二联：发票联　购买方记账凭证

图 A－32　吉祥公司第 4 季度会展费发票

业务回单（付款）

日期：2023 年 10 月 12 日

回单编号：51520810464

付款人户名：汉东市吉祥商贸有限公司　　付款人开户行：中国工商银行股份有限公司汉东平安支行

付款人账号（卡号）：6132035010300001687

收款人户名：汉东市创新文化传媒有限公司　　收款人开户行：中国工商银行股份有限公司汉东开发区支行

收款人账号（卡号）：6158002821700002873

金额：壹万伍仟壹佰伍拾元整　　小写：¥15,150.00 元

业务（产品）种类：同城转账　　凭证种类：000000000　　凭证号码：0000000000000000

摘要：会展费　　用途：会展费　　币种：人民币

交易机构：0613200350　　记账柜员：0189　　交易代码：08865　　渠道：网上银行

（印章：中国工商银行股份有限公司 汉东平安支行 业务专用章 35GH3289GD27 打印柜员：0）

本回单为第 1 次打印，注意重复　　打印日期：2023 年 10 月 12 日

图 A－33　吉祥公司第 4 季度会展费银行回单

业务 A－7：吉祥公司第 4 季度支付税收滞纳金，银行回单如图 A－34 所示。

中国工商银行　　凭证

电子缴税付款凭证

缴税日期：　2023 年　10 月　18 日　　　　凭证字号：20231003

纳税人全称及纳税人识别号：汉东市吉祥商贸有限公司　　91230101675841385K

付款人全称：汉东市吉祥商贸有限公司

付款人账号：6132035010300001687　　征收机关名称：国家税务总局汉东市江南区税务局

付款人开户行：中国工商银行股份有限公司汉东平安支行　　收款国库（银行）名称：国家金库汉东市江南区支库

小写（合计）金额：　¥5,000.00　元　　缴款书交易流水号：23201808

大写（合计）金额：伍仟元整　　税票号码：　349092039709765648

税（费）种名称	所属日期	实缴金额（单位：元）
税收滞纳金	2021.01.01 - 2021.06.30	¥5,000.00

中国工商银行股份有限公司 汉东平安支行 业务专用章 32BV7F103268

第 1 次打印　　打印时间：2023 年 10 月 18 日

客户回单联　　验证码：603744　　复核：　　记账：

图 A－34　吉祥公司第 4 季度税收滞纳金回单

业务 A－8：吉祥公司第 4 季度支付各种税费，银行回单如图 A－35 ～图 A－37 所示。

中国工商银行　　凭证

电子缴税付款凭证

缴税日期：　2023 年　10 月　09 日　　　　凭证字号：20231001

纳税人全称及纳税人识别号：汉东市吉祥商贸有限公司 91230101675841385K

付款人全称：汉东市吉祥商贸有限公司

付款人账号：6132035010300001687　　征收机关名称：国家税务总局汉东市江南区税务局

付款人开户行：中国工商银行股份有限公司汉东平安支行　　收款国库（银行）名称：国家金库汉东市江南区支库

小写（合计）金额：　¥5,342.86　元　　缴款书交易流水号：23119058

大写（合计）金额：伍仟叁佰肆拾贰元捌角陆分　　税票号码：　186540741884184052

税（费）种名称	所属日期	实缴金额（单位：元）
企业所得税	2023.07.01 - 2023.09.30	¥4,692.04
印花税	2023.07.01 - 2023.09.30	¥147.57
个人所得税	2023.09.01 - 2023.09.30	¥503.25

中国工商银行股份有限公司 汉东平安支行 业务专用章 23BR0BV35782

第 1 次打印　　打印时间：2023 年 10 月 09 日

客户回单联　　验证码：459283　　复核：　　记账：

图 A－35　吉祥公司 9 月税费回单

中国工商银行　　凭证

电子缴税付款凭证

缴税日期：2023 年 11 月 09 日　　凭证字号：20231101

纳税人全称及纳税人识别号：汉东市吉祥商贸有限公司　　91230101675841385K

付款人全称：汉东市吉祥商贸有限公司

付款人账号：6132035010300001687　　征收机关名称：国家税务总局汉东市江南区税务局

付款人开户行：中国工商银行股份有限公司汉东平安支行　　收款国库（银行）名称：国家金库汉东市江南区支库

小写（合计）金额：¥503.25 元　　缴款书交易流水号：43021753

大写（合计）金额：伍佰零叁元贰角伍分　　税票号码：302621123890653225

税（费）种名称	所属日期	实缴金额（单位：元）
个人所得税	2023.10.01 － 2023.10.31	¥503.25

中国工商银行股份有限公司 汉东平安支行 业务专用章 18TU03MK0237

第 1 次打印　　打印时间：2023 年 11 月 09 日

客户回单联　　验证码：459283　　复核：　　记账：

图 A－36　吉祥公司 10 月税费回单

中国工商银行　　凭证

电子缴税付款凭证

缴税日期：2023 年 12 月 09 日　　凭证字号：20231201

纳税人全称及纳税人识别号：汉东市吉祥商贸有限公司　　91230101675841385K

付款人全称：汉东市吉祥商贸有限公司

付款人账号：6132035010300001687　　征收机关名称：国家税务总局汉东市江南区税务局

付款人开户行：中国工商银行股份有限公司汉东平安支行　　收款国库（银行）名称：国家金库汉东市江南区支库

小写（合计）金额：¥503.25 元　　缴款书交易流水号：70122328

大写（合计）金额：伍佰零叁元贰角伍分　　税票号码：701201437032835292

税（费）种名称	所属日期	实缴金额（单位：元）
个人所得税	2023.11.01 － 2023.11.30	¥503.25

中国工商银行股份有限公司 汉东平安支行 业务专用章 3504XS251707

第 1 次打印　　打印时间：2023 年 12 月 09 日

客户回单联　　验证码：579203　　复核：　　记账：

图 A－37　吉祥公司 11 月税费回单

五、2023 年第 4 季度末员工人数及资产总额情况

2023 年第 4 季度末，吉祥公司员工人数为 5 人，资产总额为 259.24 万元。

一般纳税人综合案例 B

一、基本信息

1. 汉东市阳光实业有限公司（以下简称阳光公司）工商基本信息如图 B－1 所示。

统一社会信用代码
92450102208361358D

营业执照

（副 本）

扫描二维码登录“国家企业信用信息公示系统”了解更多登记、备案、许可、监管信息

名　　称　汉东市阳光实业有限公司
类　　型　有限责任公司
法定代表人　李东升
经营范围　本省(自治区、直辖市)卷烟、雪茄烟购进、批发；自有房屋租赁；仓储。

注册资本　伍佰万元人民币
成立日期　2010年07月07日
营业期限　2010年07月07日　至　2040年07月06日
住　　所　汉东市东城区宏发大厦 2-203 号

登记机关　汉东市东城区市场监督管理局

2010 年 07 月 15 日

图 B－1　一般纳税人营业执照

2. 阳光公司其他基本信息如下：

（1）开户银行：中国工商银行股份有限公司汉东幸福支行。

（2）银行账号：6241053010700002385。

（3）个人邮箱：lidongsheng@163.com。

（4）邮政编码：900000。

二、2023 年 1—11 月相关涉税信息

1. 2023 年第 1—3 季度公司员工人数情况如表 B－1 所示。

表 B－1　员工人数　　单位：人

时间	职工人数
年初	10
1 季度末	11
2 季度末	11
3 季度末	10

2. 2023 年第 1—3 季度资产总额情况如表 B－2 所示。

表 B－2　资产总额情况　　金额单位：万元

时间	资产总额
年初	1 030.75
1 季度末	1 091.24
2 季度末	1 126.78
3 季度末	1 173.94

3. 2023 年 11 月末资产负债表如表 B－3 所示。

表 B－3　资产负债表

编制单位：汉东市阳光实业有限公司　　2023 年 11 月 30 日　　金额单位：元

资产	年初余额	期末余额	负债和所有者权益	年初余额	期末余额
流动资产：			流动负债：		
货币资金	4 491 151.73	6 709 785.51	短期借款		
交易性金融资产			交易性金融负债		
衍生金融资产			衍生金融负债		
应收票据			应付票据		
应收账款			应付账款	669 000.00	918 000.00
应收款项融资			预收款项		
预付款项			合同负债		
其他应收款			应交税费	1 273 476.55	685 255.11
存货	2 826 482.35	969 498.77	应付职工薪酬		
合同资产			其他应付款		2 450.00
持有待售资产			持有待售负债		
一年内到期的非流动资产			一年内到期的非流动负债		
其他流动资产			其他流动负债		
流动资产合计	7 317 634.08	7 679 284.28	流动负债合计	1 942 476.55	1 605 705.11
非流动资产：			非流动负债：		
债权投资	1 500 000.00	1 500 000.00	长期借款		
其他债权投资			应付债券		
长期应收款			租赁负债		
长期股权投资	500 000.00	500 000.00	长期应付款		
其他权益工具投资			预计负债		
其他非流动金融资产			递延收益		
投资性房地产			递延所得税负债	5 255.40	5 255.40
固定资产	989 907.17	865 419.62	其他非流动负债		
在建工程			非流动负债合计	5 255.40	5 255.40
生产性生物资产			负债合计	1 947 731.95	1 610 960.51

续表

资产	年初余额	期末余额	负债和所有者权益	年初余额	期末余额
油气资产			所有者权益：		
使用权资产			实收资本	5 000 000.00	5 000 000.00
无形资产			其他权益工具		
开发支出			资本公积		
商誉			减：库存股		
长期待摊费用			其他综合收益		
递延所得税资产			专项储备		
其他非流动资产			盈余公积	1 258 646.38	1 258 646.38
非流动资产合计	2 989 907.17	2 865 419.62	未分配利润	2 101 162.92	2 675 097.01
			所有者权益合计	8 359 809.29	8 933 743.39
资产总计	10 307 541.25	10 544 703.90	负债和所有者权益总计	10 307 541.25	10 544 703.90

4. 2023 年第 1—11 月利润表如表 B－4 所示。

表 B－4　利润表

编制单位：汉东市阳光实业有限公司　　2023 年 1—11 月　　金额单位：元

项目	金额
一、营业收入	48 000 002.95
减：营业成本	37 432 315.50
税金及附加	6 414 744.40
销售费用	790 094.29
管理费用	756 484.50
研发费用	
财务费用	−91 209.34
加：其他收益	
投资收益	
公允价值变动收益	
资产减值损失	
二、营业利润	2 697 573.60
加：营业外收入	
减：营业外支出	
三、利润总额	2 697 573.60
减：所得税费用	123 639.51
四、净利润	2 573 934.09

5. 2023 年第 1—11 月科目余额表如表 B－5 所示。

表 B－5　科目余额表

会计期间：　　2023.1.1—2023.11.30　　金额单位：元

科目编号	会计科目	期初余额	本期借方发生额	本期贷方发生额	期末余额
1002	银行存款	4 491 151.73	54 343 074.12	52 124 440.34	6 709 785.51

续表

科目编号	会计科目	期初余额	本期借方发生额	本期贷方发生额	期末余额
100201	工商银行汉东幸福支行	4 491 151.73	54 343 074.12	52 124 440.34	6 709 785.51
1405	库存商品	2 826 482.35	35 562 998.72	37 419 982.30	969 498.77
1501	债权投资	1 500 000.00			1 500 000.00
1504	长期股权投资	500 000.00			500 000.00
1601	固定资产	1 734 220.27			1 734 220.27
160101	房屋及建筑物	1 493 500.00			1 493 500.00
160102	运输工具	126 591.25			126 591.25
160103	电子设备	103 527.24			103 527.24
160104	家具	10 601.78			10 601.78
1602	累计折旧	744 313.10		124 487.55	868 800.65
160201	房屋及建筑物	620 736.90		65 029.58	685 766.48
160202	运输工具	85 185.30		27 559.95	112 745.25
160203	电子设备	36 880.16		30 051.56	66 931.72
160204	家具	1 510.74		1 846.46	3 357.20
1606	固定资产清理				
1811	递延所得税资产				
2202	应付账款	669 000.00	40 265 000.00	40 514 000.00	918 000.00
2211	应付职工薪酬		1 243 901.12	1 243 901.12	
221101	短期薪酬		1 114 541.12	1 114 541.12	
22110101	职工工资		868 410.00	868 410.00	
22110102	社会保险费		82 320.00	82 320.00	
2211010201	医疗保险		78 400.00	78 400.00	
2211010202	工伤保险		3 920.00	3 920.00	
22110103	住房公积金		87 120.00	87 120.00	
22110104	职工福利费		50 000.00	50 000.00	
22110105	职工教育经费		18 867.92	18 867.92	
22110106	工会经费		7 823.20	7 823.20	
221102	离职后福利		129 360.00	129 360.00	
22110201	设定提存计划		129 360.00	129 360.00	
2211020101	基本养老保险		125 440.00	125 440.00	
2211020102	失业保险		3 920.00	3 920.00	
2221	应交税费	1 273 476.55	14 740 484.23	14 152 262.79	685 255.11
222101	应交增值税		6 236 663.72	6 236 663.72	
22210101	进项税额		4 872 493.85		−4 872 493.85
22210102	销项税额抵减				
22210103	已交税金				
22210104	转出未交增值税		1 364 169.87		−1 364 169.87
22210105	减免税额				
22210106	销项税额			6 236 663.72	6 236 663.72
22210107	进项税额转出				
22210108	转出多交增值税				
222102	未交增值税	104 135.62	1 364 845.21	1 364 169.87	103 460.28
222103	简易计税		1 166.66	1 283.33	116.67
222104	应交消费税	489 235.52	5 536 395.62	5 551 875.96	504 715.86
222105	应交城市维护建设税	41 535.98	483 086.86	484 123.21	42 572.33

续表

科目编号	会计科目	期初余额	本期借方发生额	本期贷方发生额	期末余额
222106	应交教育费附加	17 801.13	207 037.22	207 481.37	18 245.28
222107	应交地方教育费附加	11 867.42	138 024.82	138 320.92	12 163.52
222108	应交房产税	6 763.05	13 526.10	6 763.05	
222109	应交城镇土地使用税	375.00	750.00	375.00	
222110	应交印花税	1 856.50	25 156.50	25 650.90	2 350.90
222111	应交车船税				
222112	应交土地增值税				
222113	应交个人所得税	1 823.65	12 109.33	11 915.95	1 630.27
222114	应交所得税	598 082.68	721 722.19	123 639.51	
2241	其他应付款		168 560.00	171 010.00	2 450.00
2501	长期借款				
2901	递延所得税负债	5 255.40			5 255.40
4001	实收资本	5 000 000.00			5 000 000.00
4101	盈余公积	1 258 646.38			1 258 646.38
410101	法定盈余公积	1 258 646.38			1 258 646.38
4104	未分配利润	2 101 162.92	2 000 000.00	2 573 934.09	2 675 097.01
6001	主营业务收入		47 974 336.28	47 974 336.28	
600101	卷烟		47 974 336.28	47 974 336.28	
6051	其他业务收入		25 666.67	25 666.67	
605101	出租仓库		25 666.67	25 666.67	
6101	公允价值变动损益				
6111	投资收益				
6301	营业外收入				
6401	主营业务成本		37 419 982.30	37 419 982.30	
640101	卷烟		37 419 982.30	37 419 982.30	
6402	其他业务成本		12 333.20	12 333.20	
640201	出租仓库折旧		12 333.20	12 333.20	
6403	税金及附加		6 414 744.40	6 414 744.40	
640301	消费税		5 551 875.96	5 551 875.96	
640302	城市维护建设税		484 213.04	484 213.04	
640303	教育费附加		207 519.87	207 519.87	
640304	地方教育附加		138 346.58	138 346.58	
640305	房产税		6 763.05	6 763.05	
640306	城镇土地使用税		375.00	375.00	
640307	印花税		25 650.90	25 650.90	
640308	车船税				
6601	销售费用		790 094.29	790 094.29	
660101	办公费		25 260.00	25 260.00	
660102	折旧费		34 615.90	34 615.90	
660103	工资薪金		477 250.00	477 250.00	
660104	社会保险费		113 670.00	113 670.00	
660105	住房公积金		46 310.00	46 310.00	
660106	职工福利费		60 000.00	60 000.00	
660107	职工教育经费		18 867.92	18 867.92	
660108	工会经费		9 545.00	9 545.00	

续表

科目编号	会计科目	期初余额	本期借方发生额	本期贷方发生额	期末余额
660109	广告宣传费				
660110	差旅费				
660111	车辆保险费		4 575.47	4 575.47	
6602	管理费用		756 484.50	756 484.50	
660201	办公费		57 107.43	57 107.43	
660202	折旧费		77 538.45	77 538.45	
660203	业务招待费		16 047.50	16 047.50	
660204	工资薪金		391 160.00	391 160.00	
660205	社会保险费		98 010.00	98 010.00	
660206	住房公积金		39 930.00	39 930.00	
660207	职工福利费		50 000.00	50 000.00	
660208	职工教育经费		18 867.92	18 867.92	
660209	工会经费		7 823.20	7 823.20	
6603	财务费用		-91 209.34	-91 209.34	
660301	手续费		12 748.11	12 748.11	
660302	利息收入		-103 957.45	-103 957.45	
660303	利息支出				
6701	资产减值损失				
6711	营业外支出				
6801	所得税费用		123 639.51	123 639.51	

6. 2023 年 12 月纳税申报涉及的以往相关税费情况如下：

（1）1—11 月增值税及附加税费累计纳税申报情况如表 B－6 所示。

表 B－6　1—11 月增值税及附加税费累计纳税申报情况　　金额单位：元

项目		栏次	一般项目	即征即退项目
			1—11 月累计	1—11 月累计
销售额	（一）按适用税率计税销售额	1	47 974 336.28	
	其中：应税货物销售额	2	47 974 336.28	
	应税劳务销售额	3		
	纳税检查调整的销售额	4		
	（二）按简易办法计税销售额	5	25 666.67	
	其中：纳税检查调整的销售额	6		
	（三）免、抵、退办法出口销售额	7		—
	（四）免税销售额	8		—
	其中：免税货物销售额	9		—
	免税劳务销售额	10		—
税款计算	销项税额	11	6 236 663.72	
	进项税额	12	4 872 493.85	
	上期留抵税额	13		—
	进项税额转出	14		
	免、抵、退应退税额	15		—
	按适用税率计算的纳税检查应补缴税额	16		—
	应抵扣税额合计	17=12+13-14-15+16	4 872 493.85	—

续表

项目		栏次	一般项目	即征即退项目
			1—11 月累计	1—11 月累计
税款计算	实际抵扣税额	18（如 17<11，则为 17，否则为 11）	4 872 493.85	
	应纳税额	19=11-18	1 364 169.87	
	期末留抵税额	20=17-18		—
	简易计税办法计算的应纳税额	21	1 283.33	
	按简易计税办法计算的纳税检查应补缴税额	22		—
	应纳税额减征额	23		
	应纳税额合计	24=19+21-23	1 365 453.20	
税款缴纳	期初未缴税额（多缴为负数）	25	104 135.62	
	实收出口开具专用缴款书退税额	26		—
	本期已缴税额	27=28+29+30+31	1 366 011.87	
	①分次预缴税额	28	—	—
	②出口开具专用缴款书预缴税额	29	—	—
	③本期缴纳上期应纳税额	30	1 366 011.87	
	④本期缴纳欠缴税额	31		
	期末未缴税额（多缴为负数）	32=24+25+26-27	103 576.95	
	其中：欠缴税额（≥ 0）	33=25+26-27	—	—
	本期应补（退）税额	34=24-28-29	—	—
	即征即退实际退税额	35	—	
	期初未缴查补税额	36		—
	本期入库查补税额	37		—
	期末未缴查补税额	38=16+22+36-37		—
附加税费	城市维护建设税本期应补（退）税额	39	95 581.72	—
	教育费附加本期应补（退）费额	40	40 963.60	—
	地方教育附加本期应补（退）费额	41	27 309.06	—

（2）11 月应缴纳的消费税为 504 715.86 元。

（3）第 1—3 季度预缴的企业所得税累计金额为 123 639.51 元。

（4）2018—2022 年当年境内所得额如表 B－7 所示。

表 B－7　2018—2022 年当年境内所得额　　金额单位：元

年份	2022 年	2021 年	2020 年	2019 年	2018 年
当年境内所得额	2 376 988.43	2 863 881.61	2 848 409.90	2 627 493.45	2 935 123.68

注：从 2018—2022 年企业所得税年度纳税申报表中摘录。

7. 2023 年 11 月末房屋、土地基本信息如表 B－8 所示。

表 B－8　2023 年 11 月末房屋、土地基本信息　　金额单位：元

名称	账面原值			不动产权证号	不动产单元号	建筑面积（m^2）	房产原值扣除比例
	发票金额	契税	合计				
宏发大厦 2-203	900 000.00	27 000.00	927 000.00	1325689	111202030001GB0002F000100089	100	30%
宏发大厦地下仓库	550 000.00	16 500.00	566 500.00	1325690	111202030001GB0000F000100002	100	30%

续表

名称	土地面积（m²）	土地等级	城镇土地使用税税额标准	宗地号	房屋坐落地点	购置时间	
宏发大厦2-203	10	一级	30元/平方米	02-01-16-032	汉东市东城区宏发大厦2-203号	2014年3月	
宏发大厦地下仓库	30	一级	30元/平方米	02-01-16-012	汉东市东城区宏发大厦地下仓库108号	2014年3月	

注：房产原值扣除比例根据当地标准确定；土地等级和城镇土地使用税税额标准由当地所属税务机关核实并在电子税务局系统采集；地下仓库与房屋地下停车场相连，上面为广场。

8. 2023年11月末车辆基本信息如表B－9所示。

表B－9　2023年11月末车辆基本信息

发票日期	车牌号码	车辆识别代码（车架号）	车辆品牌	车辆型号	年基准税额（元）	排（气）量	核定载客（人）
2020年2月1日	东A12657	L6T7824S6IN10066	吉利	MR7152L21	480	1.5升	5

注：年基准税额根据当地标准确定，其他信息从机动车销售统一发票和机动车行驶证中摘录。

9. 2023年11月末固定资产折旧明细如表B－10所示。

表B－10　2023年11月末固定资产折旧表

2023年11月　　　　金额单位：元

序号	固定资产名称	计量单位	数量	入账日期	原值	计提月份	残值率	月折旧	1—11月折旧	已用月数	累计折旧
001	宏发大厦2-203	套	1	2014年3月	927 000.00	240	5%	3 669.38	40 363.18	116	425 648.08
002	宏发大厦地下仓库	间	2	2014年3月	566 500.00	240	5%	2 242.40	24 666.40	116	260 118.40
003	联想台式电脑	台	5	2021年9月	40 384.60	36	5%	1 065.70	11 722.70	26	27 708.20
004	复印机	台	1	2022年1月	25 728.16	36	5%	678.94	7 468.34	22	14 936.68
005	档案柜	组	2	2022年3月	10 601.78	60	5%	167.86	1 846.46	20	3 357.20
006	打印机	台	1	2022年1月	13 106.80	36	5%	345.87	3 804.57	22	7 609.14
	其他部门小计				1 583 321.34			8 170.15	89 871.65		739 377.70
007	吉利汽车	辆	1	2020年2月	126 591.25	48	5%	2 505.45	27 559.95	45	112 745.25
008	联想笔记本电脑	台	3	2021年9月	24 307.68	36	5%	641.45	7 055.95	26	16 677.70
	销售部门小计				150 898.93			3 146.90	34 615.90		129 422.95
	合计				1 734 220.27			11 317.05	124 487.55		868 800.65

10. 11 月末对外投资情况：阳光公司为汉东市长顺仓储有限公司的股东之一，具体对外投资情况如表 B－11 所示。

表 B－11　11 月末对外投资情况　　金额单位：元

被投资企业	被投资企业统一社会信用代码（纳税人识别号）	投资性质	原始投资成本	投资比例
汉东市长顺仓储有限公司	924512835726683908	直接投资	500 000.00	55%

11. 2023 年 1—11 月员工信息、专项附加扣除数据以及个人所得税情况如表 B－12～表 B－19 所示。

表 B－12　员工信息

姓名	性别	身份证号码	国籍	入职日期	离职日期	是否雇员	是否股东及比例	人员状态	部门	手机号码
李东升	男	3701011975011912××	中国	2008/10/9		是	是，70%	正常	销售	188010566××
李强	男	3701011977080357××	中国	2008/10/9		是	是，30%	正常	办公	137151508××
胡秀娟	女	3701021980031228××	中国	2012/7/20		是	否	正常	财务	133030336××
王军	男	3701021986070920××	中国	2012/8/10		是	否	正常	销售	186130067××
王浩然	男	3701011990091520××	中国	2014/3/3		是	否	正常	办公	188020323××
向昊天	男	3701011990102311××	中国	2014/10/14		是	否	正常	销售	137151633××
胡海波	男	3701011988090518××	中国	2018/1/8	2023/9/28	是	否	离职	销售	139226518××
张云帆	女	3701011994120121××	中国	2018/4/25		是	否	正常	财务	139020688××
张子寒	男	3701011996051310××	中国	2019/5/12		是	否	正常	办公	139157303××
赵欣荣	女	3701021998050810××	中国	2020/3/2		是	否	正常	销售	139210853××
赵文轩	男	3701021998061201××	中国	2023/1/5		是	否	正常	销售	139182236××

注：办税人员为张云帆，财务人员为胡秀娟，王浩然为四级残疾人。

表 B－13　专项附加扣除数据

姓名	项目						合计
	子女教育	继续教育	大病医疗	住房贷款利息	住房租金	赡养老人	
李东升				1 000			1 000
李强						1 000	1 000
胡秀娟	1 000			1 000			2 000
王军	1 000	400				1 000	2 400
王浩然		400					400
胡海波					1 500		1 500
合计	2 000	800		2 000	1 500	2 000	8 300

表 B－14　子女教育专项附加扣除明细

姓名	申请项目	配偶姓名	身份证号码	子女姓名	身份证号码	出生日期	国籍	当前受教育阶段	受教育日期起	就读国家	扣除比例
王军	子女教育	张丹	3701021988010218××	王思源	3701012013011801××	2013/01/18	中国	义务教育	2019/9/1	中国	50%
胡秀娟	子女教育	任鸿飞	3701011979051121××	任伟	3701012009102711××	2009/10/27	中国	义务教育	2016/9/1	中国	50%

表 B－15　住房贷款专项附加扣除明细

姓名	申请项目	配偶姓名	身份证号码	地址	房屋所有权证编号	本人是否借款人	扣除比例	公积金贷款合同编号	首次还款日期	贷款期限（月数）
李东升	住房贷款	王元彤	3701011975081610××	汉东市阳光小区 5-303	27630253	是	50%	JK128765	2009/3/12	240
胡秀娟	住房贷款	任鸿飞	3701011979051121××	汉东市雅苑小区 8-606	30781256	是	100%	JK012783	2016/9/20	240

表 B－16　住房租金专项附加扣除明细

姓名	申请项目	工作城市	出租房类型	地址	租赁日期起	租赁日期止
胡海波	住房租金	汉东市	个人	汉东市宁静小区 13-1-601	2022/1/1	2023/12/31

表 B－17　赡养老人专项附加扣除明细

姓名	申请项目	独生子女	父亲姓名	身份证号码	出生日期	本人扣缴比例
李强	赡养老人	否	李建国	3701011950111801××	1950/11/18	33.33%
王军	赡养老人	是	王铁柱	3701011950011213××	1950/01/12	33.33%

表 B－18　继续教育专项附加扣除明细

姓名	申请项目	入学时间起	（预计）毕业时间	教育阶段
王军	继续教育	2021/9/1	2024/7/1	在职研究生
王浩然	继续教育	2022/9/1	2025/7/1	在职研究生

表 B-19 1—11 月累计工资及个人所得税明细

姓名	应发工资	上年平均月工资/当年入职首月工资	应扣个人缴纳保险					专项附加扣除	应纳税所得额	应纳及已缴税额
			养老保险（8%）	医疗保险（2%）	失业保险（0.5%）	住房公积金（11%）	小计			
李东升	224 400.00	17 000.00	14 960.00	3 740.00	935.00	20 570.00	40 205.00	11 000.00	118 195.00	9 299.50
王军	80 850.00	7 000.00	6 160.00	1 540.00	385.00	8 470.00	16 555.00	26 400.00		
向昊天	64 900.00	5 000.00	4 400.00	1 100.00	275.00	6 050.00	11 825.00			
胡海波	37 800.00	4 000.00	2 880.00	720.00	180.00	3 960.00	7 740.00	13 500.00		
赵欣荣	36 300.00	3 000.00	2 640.00	660.00	165.00	3 630.00	7 095.00			
赵文轩	33 000.00	3 000.00	2 640.00	660.00	165.00	3 630.00	7 095.00			
销售部门小计	477 250.00	39 000.00	33 680.00	8 420.00	2 105.00	46 310.00	90 515.00	50 900.00	118 195.00	9 299.50
李强	142 560.00	12 000.00	10 560.00	2 640.00	660.00	14 520.00	28 380.00	11 000.00	48 180.00	2 298.00
胡秀娟	108 900.00	9 000.00	7 920.00	1 980.00	495.00	10 890.00	21 285.00	22 000.00	10 615.00	318.45
王浩然	55 000.00	5 000.00	4 400.00	1 100.00	275.00	6 050.00	11 825.00	4 400.00		
张云帆	48 400.00	4 000.00	3 520.00	880.00	220.00	4 840.00	9 460.00			
张子寒	36 300.00	3 000.00	2 640.00	660.00	165.00	3 630.00	7 095.00			
其他部门小计	391 160.00	33 000.00	29 040.00	7 260.00	1 815.00	39 930.00	78 045.00	37 400.00	58 795.00	2 616.45
合计	868 410.00	72 000.00	62 720.00	15 680.00	3 920.00	86 240.00	168 560.00	88 300.00	176 990.00	11 915.95

12. 增值税、消费税、城市维护建设税、教育费附加和地方教育附加、印花税、契税、土地增值税、车辆购置税、个人所得税、企业所得税按月申报；城镇土地使用税和房产税按年计算，每半年申报一次，分别于1月份、7月份缴纳；车船税分月计算，12月一次性统一申报。（涉及减征的，汉东市规定均按最高幅度减征）

三、2023年12月具体业务情况

业务B－1：阳光公司采取直接收款方式销售卷烟，均签订了买卖合同，开具了增值税专用发票，具体合同、开票信息及收款情况如图B－2～图B－15所示。

购销合同

合同编号:202312001

购货单位（甲方）：汉东市利民烟酒有限公司

供货单位（乙方）：汉东市阳光实业有限公司

根据《中华人民共和国民法典》及国家相关法律、法规之规定，甲乙双方本着平等互利的原则，就甲方购买乙方货物一事达成以下协议。

一、货物的名称、数量及价格：

货物名称	规格型号	单位	数量	单价	金额	税率	价税合计
卷烟A	84MM	标准箱	1	22,123.89	22,123.89	13%	25,000.00
合计（大写） 贰万伍仟元整							¥25,000.00

二、交货方式和费用承担：交货方式：购货方自行提货，交货时间：2023年12月31日前，交货地点：宏发大厦，运费由购货方承担。

三、付款时间与付款方式：月末25日按照表中单价根据实际供货数量进行结算。

四、质量异议期：订货方对供货方的货物质量有异议时，应在收到货物后2日内提出，逾期视为货物质量合格。

五、未尽事宜经双方协商可签订补充协议，与本合同具有同等效力。

六、本合同自双方签字、盖章之日起生效，本合同壹式贰份，甲乙双方各执壹份。

甲方（签章）：汉东市利民烟酒有限公司
授权代表：
地址：
电话：
日期：2023年12月01日

乙方（签章）：汉东市阳光实业有限公司
授权代表：
地址：
电话：
日期：2023年12月01日

图B－2 阳光公司12月销售合同－汉东市利民烟酒有限公司

370121001101 汉东增值税专用发票 № 19758922 370121001101 19758922

此联不作报销、扣税凭证使用 开票日期：2023年12月02日

作废

购买方：
名称：汉东市利民烟酒有限公司
纳税人识别号：92450000115837820F
地址、电话：汉东市江南区光明路12号133020351××
开户行及账号：中国工商银行股份有限公司汉东光明支行6132078270200001279

密码区：
360>21899%16785-%3>%.00—*28
3*340#>-4-*86%>#2925#6>1*#
10-4>9016%31#0-7%31326615#0%
2*#3-752663346*2%%-28992101>

货物或应税劳务、服务名称	规格型号	单位	数量	单价	金额	税率	税额
*烟草制品*甲类卷烟*卷烟A	84MM	标准箱	10	22,123.89	221,238.94	13%	28,761.06
合计					¥221,238.94		¥28,761.06
价税合计（大写）	⊗贰拾伍万元整				（小写）¥250,000.00		

销售方：
名称：汉东市阳光实业有限公司
纳税人识别号：92450102208361358D
地址、电话：汉东市东城区宏发大厦2-203号139020688××
开户行及账号：中国工商银行股份有限公司汉东幸福支行6241053010700002385

备注：汉东市阳光实业有限公司 92450102208361358D 发票专用章

收款人：向昊天 复核：胡秀娟 开票人：张云帆 销售方：（章）

税总函［202X］××号××公司

第一联：记账联 销售方记账凭证

图B－3 阳光公司12月销售发票－汉东市利民烟酒有限公司（1）

370121001101　　汉东　增值税专用发票　　№ 19758923　370121001101
19758923

此联不作报销、扣税凭证使用　　开票日期：2023年12月02日

税总函[202X]××号×××公司

购买方	名　　称：汉东市利民烟酒有限公司 纳税人识别号：92450000115837820F 地 址、电 话：汉东市江南区光明路12号133020351×× 开户行及账号：中国工商银行股份有限公司汉东光明支行6132078270200001279				密码区	692>5125>3%*12502942 7#431384 3264*80379--35-9#>06%*18*856 797>#-8*250136%44*75>117-#25 >6%-94--12##805604>*-*90892#	
货物或应税劳务、服务名称	规格型号	单位	数量	单价	金额	税率	税额
*烟草制品*甲类卷烟*卷烟A	84MM	标准箱	100	22,123.89	2,212,389.38	13%	287,610.62
合　　计					¥2,212,389.38		¥287,610.62
价税合计（大写）	⊗贰佰伍拾万元整				（小写）¥2,500,000.00		
销售方	名　　称：汉东市阳光实业有限公司 纳税人识别号：92450102208361358D 地 址、电 话：汉东市东城区宏发大厦 2-203 号139020688×× 开户行及账号：中国工商银行股份有限公司汉东幸福支行6241053010700002385				备注		

收款人：向昊天　　复核：胡秀娟　　开票人：张云帆

第一联：记账联　销售方记账凭证

图 B－4　阳光公司 12 月销售发票－汉东市利民烟酒有限公司（2）

370121001101　　汉东　增值税专用发票　　№ 19758926　370121001101
19758926

销项负数

此联不作报销、扣税凭证使用　　开票日期：2023年12月20日

税总函[202X]××号×××公司

购买方	名　　称：汉东市利民烟酒有限公司 纳税人识别号：92450000115837820F 地 址、电 话：汉东市江南区光明路12号133020351×× 开户行及账号：中国工商银行股份有限公司汉东光明支行6132078270200001279				密码区	45*#4*8*6668975--99557>15052 *0943>9494*2*#455*62%>7>*5>* 7#55#37#63-#742%2981->530%5% 11968%37#>7#6#54124661-%971>	
货物或应税劳务、服务名称	规格型号	单位	数量	单价	金额	税率	税额
*烟草制品*甲类卷烟*卷烟A	84MM	箱	-10	22,123.89	-221,238.94	13%	-28,761.06
合　　计					¥-221,238.94		¥-28,761.06
价税合计（大写）	⊗（负数）贰拾伍万元整				（小写）¥-250,000.00		
销售方	名　　称：汉东市阳光实业有限公司 纳税人识别号：92450102208361358D 地 址、电 话：汉东市东城区宏发大厦 2-203 号139020688×× 开户行及账号：中国工商银行股份有限公司汉东幸福支行6241053010700002385				备注		

收款人：向昊天　　复核：胡秀娟　　开票人：张云帆

第一联：记账联　销售方记账凭证

图 B－5　阳光公司 12 月销售发票－汉东市利民烟酒有限公司（3）

业务回单（收款）

日期：2023 年 12 月 25 日

回单编号：23352000016

付款人户名：汉东市利民烟酒有限公司　　付款人开户行：中国工商银行股份有限公司汉东光明支行

付款人账号（卡号）：6132078270200001279

收款人户名：汉东市阳光实业有限公司　　收款人开户行：中国工商银行股份有限公司汉东幸福支行

收款人账号（卡号）：6241053010700002385

金额：贰佰贰拾伍万元整　　小写：¥2,250,000.00 元

业务（产品）种类：同城转账　　凭证种类：000000000　　凭证号码：00000000000000000

摘要：12月货款　　用途：货款　　币种：人民币

交易机构：0624100530　　记账柜员：00016　　交易代码：01670　　渠道：网上银行

本回单为第 1 次打印，注意重复　　打印日期：2023 年 12 月 25 日

图 B－6　阳光公司 12 月货款回单－汉东市利民烟酒有限公司

购销合同

合同编号:202312002

购货单位（甲方）：汉东市盛达贸易有限公司

供货单位（乙方）：汉东市阳光实业有限公司

根据《中华人民共和国民法典》及国家相关法律、法规之规定，甲乙双方本着平等互利的原则，就甲方购买乙方货物一事达成以下协议。

一、货物的名称、数量及价格：

货物名称	规格型号	单位	数量	单价	金额	税率	价税合计
卷烟B	84MM	标准箱	50	48,672.57	2,433,628.32	13%	2,750,000.00
合计（大写） 贰佰柒拾伍万元整							¥2,750,000.00

二、交货方式和费用承担：交货方式：购货方自行提货，交货时间：2023年12月08日前，交货地点：宏发大厦，运费由购货方承担。

三、付款时间与付款方式：提货当天由供货单位开具增值税专用发票后，购货单位即进行付款。

四、质量异议期：订货方对供货方的货物质量有异议时，应在收到货物后2日内提出，逾期视为货物质量合格。

五、未尽事宜经双方协商可作补充协议，与本合同具有同等效力。

六、本合同自双方签字、盖章之日起生效；本合同壹式贰份，甲乙双方各执壹份。

甲方（签章）：汉东市盛达贸易有限公司	乙方（签章）：汉东市阳光实业有限公司
授权代表：	授权代表：
地址：	地址：
电话：	电话：
日期：2023 年 12 月 04 日	日期：2023 年 12 月 04 日

图 B－7　阳光公司 12 月销售合同－汉东市盛达贸易有限公司

370121001101

汉东增值税专用发票

此联不作报销、扣税凭证使用

№ 19758924　370121001101
19758924

开票日期：2023年12月08日

购买方	名称：汉东市盛达贸易有限公司 纳税人识别号：924500001325865143 地址、电话：汉东市东城区明苑路32号139120055×× 开户行及账号：中国工商银行股份有限公司汉东明苑支行6132035187500002816	密码区	017150374%3750%24#60>6*80-98 13892-05%222472%90%2%2#19-14 5%70#%4%4-%19973%36709—>3## 803#%472>-469-33#02*4806%6-#

货物或应税劳务、服务名称	规格型号	单位	数量	单价	金额	税率	税额
*烟草制品*甲类卷烟*卷烟B	84MM	标准箱	50	48,672.57	2,433,628.32	13%	316,371.68
合计					¥2,433,628.32		¥316,371.68
价税合计（大写）	⊗贰佰柒拾伍万元整				（小写）¥2,750,000.00		

销售方	名称：汉东市阳光实业有限公司 纳税人识别号：92450102208361358D 地址、电话：汉东市东城区宏发大厦 2-203 号139020688×× 开户行及账号：中国工商银行股份有限公司汉东幸福支行6241053010700002385	备注	汉东市阳光实业有限公司 92450102208361358D 发票专用章

收款人：向昊天　　复核：胡秀娟　　开票人：张云帆　　销售方：（章）

税总函[202X]××号×××公司

第一联：记账联　销售方记账凭证

图 B－8　阳光公司 12 月销售发票－汉东市盛达贸易有限公司

业务回单（收款）

日期：2023 年 12 月 08 日

回单编号：23352000001

付款人户名：汉东市盛达贸易有限公司　　付款人开户行：中国工商银行股份有限公司汉东明苑支行

付款人账号（卡号）：6132035187500002816

收款人户名：汉东市阳光实业有限公司　　收款人开户行：中国工商银行股份有限公司汉东幸福支行

收款人账号（卡号）：6241053010700002385

金额：贰佰柒拾伍万元整　　小写：¥2,750,000.00 元

业务（产品）种类：同城转账　　凭证种类：000000000　　凭证号码：0000000000000000

摘要：货款　　用途：货款　　币种：人民币

交易机构：0624100530　　记账柜员：00009　　交易代码：01217　　渠道：网上银行

（印章：中国工商银行股份有限公司 汉东幸福支行 业务专用章 230X16B1T915 打印柜员：9）

本回单为第 1 次打印，注意重复　　打印日期：2023 年 12 月 08 日

图 B－9　阳光公司 12 月货款回单－汉东市盛达贸易有限公司

购 销 合 同

合同编号：202312003

购货单位（甲方）：汉东市惠利礼品超市有限公司

供货单位（乙方）：汉东市阳光实业有限公司

根据《中华人民共和国民法典》及国家相关法律、法规之规定，甲乙双方本着平等互利的原则，就甲方购买乙方货物一事达成以下协议。

一、货物的名称、数量及价格：

货物名称	规格型号	单位	数量	单价	金额	税率	价税合计
卷烟C	84MM	标准箱	35	81,858.41	2,865,044.25	13%	3,237,500.00
合计（大写）	叁佰贰拾叁万柒仟伍佰元整						¥3,237,500.00

二、交货方式和费用承担：交货方式：购货方自行提货，交货时间：2023年12月15日 前，交货地点：宏发大厦，运费由 购货方 承担。

三、付款时间与付款方式：提货当天由供货单位开具增值税专用发票后，购货单位即进行付款。

四、质量异议期：订货方对供货方的货物质量有异议时，应在收到货物后 2日 内提出，逾期视为货物质量合格。

五、未尽事宜经双方协商可补充协议，与本合同具有同等效力。

六、本合同自双方签字、盖章之日起生效；本合同壹式贰份，甲乙双方各执壹份。

甲方（签章）：（印章：汉东市惠利礼品超市有限公司）　　乙方（签章）：（印章：汉东市阳光实业有限公司）

授权代表：　　授权代表：

地址：　　地址：

电话：　　电话：

日期：2023 年 12 月 05 日　　日期：2023 年 12 月 05 日

图 B－10　阳光公司 12 月购销合同－汉东市惠利礼品超市有限公司

370121001101

汉东 增值税专用发票

№ 19758925　370121001101　19758925

此联不作报销、扣税凭证使用

开票日期：2023年12月13日

税总函[202X]××号××××公司

购买方	名　　称：汉东市惠利礼品超市有限公司 纳税人识别号：924502021512001052 地址、电话：汉东市西城区广博路188003212×××× 开户行及账号：中国工商银行股份有限公司汉东广博支行6132042115800001013	密码区	-627*221#136%->516>>*589-*7> 1-%18%#9*##9865-8%#5%#869%>0 %0074#%73####50%81%17%258*7% #6*#15#2834460631*22283-373-

货物或应税劳务、服务名称	规格型号	单位	数量	单价	金额	税率	税额
*烟草制品*甲类卷烟*卷烟C	84MM	标准箱	35	81,858.41	2,865,044.25	13%	372,455.75
合　　计					¥2,865,044.25		¥372,455.75
价税合计（大写）	⊗ 叁佰贰拾叁万柒仟伍佰元整				（小写）¥3,237,500.00		

销售方	名　　称：汉东市阳光实业有限公司 纳税人识别号：92450102208361358D 地址、电话：汉东市东城区宏发大厦 2-203 号139020688×× 开户行及账号：中国工商银行股份有限公司汉东幸福支行6241053010700002385	备注	汉东市阳光实业有限公司 92450102208361358D 发票专用章

收款人：向昊天　　复核：胡秀娟　　开票人：张云帆　　销售方：（章）

第一联：记账联　销售方记账凭证

图 B－11　阳光公司 12 月销售发票－汉东市惠利礼品超市有限公司

业务回单（收款）

日期：2023 年 12 月 13 日

回单编号：23352000003

付款人户名：汉东市惠利礼品超市有限公司　　付款人开户行：中国工商银行股份有限公司汉东广博支行

付款人账号（卡号）：6132042115800001013

收款人户名：汉东市阳光实业有限公司　　收款人开户行：中国工商银行股份有限公司汉东幸福支行

收款人账号（卡号）：6241053010700002385

金额：叁佰贰拾叁万柒仟伍佰元整　　小写：¥3,237,500.00 元

业务（产品）种类：同城转账　　凭证种类：000000000　　凭证号码：0000000000000000

摘要：货款　　用途：货款　　币种：人民币

交易机构：0624100530　　记账柜员：00037　　交易代码：02673　　渠道：网上银行

中国工商银行股份有限公司
汉东幸福支行
业务专用章
2E68DB420831
打印柜员：9

本回单为第 1 次打印，注意重复　　打印日期：2023 年 12 月 13 日

图 B－12　阳光公司 12 月货款回单－汉东市惠利礼品超市有限公司

购销合同

合同编号：202312004

购货单位（甲方）：汉东市亲民超市有限公司

供货单位（乙方）：汉东市阳光实业有限公司

根据《中华人民共和国民法典》及国家相关法律、法规之规定，甲乙双方本着平等互利的原则，就甲方购买乙方货物一事达成以下协议。

一、货物的名称、数量及价格：

货物名称	规格型号	单位	数量	单价	金额	税率	价税合计
卷烟B	84MM	标准箱	70	48,672.57	3,407,079.65	13%	3,850,000.00
合计（大写） 叁佰捌拾伍万元整							¥3,850,000.00

二、交货方式和费用承担：交货方式：购货方自行提货，交货时间：2023年12月30日前，交货地点：宏发大厦，运费由购货方承担。

三、付款时间与付款方式：提货当天由供货单位开具增值税专用发票后，购货单位即进行付款。

四、质量异议期：订货方对供货方的货物质量有异议时，应在收到货物后2日内提出，逾期视为货物质量合格。

五、未尽事宜经双方协商可补充协议，与本合同具有同等效力。

六、本合同自双方签字、盖章之日起生效；本合同壹式贰份，甲乙双方各执壹份。

甲方（签章）：汉东市亲民超市有限公司

授权代表：

地址：

电话：

日期：2023 年 12 月 18 日

乙方（签章）：汉东市阳光实业有限公司

授权代表：

地址：

电话：

日期：2023 年 12 月 18 日

图 B－13　阳光公司 12 月销售合同－汉东市亲民超市有限公司

370121001101　　汉东　增值税专用发票　№ 19758927　370121001101　19758927

此联不作报销、扣税凭证使用　　开票日期：2023年12月22日

购买方　名称：汉东市亲民超市有限公司
纳税人识别号：924502035891235963
地址、电话：汉东市江北区朝阳路10号133010542××
开户行及账号：中国工商银行股份有限公司汉东朝阳支行6132047820300002574

密码区：-18-**>1*6>805-%>-71*2955-17
-9658%85077048-**51237444#4-
159-96265**16%0#-#*8>9-*3*>2
7#057*729>2->25#3>%3%01#8357

货物或应税劳务、服务名称	规格型号	单位	数量	单价	金额	税率	税额
*烟草制品*甲类卷烟*卷烟B	84MM	标准箱	70	48,672.57	3,407,079.65	13%	442,920.35
合计					¥3,407,079.65		¥442,920.35
价税合计（大写）	⊗ 叁佰捌拾伍万元整				（小写）¥3,850,000.00		

销售方　名称：汉东市阳光实业有限公司
纳税人识别号：92450102208361358D
地址、电话：汉东市东城区宏发大厦 2-203 号139020688××
开户行及账号：中国工商银行股份有限公司汉东幸福支行6241053010700002385

备注：

收款人：向昊天　　复核：胡秀娟　　开票人：张云帆　　销售方：（章）

税总函[202X]××号××××公司

第一联：记账联　销售方记账凭证

图 B－14　阳光公司 12 月销售发票－汉东市亲民超市有限公司

业务回单（收款）

日期：2023 年 12 月 22 日

回单编号：23352000010

付款人户名：汉东市亲民超市有限公司　　付款人开户行：中国工商银行股份有限公司汉东朝阳支行

付款人账号(卡号)：6132047820300002574

收款人户名：汉东市阳光实业有限公司　　收款人开户行：中国工商银行股份有限公司汉东幸福支行

收款人账号(卡号)：6241053010700002385

金额：叁佰捌拾伍万元整　　小写：¥3,850,000.00 元

业务(产品)种类：同城转账　　凭证种类：000000000　　凭证号码：0000000000000000

摘要：货款　　用途：货款　　币种：人民币

交易机构：0624100530　　记账柜员：00028　　交易代码：02159　　渠道：网上银行

中国工商银行股份有限公司 汉东幸福支行 业务专用章 3K05AW279384

本回单为第 1 次打印，注意重复　　打印日期：2023 年 12 月 22 日

图 B－15　阳光公司 12 月货款回单－汉东市亲民超市有限公司

业务 B－2：阳光公司 12 月采购一批卷烟，均签订了买卖合同，季末取得增值税专用发票并支付了部分以往货款，本月采购的卷烟全部销售，存货采用个别计价法。相关凭证如图 B－16 ～图 B－21 所示。

购 销 合 同

合同编号：202312005

购货单位（甲方）：汉东市阳光实业有限公司

供货单位（乙方）：汉东市烟草销售公司

根据《中华人民共和国民法典》及国家相关法律、法规之规定，甲乙双方本着平等互利的原则，就甲方购买乙方货物一事达成以下协议。

一、货物的名称、数量及价格：

货物名称	规格型号	单位	数量	单价	金额	税率	价税合计
卷烟A	84MM	标准箱	1	18,318.58	18,318.58	13%	20,700.00
卷烟B	84MM	标准箱	1	37,876.11	37,876.11	13%	42,800.00
卷烟C	84MM	标准箱	1	59,292.04	59,292.04	13%	67,000.00
合计（大写）	壹拾叁万零伍佰元整						¥130,500.00

二、交货方式和费用承担：交货方式：销货方送货，交货时间：2023年12月31日前，交货地点：宏发大厦，运费由供货方承担。

三、付款时间与付款方式：每月末按照表中单价和实际数量进行结算付款。

四、质量异议期：订货方对供货方的货物质量有异议时，应在收到货物后 2日 内提出，逾期视为货物质量合格。

五、未尽事宜经双方协商可补充协议，与本合同具有同等效力。

六、本合同自双方签字、盖章之日起生效；本合同壹式贰份，甲乙双方各执壹份。

甲方（签章）：汉东市阳光实业有限公司　　乙方（签章）：汉东市烟草销售公司

授权代表：　　授权代表：

地址：　　地址：

电话：　　电话：

日期：2023 年 12 月 01 日　　日期：2023 年 12 月 01 日

图 B－16　阳光公司 12 月购货合同

税总函[202X]××号×××公司

370121005203

汉东增值税专用发票

发票联

№ 23611685 370121005203 23611685

开票日期：2023年12月24日

购买方	名　　称：汉东市阳光实业有限公司 纳税人识别号：92450102208361358D 地 址、电 话：汉东市东城区宏发大厦 2-203 号139020688×× 开户行及账号：中国工商银行股份有限公司汉东幸福支行6241053010700002385	密码区	3296*%94>2#2*-5#8*1762%00-*7 1514>—76148444>11#*57>1-89# 002*065-#-6-42699>6##43#2529 854158*>21870%##14%123-%>*28

货物或应税劳务、服务名称	规格型号	单位	数量	单价	金额	税率	税额
*烟草制品*甲类卷烟*卷烟A	84MM	标准箱	90	18,318.58	1,648,672.57	13%	214,327.43
合　　计					¥1,648,672.57		¥214,327.43
价税合计（大写）	⊗壹佰捌拾陆万叁仟元整				（小写）¥1,863,000.00		

销售方	名　　称：汉东市烟草销售公司 纳税人识别号：924510000715823614 地 址、电 话：汉东市东城区友谊路8号135020151×× 开户行及账号：中国工商银行股份有限公司汉东友谊支行6132015390200001001	备注	汉东市烟草销售公司 924510000715823614 发票专用章

收款人：×××　　复核：×××　　开票人：×××　　销售方：（章）

第三联：发票联　购买方记账凭证

图 B－17　阳光公司 12 月购货发票（1）

税总函[202X]××号×××公司

370121005203

汉东增值税专用发票

抵扣联

№ 23611685 370121005203 23611685

开票日期：2023年12月24日

购买方	名　　称：汉东市阳光实业有限公司 纳税人识别号：92450102208361358D 地 址、电 话：汉东市东城区宏发大厦 2-203 号139020688×× 开户行及账号：中国工商银行股份有限公司汉东幸福支行6241053010700002385	密码区	3296*%94>2#2*-5#8*1762%00-*7 1514>—76148444>11#*57>1-89# 002*065-#-6-42699>6##43#2529 854158*>21870%##14%123-%>*28

货物或应税劳务、服务名称	规格型号	单位	数量	单价	金额	税率	税额
*烟草制品*甲类卷烟*卷烟A	84MM	标准箱	90	18,318.58	1,648,672.57	13%	214,327.43
合　　计					¥1,648,672.57		¥214,327.43
价税合计（大写）	⊗壹佰捌拾陆万叁仟元整				（小写）¥1,863,000.00		

销售方	名　　称：汉东市烟草销售公司 纳税人识别号：924510000715823614 地 址、电 话：汉东市东城区友谊路8号135020151×× 开户行及账号：中国工商银行股份有限公司汉东友谊支行6132015390200001001	备注	汉东市烟草销售公司 924510000715823614 发票专用章

收款人：×××　　复核：×××　　开票人：×××　　销售方：（章）

第二联：抵扣联　购买方扣税凭证

图 B－18　阳光公司 12 月购货发票（2）

注：抵扣联和发票联是一次性填开的不同联次内容一样的发票，因此，后续取得的增值税专用发票只展示发票联，不再展示抵扣联。

370121005203　　**汉东增值税专用发票**　　№ 23611686　370121005203 23611686

发票联

开票日期：2023年12月24日

购买方	名　　称：汉东市阳光实业有限公司 纳税人识别号：92450102208361358D 地 址、电 话：汉东市东城区宏发大厦 2-203 号139020688×× 开户行及账号：中国工商银行股份有限公司汉东幸福支行6241053010700002385	密码区	%83*58>9*6-11336%>5*28>%*%11 9##%-2*>#0475#304%73%3>25946 ->789>%5*1528%8*794—%5495>2 2>4#>%9>8#9343763533956>27#

货物或应税劳务、服务名称	规格型号	单位	数量	单价	金额	税率	税额
*烟草制品*甲类卷烟*卷烟B	84MM	标准箱	120	37,876.11	4,545,132.74	13%	590,867.26
合　计					¥4,545,132.74		¥590,867.26
价税合计（大写）	⊗伍佰壹拾叁万陆仟元整				（小写）¥5,136,000.00		

销售方	名　　称：汉东市烟草销售公司 纳税人识别号：92451000715823614 地 址、电 话：汉东市东城区友谊路8号135020151×× 开户行及账号：中国工商银行股份有限公司汉东友谊支行6132015390200001001	备注	汉东市烟草销售公司 92451000715823614 发票专用章

收款人：×××　　复核：×××　　开票人：×××　　销售方：（章）

税总函[202X]××号××××公司

第三联：发票联　购买方记账凭证

图 B－19　阳光公司 12 月购货发票（3）

370121005203　　**汉东增值税专用发票**　　№ 23611687　370121005203 23611687

发票联

开票日期：2023年12月24日

购买方	名　　称：汉东市阳光实业有限公司 纳税人识别号：92450102208361358D 地 址、电 话：汉东市东城区宏发大厦 2-203 号139020688×× 开户行及账号：中国工商银行股份有限公司汉东幸福支行6241053010700002385	密码区	8654003757>560>>74-6*02400%5 6*7009%*27%890*8-34514-72%— 9>#251-60725>54129#1649#8236 >0240#%0776#769732396#%0436%

货物或应税劳务、服务名称	规格型号	单位	数量	单价	金额	税率	税额
*烟草制品*甲类卷烟*卷烟C	84MM	标准箱	35	59,292.04	2,075,221.24	13%	269,778.76
合　计					¥2,075,221.24		¥269,778.76
价税合计（大写）	⊗贰佰叁拾肆万伍仟元整				（小写）¥2,345,000.00		

销售方	名　　称：汉东市烟草销售公司 纳税人识别号：92451000715823614 地 址、电 话：汉东市东城区友谊路8号135020151×× 开户行及账号：中国工商银行股份有限公司汉东友谊支行6132015390200001001	备注	汉东市烟草销售公司 92451000715823614 发票专用章

收款人：×××　　复核：×××　　开票人：×××　　销售方：（章）

税总函[202X]××号××××公司

第三联：发票联　购买方记账凭证

图 B－20　阳光公司 12 月购货发票（4）

业务回单（付款）

日期：2023 年 12 月 24 日

回单编号：23352000013

付款人户名：汉东市阳光实业有限公司　　付款人开户行：中国工商银行股份有限公司汉东幸福支行

付款人账号（卡号）：6241053010700002385

收款人户名：汉东市烟草销售公司　　收款人开户行：中国工商银行股份有限公司汉东友谊支行

收款人账号（卡号）：6132015390200001001

金额：玖佰捌拾伍万元整　　小写：¥9,850,000.00 元

业务（产品）种类：同城转账　　凭证种类：000000000　　凭证号码：0000000000000000

摘要：12月货款　　用途：货款　　币种：人民币

交易机构：0624100530　　记账柜员：00033　　交易代码：05039　　渠道：网上银行

中国工商银行股份有限公司 汉东幸福支行 业务专用章 230B21FA60P8 打印柜员：0

本回单为第 1 次打印，注意重复　　打印日期：2023 年 12 月 24 日

图 B－21　阳光公司 12 月购货银行回单

业务 B－3：阳光公司将 2014 年 3 月购置的宏发大厦地下仓库的其中 1 间，即 50 平方米出租给汉东市盛达贸易有限公司，其他房产自用。2023 年 1 月签订租赁合同，租赁期为 1 年，采取每月押一付一的结算方式，开具增值税专用发票，如图 B－22、图 B－23 所示。

370121001101　　汉东　增值税专用发票　　№ 19758928　370121001101　19758928

此联不作报销、扣税凭证使用　　开票日期：2023年12月28日

购买方	名　　称：汉东市盛达贸易有限公司 纳税人识别号：924500001325865143 地 址、电 话：汉东市东城区明苑路32号139120055×× 开户行及账号：中国工商银行股份有限公司汉东明苑支行6132035187500002816			密码区	40559%#54715695%>-15#39*38-9 #4*0*7>62-5>015#4->#2422*47# 1%>25232056*>21524%#01#*4#*8 -9706>2*014445>1>7-4>2240590		
货物或应税劳务、服务名称	规格型号	单位	数量	单价	金额	税率	税额
*经营租赁*不动产租赁		间	1	2,333.33	2,333.33	5%	116.67
合　计					¥2,333.33		¥116.67
价税合计（大写）	⊗ 贰仟肆佰伍拾元整				（小写）¥2,450.00		
销售方	名　　称：汉东市阳光实业有限公司 纳税人识别号：92450102208361358D 地 址、电 话：汉东市东城区宏发大厦 2-203 号139020688×× 开户行及账号：中国工商银行股份有限公司汉东幸福支行6241053010700002385			备注	宏发大厦地下仓库12月出租		

收款人：向昊天　　复核：胡秀娟　　开票人：张云帆　　销售方：（章）

第一联：记账联　销售方记账凭证

税总函[202X]××号××××公司

图 B－22　阳光公司 12 月不动产出租发票

业务回单（收款）

日期：2023 年 12 月 28 日

回单编号：23352000017

付款人户名：汉东市盛达贸易有限公司　　付款人开户行：中国工商银行股份有限公司汉东明苑支行

付款人账号(卡号)：6132035187500002816

收款人户名：汉东市阳光实业有限公司　　收款人开户行：中国工商银行股份有限公司汉东幸福支行

收款人账号(卡号)：6241053010700002385

金额：贰仟肆佰伍拾元整　　小写：¥2,450.00 元

业务(产品)种类：同城转账　　凭证种类：000000000　　凭证号码：000000000000000000

摘要：租金　　用途：租金　　币种：人民币

交易机构：0624100530　　记账柜员：00025　　交易代码：06679　　渠道：网上银行

本回单为第 1 次打印，注意重复　　打印日期：2023 年 12 月 28 日

中国工商银行股份有限公司 汉东幸福支行 业务专用章 58K3E2710B28 打印柜员：0

图 B－23　阳光公司 12 月不动产出租银行回单

业务 B－4：12 月 30 日，阳光公司将 2014 年 3 月购置的宏发大厦地下仓库 108 号（旧房不能取得评估价格，但有原始购买发票）出售给汉东市盛达贸易有限公司，双方签订了房屋转让合同，并开具增值税专用发票。相关凭证如图 B－24～图 B－27 所示。

房屋转让合同

合同编号：202312006

出让人：汉东市阳光实业有限公司（以下简称甲方）

受让人：汉东市盛达贸易有限公司（以下简称乙方）

甲乙双方经友好协商，就甲方向乙方转让甲方私人房产一事达成以下条款：

第一条　甲方对产权的声明

甲方根据国家规定，已依法取得合法的房屋所有权证书，所有权证书编号为汉（2013）东城区不动产权第 1325690 号。甲方为该房屋的现状负全责。该房屋的建筑面积为 100 平方米。

第二条　甲方对买卖权的声明

甲方保证该房屋是符合国家及区房屋上市的有关规定及政策法规，甲方有权将该房屋上市交易。由于违反国家及区相关政策法规而引起的法律及经济责任由甲方来承担。

第三条　乙方对购买权的声明

乙方愿意在本合同第一条款及第二条款成立的前提下，就向甲方购买上述房屋的完全产权之事签订本协议，并认可仅在此种情况下签订才具有法律效力。

第四条　房屋售价

双方同意上述房屋不含税售价为 952,380.95 元，增值税税额为 47,619.05 元。

第五条　付款方式

乙方应在签订《房屋转让合同》的当天，一次性支付全部房款。

1.乙方如未按本协议第五条款规定的时间付款，甲方对乙方的逾期应付款有权追究违约利息。每逾期一天，乙方应支付甲方所应付房款的 0.4‰作为滞纳金。

2.甲方应在获得全部房款后 7 个工作日内将房屋搬空，每逾期一天，甲方应按乙方已付房款的 0.4‰向乙方付滞纳金，逾期超过 15 天，即视甲方违约，乙方可要求法院强制执行。

第六条　房屋交付甲乙双方就房屋交付达成以下细目：

1.没有房屋欠账，如电费、物业管理费等；

图 B－24　阳光公司 12 月不动产销售合同（1）

2.没有固定不可移动装修物品的破坏；

3.房屋本身没有影响房屋使用或美观的破坏。

第七条　关于产权办理的约定

本协议签订后，甲乙双方应向当地房地产交易管理部门申请办理房屋买卖立契过户手续，并按有关规定申领房屋所有权证。

第八条　有关争议本协议未尽事宜，双方可签订补充协议。本协议的附件和双方签订的补充协议为本协议不可分割的组成部分，具有同行法律效力。当本合同在履行中发生争议时，双方协商解决。协商不能解决的，双方均有权向该房屋所在地的人民法院提起诉讼。

第九条　生效说明本协议一式叁份，甲乙双方各执一份，房屋交易管理部门留存一份。均具有同等法律效力。自双方签字之日起生效。

甲方（公章）：汉东市阳光实业有限公司
法定代表人：
电话：
日期：2023 年 12 月 30 日

乙方（公章）：汉东市盛达贸易有限公司
法定代表人：
电话：
日期：2023 年 12 月 30 日

图 B－25　阳光公司 12 月不动产销售合同（2）

370121001101

汉东 增值税专用发票

№ 19758929 370121001101 19758929

此联不作报销、扣税凭证使用

开票日期：2023年12月30日

购买方	名称：汉东市盛达贸易有限公司 纳税人识别号：924500001325865143 地址、电话：汉东市东城区明苑路32号139120055×× 开户行及账号：中国工商银行股份有限公司汉东明苑支行6132035187500002816				密码区	#-850*9#*4#8-7%-32-5-316*203 57%603%843#270>%*14>5634#184 *>%4#36*3*8*%9206%56#87%>%57 0>>301529-%1957#08>76#8-#5>2		
货物或应税劳务、服务名称	规格型号	单位	数量	单价	金额	税率	税额	
*不动产*宏发大厦地下仓库 108 号		套	1	952,380.95	952,380.95	5%	47,619.05	
合计					¥952,380.95		¥47,619.05	
价税合计（大写）	⊗壹佰万元整				（小写）¥1,000,000.00			
销售方	名称：汉东市阳光实业有限公司 纳税人识别号：92450102208361358D 地址、电话：汉东市东城区宏发大厦 2-203 号139020688×× 开户行及账号：中国工商银行股份有限公司汉东幸福支行6241053010700002385				备注	宏发大厦地下仓库 108 号		

收款人：向昊天　复核：胡秀娟　开票人：张云帆　销售方：（章）

税总函[202X]××号×××公司

第一联：记账联 销售方记账凭证

图 B－26　阳光公司 12 月不动产销售发票

业务回单（收款）

日期：2023 年 12 月 30 日

回单编号：23352000018

付款人户名：汉东市盛达贸易有限公司　付款人开户行：中国工商银行股份有限公司汉东明苑支行

付款人账号（卡号）：6132035187500002816

收款人户名：汉东市阳光实业有限公司　收款人开户行：中国工商银行股份有限公司汉东幸福支行

收款人账号（卡号）：6241053010700002385

金额：壹佰万元整　小写：¥1,000,000.00 元

业务（产品）种类：同城转账　凭证种类：000000000　凭证号码：0000000000000000

摘要：房款　用途：房款　币种：人民币

交易机构：0624100530　记账柜员：00075　交易代码：01095　渠道：网上银行

本回单为第 1 次打印，注意重复　打印日期：2023 年 12 月 30 日

图 B－27　阳光公司 12 月不动产销售银行回单

业务 B－5：12 月 15 日，为了重新布置展柜与临时存放货物，阳光公司从汉东市东方实业有限公司购买宏发大厦 2-204 用于展示与临时库存存放，该房屋位于阳光公司办公室旁边。双方当天签订房屋转让合同并支付房款和契税，取得增值税专用发票。汉东市东方实业有限公司购置宏发大厦 2-204 的时间为 2012 年 6 月。相关凭证如图 B－28 ～图 B－32 所示。

房屋转让合同

出让人：汉东市东方实业有限公司（以下简称甲方）
受让人：汉东市阳光实业有限公司（以下简称乙方）

甲乙双方经友好协商，就甲方向乙方转让甲方私人房产一事达成以下条款：

第一条　甲方对产权的声明

甲方根据国家规定，已依法取得合法的房屋所有权证书，所有权证书编号为汉（2012）东城区不动产权第 3567926 号。甲方为该房屋的现状负全责。该房屋的建筑面积为 60 平方米。

第二条　甲方对买卖权的声明

甲方保证该房屋是符合国家及区房屋上市的有关规定及政策法规，甲方有权将该房屋上市交易。由于违反国家及区相关政策法规而引起的法律及经济责任由甲方来承担。

第三条　乙方对购买权的声明

乙方愿意在本合同第一条款及第二条款成立的前提下，就向甲方购买上述房屋的完全产权之事签订本协议，并认可仅在此种情况下签订才具有法律效力。

第四条　房屋售价

双方同意上述房屋不含税售价为100万元，增值税税额为5万元。

第五条　付款方式

乙方应在签订《房屋转让合同》的当天，一次性支付全部房款。

1.乙方如未按本协议第五条款规定的时间付款，甲方对乙方的逾期应付款有权追究违约利息。每逾期一天，乙方应支付甲方所应付房款的 0.4‰作为滞纳金。

2.甲方应在获得全部房款后 7 个工作日内将房屋搬空，每逾期一天，甲方应按乙方已付房款的 0.4‰向乙方付滞纳金，逾期超过 15 天，即视甲方违约，乙方可要求法院强制执行。

第六条　房屋交付甲乙双方就房屋交付达成以下细目：

1.没有房屋欠账，如电费、物业管理费等；

图 B－28　阳光公司 12 月不动产购买合同（1）

2.没有固定不可移动装修物品的破坏；

3.房屋本身没有影响房屋使用或美观的破坏。

第七条　关于产权办理的约定

本协议签订后，甲乙双方应向当地房地产交易管理部门申请办理房屋买卖立契过户手续，并按有关规定申领房屋所有权证。

第八条　有关争议本协议未尽事宜，双方可签订补充协议。本协议的附件和双方签订的补充协议为本协议不可分割的组成部分，具有同行法律效力。当本合同在履行中发生争议时，双方协商解决。协商不能解决的，双方均有权向该房屋所在地的人民法院提起诉讼。

第九条　生效说明本协议一式叁份，甲乙双方各执一份，房屋交易管理部门留存一份。均具有同等法律效力。自双方签字之日起生效。

甲方（公章）：汉东市阳光实业有限公司
法定代表人：
电话：
日期：2023 年 12 月 15 日

乙方（公章）：汉东市盛达贸易有限公司
法定代表人：
电话：
日期：2023 年 12 月 15 日

图 B－29　阳光公司 12 月不动产购买合同（2）

370121004203

汉东增值税专用发票

发票联

№ 31673826　370121004203　31673826

开票日期：2023年12月15日

税总函[202X]××号×××公司

购买方	名　　称：汉东市阳光实业有限公司 纳税人识别号：92450102208361358D 地 址、电 话：汉东市东城区宏发大厦 2-203 号139020688×× 开户行及账号：中国工商银行股份有限公司汉东幸福支行6241053010700002385	密码区	97018*9*856%9-9>97%6>5>7*#3* 88441283502—0273>9262>>33#7 60**08532>>309985-#7>72-4>05 9784058-4541#96821*58-3590#>

货物或应税劳务、服务名称	规格型号	单位	数量	单价	金额	税率	税额
*不动产*宏发大厦 2-204		套	1	1,000,000.00	1,000,000.00	5%	50,000.00
合　　计					¥1,000,000.00		¥50,000.00
价税合计（大写）	⊗壹佰零伍万元整				（小写）¥1,050,000.00		

销售方	名　　称：汉东市东方实业有限公司 纳税人识别号：924501053215726431 地 址、电 话：汉东市东城区宏发大厦2-204号135112217×× 开户行及账号：中国工商银行股份有限公司汉东幸福支行6241053010700003110	备注	宏发大厦 2-204

收款人：×××　　复核：×××　　开票人：×××　　销售方：（章）

汉东市东方实业有限公司　924501053215726431　发票专用章

第三联：发票联　购买方记账凭证

图 B－30　阳光公司 12 月不动产购买发票

业务回单（付款）

日期：2023　年　12 月　15 日

回单编号：23352000004

付款人户名：汉东市阳光实业有限公司　　付款人开户行：中国工商银行股份有限公司汉东幸福支行

付款人账号（卡号）：6241053010700002385

收款人户名：汉东市东方实业有限公司　　收款人开户行：中国工商银行股份有限公司汉东幸福支行

收款人账号（卡号）：924501053215726431

金额：壹佰零伍万元整　　小写：¥1,050,000.00　元

业务（产品）种类：同城转账　　凭证种类：000000000　　凭证号码：0000000000000000

摘要：房款　　用途：房款　　币种：人民币

交易机构：0624100530　　记账柜员：00028　　交易代码：01729　　渠道：网上银行

中国工商银行股份有限公司　汉东幸福支行　业务专用章　30D28317BE58　打印柜员：9

本回单为第　1　次打印，注意重复　　打印日期：2023　年　12 月　15 日

图 B－31　阳光公司 12 月不动产购买银行回单

中国工商银行　　凭证

电子缴税付款凭证

缴税日期：2023　年　12 月　15 日　　凭证字号：20231202

纳税人全称及纳税人识别号：汉东市阳光实业有限公司 92450102208361358D

付款人全称：汉东市阳光实业有限公司

付款人账号：6241053010700002385　　征收机关名称：国家税务总局汉东市东城区税务局

付款人开户行：中国工商银行股份有限公司汉东幸福支行　　收款国库（银行）名称：国家金库汉东市东城区支库

小写（合计）金额：　¥30,000.00　　元　　缴款书交易流水号：83935541

大写（合计）金额：叁万元整　　税票号码：　253556132549647839

税（费）种名称	所属日期	实缴金额（单位：元）
契税	2023.12.15　－　2023.12.15	¥30,000.00

中国工商银行股份有限公司　汉东幸福支行　业务专用章　3012XD008273

第　1　次打印　　打印时间：2023 年　12 月　15 日

客户回单联　　验证码：526299　　复核：　　记账：

图 B－32　阳光公司 12 月不动产购买契税回单

宏发大厦 2-204 基本情况如表 B－20 所示。

表 B－20　12 月购置房屋、土地信息

名称	账面原值		购置时间	不动产权证号	不动产单元号	建筑面积（m^2）	房产原值扣除比例
	金额（元）	其中：契税（元）					
宏发大厦 2-204	1 030 000.00	30 000.00	2023 年 12 月 15 日	3567926	111202040003GB0005F000200468	60	30%
名称	**土地面积（m^2）**	**土地等级**	**城镇土地使用税税额标准**	**宗地号**	**房屋坐落地点**	**合同编号**	
宏发大厦 2-204	6	一级	30 元 / 平方米	02-01-16-032	汉东市东城区宏发大厦 2-204 号	XS2023120035	

同日，与中国工商银行汉东幸福支行签订房屋抵押借款合同。相关凭证如图 B－33、图 B－34 所示。

借 款 合 同

合同编号：07807699

经 中国工商银行股份有限公司汉东幸福支行 （以下简称贷款方）与 汉东市阳光实业有限公司 （以下简称借款方）充分协商，签订本合同，共同遵守。

第一，由贷款方提供贷款人民币大写 柒拾万元整 （ ¥700,000.00 ） 给借方，贷款期限自 2023 年 12 月 15 日 至 2028年 12 月 14 日。

第二，贷款方应按期、按额向借款方提供贷款，否则，按违约数额和延期天数，付给借款方违约金。违约金数额的计算，与逾期贷款罚息相同，即为 7.125% 。

第三，贷款年利率为 4.75% ，每季 末 结息，在合同约定的借款期限内借款利率不作调整。

第四，借款用途为购置房屋。

第五，借款方应按协议使用贷款，不得转移用途。否则，贷款方有权停止发放新贷款，直至收回已发放的贷款。

第六，借款方保证按借款契约所订期限归还贷款本息。如需延期，借款方最迟在贷款到期前 5 天，提出延期申请， 经贷款方同意，办理延期手续。但延期最长不得超过原订期限的一半。贷款方未同意延期或未办理延期手续的逾期贷款，加收罚息。

第七，贷款到期后 1 个月，如借款方不归还贷款，贷款方有权依照法律程序处理借款方作为贷款抵押的的物资和财产，抵还借款本息。

第八，本协议书一式 2 份，借贷款双方各执正本 1 份。自双方签字起即生效。

…………

第十一，合同争议的解决方式。

本合同在履行过程中发生的争议，由借贷双方协商解决；协商不成的依法向人民法院提起诉讼。

贷款方：　　　　　　　　　　　　借款方：

法定代表人：　　　　　　　　　　法定代表人：

签订日期： 2023 年 12 月 15 日　　签订日期： 2023 年 12 月 15 日

图 B－33　阳光公司 12 月借款合同

中国工商银行 借款借据 第一联 借据回单

银行编号：10200010　借款日期：2023 年 12 月 15 日　№ 5689

借款单位名称	汉东市阳光实业有限公司	放款账号	1546632285920529	利率	4.75%
		存款账号	6241053010700002385		
借款金额（大写）	柒拾万元整		¥700000000（千百十万千百十元角分）		
约定还款日期	2028 年 12 月 14 日	借款种类	中长期贷款	借款合同号码	07807699
实际放款日期	2023 年 12 月 15 日				

借款直接用途		还款记录 年	月	日	还款金额	余额
1.	4.	2025	12	14	¥175,000.00	¥525,000.00
2.	5.	2026	12	14	¥175,000.00	¥350,000.00
3.	6.	2027	12	14	¥175,000.00	¥175,000.00
		2028	12	14	¥175,000.00	

根据签订的借款合同和你单位申请借款用途，经审查同意发放上列金额贷款。

（银行盖章）汉东幸福支行 业务专用章 388F25010006

2023 年 12 月 15 日

此联退交借款单位

开户银行：中国工商银行股份有限公司汉东幸福支行

图 B－34　阳光公司 12 月借款借据

业务 B－6：12 月 10 日，阳光公司新购入一辆汽车，双方签订了车辆买卖合同，并取得了机动车销售统一发票。车辆基本信息如表 B－21 所示。相关凭证如图 B－35～图 B－38 所示。

表 B－21　12 月购置车辆基本信息

车牌号码	车辆识别代码（车架号）	车辆品牌	车辆型号	年基准税额（元）	排（气）量	核定载客（人）
东 A54321	LFV2EKP20M1050312	宝来	FV1234CD	480	1.5 升	5

注：年基准税额根据当地标准确定，其他信息从机动车销售统一发票和机动车行驶证中摘录。

购销合同

合同编号:23121528

购货单位（甲方）：汉东市阳光实业有限公司

供货单位（乙方）：汉东市顺安汽车销售公司

根据《中华人民共和国合同法》及国家相关法律、法规之规定，甲乙双方本着平等互利的原则，就甲方购买乙方货物一事达成以下协议。

一、货物的名称、数量及价格：

货物名称	规格型号	单位	数量	单价	金额	税率	价税合计
宝来	FV1234CD	辆	1	128,318.58	128,318.58	13%	145,000.00
合计（大写） 壹拾肆万伍仟元整							¥145,000.00

二、交货方式和费用承担：交货方式：购货方自行提货，交货时间：2023年12月15日前，交货地点：东城区明德路。

三、付款时间与付款方式：购货方提货时一次性付清货款。

四、质量异议期：订货方对供货方的货物质量有异议时，应在收到货物后 2日 内提出，逾期视为货物质量合格。

五、未尽事宜经双方协商可作补充协议，与本合同具有同等效力。

六、本合同自双方签字、盖章之日起生效；本合同壹式贰份，甲乙双方各执壹份。

甲方（签章）：（汉东市阳光实业有限公司）

授权代表：

地址：

电话：

日期：2023 年 12 月 10 日

乙方（签章）：（汉东市顺安汽车销售公司）

授权代表：

地址：

电话：

日期：2023 年 12 月 10 日

图 B－35　阳光公司 12 月购车合同

机动车销售统一发票

发票联

发票代码：370121004102
发票号码：15481101

开票日期：2023-12-10

机打代码	370121004102	税控码	172312-4-275 <1+46*54* 82*59* 181321> <8182*59*09618153 </ 4 <3*2702-9> 9*+153 </0 > 2-3 *08/4> *> > 2-3*0/9/> > 25-27 5-3-2《*/5/8/9*0823016<>19537		
机打号码	15481101				
机器编号	341722242249				
购买方名称及身份证号码/组织机构代码	汉东市阳光实业有限公司	纳税人识别号	92450102208361358D		
车辆类型	轿车	厂牌型号	宝来FV1234CD	产地	常州
合格证号	×××	进口证明书号		商检单号	
发动机号码	×××	车辆识别代号/车架号码	LFV2EKP20M1050312		
价税合计	⊗ 壹拾肆万伍仟元整			小写	¥145,000.00
销货单位名称	汉东市顺安汽车销售公司	电话	18502111234		
纳税人识别号	92450116532671482T	账号	6132016370300003879		
地址	汉东市东城区明德路12号	开户银行	中国工商银行股份有限公司汉东明德支行		
增值税税率或征收率	13%	增值税税额	16,681.42	主管税务机关及代码	国家税务总局汉东市东城区税务局 37011065325
不含税价	¥128,318.58	完税凭证号码		吨位	限乘人数 5

销货单位盖章　　开票人 ×××　　备注：一车一票

第一联：发票联（购货单位付款凭证）

××××幸第××.05.fp5万份（5万份×6）×××××-×××××

图 B－36　阳光公司 12 月购车发票

业务回单（付款）

日期：2023 年 12 月 10 日

回单编号：23352000002

付款人户名：汉东市阳光实业有限公司　　付款人开户行：中国工商银行股份有限公司汉东幸福支行

付款人账号（卡号）：6241053010700002385

收款人户名：汉东市顺安汽车销售公司　　收款人开户行：中国工商银行股份有限公司汉东明德支行

收款人账号（卡号）：6132016370300003879

金额：壹拾肆万伍仟元整　　小写：¥145,000.00 元

业务（产品）种类：同城转账　　凭证种类：000000000　　凭证号码：0000000000000000

摘要：购车款　　用途：购车款　　币种：人民币

交易机构：0623100530　　记账柜员：00037　　交易代码：01797　　渠道：网上银行

本回单为第 1 次打印，注意重复　　打印日期：2023 年 12 月 10 日

图 B－37　阳光公司 12 月购车银行回单

电子缴款凭证

车架号码：LFV2EKP20M1050312
厂牌型号：宝来汽车牌/FV1234CD
缴税终端号：DN-TAM002　　打印日期：2023 年 12 月 11 日

纳税人识别号	92450102208361358D		税务征收机关	国家税务总局汉东市东城区税务局		
纳税人全称	汉东市阳光实业有限公司		银行账号	6241053010700002385		
系统税票号	税（费）种	税（品）目	所属时期	实缴金额	缴款日期	备注
312016231200282341	车辆购置税	10%	2023-12-11 至 2023-12-11	12,831.86	2023-12-11	
312016231200282344	滞纳金	0.05%		0.00		0 天
金额合计（大写）：壹万贰仟捌佰叁拾壹元捌角陆分					¥ 12,831.86	
本缴款凭证仅作为纳税人记账核算凭证使用，电子缴税的，需与银行对账单电子划缴记录核对一致方有效。纳税人如需汇总开具正式完税证明，请凭税务登记证或身份证明到主管税务机关开具。 税务机关（电子章）			银行卡号：6241053010700002385 缴款金额：12,831.86 清算日期：2023-12-11 交易日期：2023-12-11 交易参考号：000034307201 商户号：87621006501761R 终端号： 系统税票号码：312016231200282341 银联收讫			

图 B－38　阳光公司 12 月车辆购置税缴税回单

业务 B－7：阳光公司 2023 年 12 月工资实际发放情况如表 B－22 和图 B－39 所示。

表 B－22　12 月工资明细表　　单位：元

姓名	应发工资	应扣个人缴纳保险					专项附加扣除
		养老保险（8%）	医疗保险（2%）	失业保险（0.5%）	住房公积金（11%）	小计	
李东升	22 100.00	1 360.00	340.00	85.00	1 870.00	3 655.00	1 000.00
王军	9 800.00	560.00	140.00	35.00	770.00	1 505.00	2 400.00
向昊天	6 250.00	400.00	100.00	25.00	550.00	1 075.00	
赵欣荣	3 600.00	240.00	60.00	15.00	330.00	645.00	
赵文轩	3 150.00	240.00	60.00	15.00	330.00	645.00	
销售部门小计	44 900.00	2 800.00	700.00	175.00	3 850.00	7 525.00	3 400.00
李强	13 200.00	960.00	240.00	60.00	1 320.00	2 580.00	1 000.00
胡秀娟	10 350.00	720.00	180.00	45.00	990.00	1 935.00	2 000.00
王浩然	6 250.00	400.00	100.00	25.00	550.00	1 075.00	400.00
张云帆	4 600.00	320.00	80.00	20.00	440.00	860.00	
张子寒	3 450.00	240.00	60.00	15.00	330.00	645.00	
其他部门小计	37 850.00	2 640.00	660.00	165.00	3 630.00	7 095.00	3 400.00
合计	82 750.00	5 440.00	1 360.00	340.00	7 480.00	14 620.00	6 800.00

业务回单（付款）

日期：2023 年 12 月 24 日

回单编号：23352000014

付款人户名：汉东市阳光实业有限公司　　付款人开户行：中国工商银行股份有限公司汉东幸福支行

付款人账号（卡号）：6241053010700002385

收款人户名：　　收款人开户行：

收款人账号（卡号）：

金额：陆万陆仟叁佰捌拾壹元零伍分　　小写：¥66,381.05 元

业务（产品）种类：代理业务　　凭证种类：000000000　　凭证号码：00000000000000000

摘要：工资　　用途：　　币种：人民币

交易机构：0624100530　　记账柜员：00054　　交易代码：03374　　渠道：其他

中国工商银行股份有限公司 汉东幸福支行 业务专用章 310283BE0192 打印柜员：0

本回单为第 1 次打印，注意重复　　打印日期：2023 年 12 月 24 日

图 B－39　阳光公司 12 月工资银行回单

业务 B－8：阳光公司 12 月的社会保障、职工福利费、工会经费和职工教育经费等的计算和缴纳情况如表 B－23、表 B－24 和图 B－40～图 B－42 所示。

表 B－23　12 月社会保障、职工福利费、工会经费和职工教育经费　金额单位：元

项目	销售部门	其他部门	合计
职工福利费支出			
职工教育经费支出			

续表

项目	销售部门	其他部门	合计
工会经费支出	898.00	757.00	1 655.00
各类基本社会保险缴款	9 450.00	8 910.00	18 360.00
住房公积金	3 850.00	3 630.00	7 480.00
合计	14 198.00	13 297.00	27 495.00

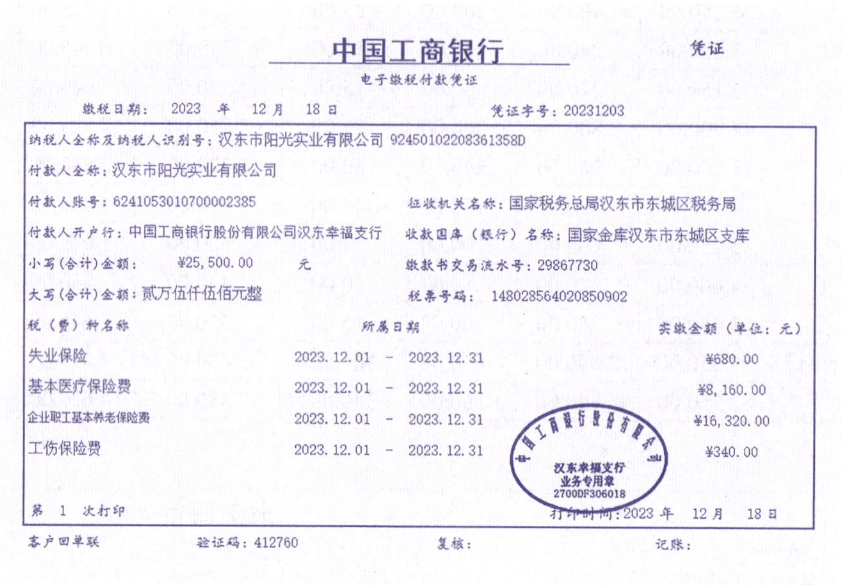

中国工商银行　凭证

电子缴税付款凭证

缴税日期：　2023　年　12 月　18 日　　凭证字号：20231203

纳税人全称及纳税人识别号：汉东市阳光实业有限公司 92450102208361358D

付款人全称：汉东市阳光实业有限公司

付款人账号：6241053010700002385　　征收机关名称：国家税务总局汉东市东城区税务局

付款人开户行：中国工商银行股份有限公司汉东幸福支行　　收款国库（银行）名称：国家金库汉东市东城区支库

小写（合计）金额：　¥25,500.00　元　　缴款书交易流水号：29867730

大写（合计）金额：贰万伍仟伍佰元整　　税票号码：　148028564020850902

税（费）种名称	所属日期	实缴金额（单位：元）
失业保险	2023.12.01 - 2023.12.31	¥680.00
基本医疗保险费	2023.12.01 - 2023.12.31	¥8,160.00
企业职工基本养老保险费	2023.12.01 - 2023.12.31	¥16,320.00
工伤保险费	2023.12.01 - 2023.12.31	¥340.00

第　1　次打印　　打印时间：2023 年　12 月　18 日

客户回单联　　验证码：412760　　复核：　　记账：

图 B－40　阳光公司 12 月社会保险费银行回单

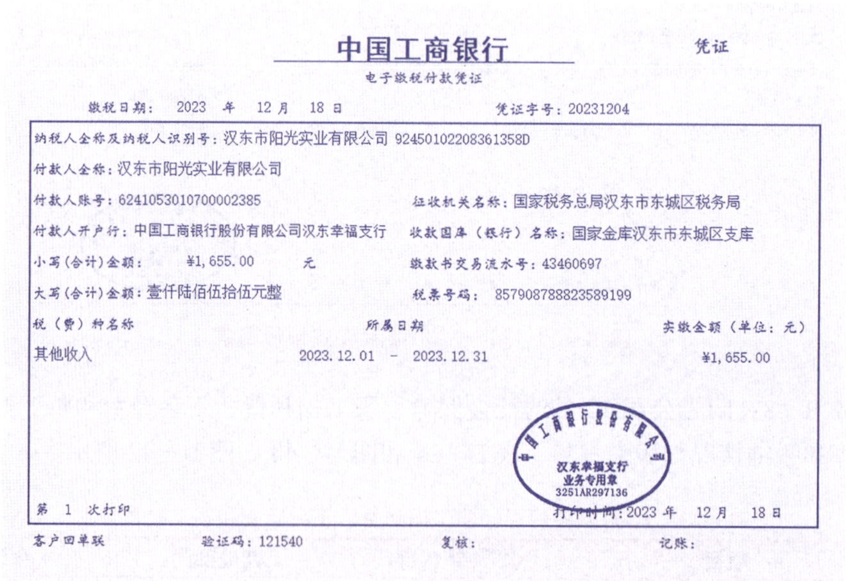

中国工商银行　凭证

电子缴税付款凭证

缴税日期：　2023　年　12 月　18 日　　凭证字号：20231204

纳税人全称及纳税人识别号：汉东市阳光实业有限公司 92450102208361358D

付款人全称：汉东市阳光实业有限公司

付款人账号：6241053010700002385　　征收机关名称：国家税务总局汉东市东城区税务局

付款人开户行：中国工商银行股份有限公司汉东幸福支行　　收款国库（银行）名称：国家金库汉东市东城区支库

小写（合计）金额：　¥1,655.00　元　　缴款书交易流水号：43460697

大写（合计）金额：壹仟陆佰伍拾伍元整　　税票号码：　857908788823589199

税（费）种名称	所属日期	实缴金额（单位：元）
其他收入	2023.12.01 - 2023.12.31	¥1,655.00

第　1　次打印　　打印时间：2023 年　12 月　18 日

客户回单联　　验证码：121540　　复核：　　记账：

图 B－41　阳光公司 12 月工会经费银行回单

业务回单（付款）

日期：2023 年 12 月 18 日

回单编号：23352000006

付款人户名：汉东市阳光实业有限公司　　付款人开户行：中国工商银行股份有限公司汉东幸福支行

付款人账号（卡号）：6241053010700002385

收款人户名：汉东市住房公积金管理中心　　收款人开户行：中国工商银行股份有限公司

收款人账号（卡号）：

金额：壹万肆仟玖佰陆拾元整　　小写：¥14,960.00 元

业务（产品）种类：转账　　凭证种类：000000000　　凭证号码：0000000000000000

摘要：2001766　　用途：2001766　　币种：人民币

交易机构：0624100530　　记账柜员：00012　　交易代码：03447　　渠道：其他

（印章：中国工商银行股份有限公司 汉东幸福支行）

图 B-42　阳光公司 12 月住房公积金银行回单

表 B－24　12 月社会保险明细表

金额单位：元

姓名	社会保险及住房公积金基数	养老保险		医疗保险		失业保险		工伤保险	社会保险合计			住房公积金		
		单位（16%）	个人（8%）	单位（10%）	个人（2%）	单位（0.5%）	个人（0.5%）	单位（0.5%）	单位（27%）	个人（10.5%）	合计	单位（11%）	个人（11%）	合计
李东升	17 000.00	2 720.00	1 360.00	1 700.00	340.00	85.00	85.00	85.00	4 590.00	1 785.00	6 375.00	1 870.00	1 870.00	3 740.00
王军	7 000.00	1 120.00	560.00	700.00	140.00	35.00	35.00	35.00	1 890.00	735.00	2 625.00	770.00	770.00	1 540.00
向昊天	5 000.00	800.00	400.00	500.00	100.00	25.00	25.00	25.00	1 350.00	525.00	1 875.00	550.00	550.00	1 100.00
赵欣荣	3 000.00	480.00	240.00	300.00	60.00	15.00	15.00	15.00	810.00	315.00	1 125.00	330.00	330.00	660.00
赵文轩	3 000.00	480.00	240.00	300.00	60.00	15.00	15.00	15.00	810.00	315.00	1 125.00	330.00	330.00	660.00
销售部门小计	35 000.00	5 600.00	2 800.00	3 500.00	700.00	175.00	175.00	175.00	9 450.00	3 675.00	13 125.00	3 850.00	3 850.00	7 700.00
李强	12 000.00	1 920.00	960.00	1 200.00	240.00	60.00	60.00	60.00	3 240.00	1 260.00	4 500.00	1 320.00	1 320.00	2 640.00
胡秀娟	9 000.00	1 440.00	720.00	900.00	180.00	45.00	45.00	45.00	2 430.00	945.00	3 375.00	990.00	990.00	1 980.00
王浩然	5 000.00	800.00	400.00	500.00	100.00	25.00	25.00	25.00	1 350.00	525.00	1 875.00	550.00	550.00	1 100.00
张云帆	4 000.00	640.00	320.00	400.00	80.00	20.00	20.00	20.00	1 080.00	420.00	1 500.00	440.00	440.00	880.00
张子寒	3 000.00	480.00	240.00	300.00	60.00	15.00	15.00	15.00	810.00	315.00	1 125.00	330.00	330.00	660.00
其他部门小计	33 000.00	5 280.00	2 640.00	3 300.00	660.00	165.00	165.00	165.00	8 910.00	3 465.00	12 375.00	3 630.00	3 630.00	7 260.00
合计	68 000.00	10 880.00	5 440.00	6 800.00	1 360.00	340.00	340.00	340.00	18 360.00	7 140.00	25 500.00	7 480.00	7 480.00	14 960.00

业务 B－9：阳光公司 12 月收到被投资单位汉东市长顺仓储有限公司分配的税后利润 31 208.53 元，如图 B－43 所示。做出利润分配的时间为 12 月 7 日，收到的款项与决定分配的金额一致。

业务回单（收款）

日期：2023 年 12 月 25 日

回单编号：23352000015

付款人户名：汉东市长顺仓储有限公司　　付款人开户行：中国工商银行股份有限公司汉东明德支行

付款人账号（卡号）：6132016370300006203

收款人户名：汉东市阳光实业有限公司　　收款人开户行：中国工商银行股份有限公司汉东幸福支行

收款人账号（卡号）：6241053010700002385

金额：叁万壹仟贰佰零捌元伍角叁分　　小写：¥31,208.53 元

业务（产品）种类：同城转账　　凭证种类：000000000　　凭证号码：000000000000000000

摘要：分配利润　　用途：分配利润　　币种：人民币

交易机构：0624100530　　记账柜员：00032　　交易代码：01652　　渠道：网上银行

中国工商银行股份有限公司 汉东幸福支行 业务专用章 102BE3278BD6 打印柜员：0

本回单为第 1 次打印，注意重复　　打印日期：2023 年 12 月 25 日

图 B－43　阳光公司 12 月投资收益银行回单

业务 B－10：阳光公司 12 月收到持有的国债利息 40 000.00 元，如图 B－44 所示。

业务回单（收款）

日期：2023 年 12 月 21 日

回单编号：23352000009

付款人户名：　　付款人开户行：

付款人账号（卡号）：

收款人户名：汉东市阳光实业有限公司　　收款人开户行：中国工商银行股份有限公司汉东幸福支行

收款人账号（卡号）：6241053010700002385

金额：肆万元整　　小写：¥40,000.00 元

业务（产品）种类：利息入账　　凭证种类：000000000　　凭证号码：000000000000000000

摘要：国债利息　　用途：国债利息　　币种：人民币

交易机构：0624100530　　记账柜员：00051　　交易代码：03995　　渠道：批量业务

中国工商银行股份有限公司 汉东幸福支行 业务专用章 25KV31601EF8 打印柜员：0

本回单为第 1 次打印，注意重复　　打印日期：2023 年 12 月 21 日

图 B－44　阳光公司 12 月国债利息银行回单

业务 B－11：阳光公司 12 月收到银行存款利息、手续费和贷款利息银行回单，并取得了手续费的增值税专用发票。相关凭证如图 B－45 ～图 B－48 所示。

业务回单（收款）

日期：2023 年 12 月 21 日

回单编号：23352000007

付款人户名：　　　　付款人开户行：

付款人账号（卡号）：

收款人户名：汉东市阳光实业有限公司　　　　收款人开户行：中国工商银行股份有限公司汉东幸福支行

收款人账号（卡号）：6241053010700002385

金额：叁万肆仟陆佰伍拾贰元壹角捌分　　　　小写：¥34,652.18 元

业务（产品）种类：利息入账　　凭证种类：000000000　　凭证号码：0000000000000000

摘要：利息　　用途：利息　　币种：人民币

交易机构：0624100530　　记账柜员：00051　　交易代码：03995　　渠道：批量业务

（印章：中国工商银行股份有限公司 汉东幸福支行 业务专用章 32HT08539002 打印把单：0）

本回单为第 1 次打印，注意重复　　打印日期：2023 年 12 月 21 日

图 B－45　阳光公司 12 月利息收入银行回单

370121005312

汉东增值税专用发票

发票联

№ 10451835　　370121005312　10451835

开票日期：2023年12月31日

购买方	名　称：汉东市阳光实业有限公司 纳税人识别号：92450102208361358D 地址、电话：汉东市东城区宏发大厦 2-203 号139020688×× 开户行及账号：中国工商银行股份有限公司汉东幸福支行6241053010700002385
密码区	064->909-569299%354789665401 65%#81%6—0>2407-60467%26456 4*59*%27-118#44*-#29454169%6 *911%3#%-#-595%3713%-346%721

货物或应税劳务、服务名称	规格型号	单位	数量	单价	金额	税率	税额
*直接收费金融服务*手续费			1	4,357.55	4,357.55	6%	261.45
合　计					¥4,357.55		¥261.45
价税合计（大写）	⊗肆仟陆佰壹拾玖元整				（小写）¥4,619.00		

销售方	名　称：中国工商银行股份有限公司汉东幸福支行 纳税人识别号：92450102208361358D 地址、电话：汉东市东城区友谊路12号135020207×× 开户行及账号：中国工商银行股份有限公司汉东幸福支行6241053010700002385
备注	（印章：中国工商银行股份有限公司汉东幸福支行 92450102208361358D 发票专用章）

收款人：×××　　复核：×××　　开票人：×××　　销售方：（章）

税总函〔202X〕××号××××公司

第三联：发票联　购买方记账凭证

图 B－46　阳光公司 12 月手续费发票

业务回单（付款）

日期：2023 年 12 月 31 日

回单编号：23352000021

付款人户名：　　　　付款人开户行：

付款人账号（卡号）：

收款人户名：汉东市阳光实业有限公司　　　　收款人开户行：中国工商银行股份有限公司汉东幸福支行

收款人账号（卡号）：6241053010700002385

金额：肆仟陆佰壹拾玖元整　　　　小写：¥4,619.00 元

业务（产品）种类：对公收费　　凭证种类：000000000　　凭证号码：0000000000000000

摘要：手续费　　用途：手续费　　币种：人民币

交易机构：0624100530　　记账柜员：00028　　交易代码：04135　　渠道：批量业务

（印章：中国工商银行股份有限公司 汉东幸福支行 业务专用章 3200TE470389 打印把单：0）

本回单为第 1 次打印，注意重复　　打印日期：2023 年 12 月 31 日

图 B－47　阳光公司 12 月手续费银行回单

业务回单（付款）

日期：2023 年 12 月 21 日

回单编号：23352000008

付款人户名：汉东市阳光实业有限公司　　付款人开户行：中国工商银行股份有限公司汉东幸福支行

付款人账号（卡号）：6241053010700002385

收款人户名：　　收款人开户行：

收款人账号（卡号）：

金额：壹仟伍佰柒拾元壹角肆分　　小写：¥1,570.14 元

业务（产品）种类：贷款利息　　凭证种类：000000000　　凭证号码：0000000000000000

摘要：贷款利息　　用途：贷款利息　　币种：人民币

交易机构：0624100530　　记账柜员：00037　　交易代码：04518　　渠道：批量业务

（印章：中国工商银行股份有限公司 汉东幸福支行 业务专用章 63AK0005MK52 打印柜员：0）

本回单为第 1 次打印，注意重复　　打印日期：2023 年 12 月 21 日

图 B－48　阳光公司 12 月贷款利息银行回单

业务 B－12：阳光公司 12 月支付管理部门招待客户餐费和销售部门购置货品展示柜费用，取得增值税普通发票。另外，管理部门购买打印纸、档案盒等办公用品，取得增值税专用发票。相关凭证如图 B－49 ～图 B－54 所示。

370121004316　　汉东 增值税普通发票　　№ 32802156　370121004316

发票联　　32802156

机器编号：123853200073　　开票日期：2023年12月31日

购买方	名　　称：汉东市阳光实业有限公司 纳税人识别号：92450102208361358D 地 址、电 话：汉东市东城区宏发大厦 2-203 号139020688×× 开户行及账号：中国工商银行股份有限公司汉东幸福支行6241053010700002385				密码区	545-1734**2>90#%79#3260919*2 872**1%87967>-96-#86#00>30*% >*4-*58821-496-*-7#3512131** 82591#7%%-49*9%%6471-50*%#08	
货物或应税劳务、服务名称	规格型号	单位	数量	单价	金额	税率	税额
*餐饮服务*餐费			1	10,092.74	10,092.74	6%	605.56
合　　计					¥10,092.74		¥605.56
价税合计（大写）	⊗ 壹万零陆佰玖拾捌元叁角整				（小写）¥10,698.30		
销售方	名　　称：汉东市有缘餐饮有限公司 纳税人识别号：92450302FB08736284F 地 址、电 话：汉东市江南区光明路28号132220058×× 开户行及账号：中国工商银行股份有限公司汉东光明支行6132078270200002876				备注		

收款人：×××　　复核：×××　　开票人：×××　　（印章：汉东市有缘餐饮有限公司 92450302FB08736284F 发票专用章）

税总函〔202X〕××号××××公司

第二联：发票联　购买方记账凭证

图 B－49　阳光公司 12 月支付餐费发票

业务回单（付款）

日期：2023 年 12 月 31 日

回单编号：23352000019

付款人户名：汉东市阳光实业有限公司　　付款人开户行：中国工商银行股份有限公司汉东幸福支行

付款人账号（卡号）：6241053010700002385

收款人户名：汉东市有缘餐饮有限公司　　收款人开户行：中国工商银行股份有限公司汉东光明支行

收款人账号（卡号）：6132078270200002876

金额：壹万零陆佰玖拾捌元叁角整　　小写：¥10,698.30 元

业务（产品）种类：同城转账　　凭证种类：000000000　　凭证号码：0000000000000000

摘要：餐费　　用途：餐费　　币种：人民币

交易机构：0624100530　　记账柜员：00018　　交易代码：04527　　渠道：其他

（印章：中国工商银行股份有限公司 汉东幸福支行 业务专用章 52BE003ME385 打印柜员：0）

本回单为第 1 次打印，注意重复　　打印日期：2023 年 12 月 31 日

图 B－50　阳光公司 12 月支付餐费银行回单

370121004701　　**汉东增值税专用发票**　　№ 46381220　370121004701　46381220

发票联

开票日期：2023年12月16日

购买方	名　　称：汉东市阳光实业有限公司 纳税人识别号：92450102208361358D 地 址、电 话：汉东市东城区宏发大厦 2-203 号139020688×× 开户行及账号：中国工商银行股份有限公司汉东幸福支行6241053010700002385	密码区	-2908>-09359%6-78041223>315- 16>8938893%39397310%73*>9>%5 883#%513350-638-79>7>451>15# 1856>3#4#6086-6—11#91774#67

货物或应税劳务、服务名称	规格型号	单位	数量	单价	金额	税率	税额
*纸制品*A4打印纸　10包/箱		箱	100	176.99	17,699.11	13%	2,300.89
*文具*文件盒		只	1000	6.64	6,637.17	13%	862.83
合　计					¥24,336.28		¥3,163.72
价税合计（大写）	⊗ 贰万柒仟伍佰元整				（小写）¥27,500.00		

销售方	名　　称：汉东市齐诚办公用品有限公司 纳税人识别号：924502304127381590 地 址、电 话：汉东市东城区宏发大厦3-307号13332237815 开户行及账号：中国工商银行股份有限公司汉东幸福支行6241053010700003578	备注	（印章：汉东市齐诚办公用品有限公司 924502304127381590 发票专用章）

收款人：×××　　复核：×××　　开票人：×××　　销售方：（章）

税总函〔202X〕××号××××公司

第三联：发票联　购买方记账凭证

图 B－51　阳光公司 12 月购办公用品发票

业务回单（付款）

日期：2023 年 12 月 16 日

回单编号：23352000005

付款人户名：汉东市阳光实业有限公司　　付款人开户行：中国工商银行股份有限公司汉东幸福支行

付款人账号（卡号）：6241053010700002385

收款人户名：汉东市齐诚办公用品有限公司　　收款人开户行：中国工商银行股份有限公司汉东幸福支行

收款人账号（卡号）：6241053010700003578

金额：贰万柒仟伍佰元整　　小写：¥27,500.00 元

业务（产品）种类：同城转账　　凭证种类：000000000　　凭证号码：0000000000000000

摘要：办公用品款　　用途：办公用品款　　币种：人民币

交易机构：0624100530　　记账柜员：00027　　交易代码：02527　　渠道：网上银行

（印章：中国工商银行股份有限公司 汉东幸福支行 业务专用章 5098LK320093 打印柜员：0）

本回单为第 1 次打印，注意重复　　打印日期：2023 年 12 月 16 日

图 B－52　阳光公司 12 月购办公用品银行回单

汉东 增值税电子普通发票

发票代码：655602900496
发票号码：06890471
开票日期：2023年12月31日
校 验 码：91835 59755 02094 90488

机器编号：332557781476

购买方	名　称：汉东市阳光实业有限公司 纳税人识别号：92450102208361358D 地 址、电 话：汉东市东城区宏发大厦 2-203 号139020688×× 开户行及账号：中国工商银行股份有限公司汉东幸福支行6241053010700002385	密码区	%08749472-91354539598%6-4790 #9-%#8%4>4>0029918656-8*56%4 %*79%20*5-#%849-2%236%%*0277 160-42*2>6%11-9401%0*#6#509#

货物或应税劳务、服务名称	规格型号	单位	数量	单价	金额	税率	税额
*木制品*展示柜		组	5	807.93	4,039.64	1%	40.40
合　计					¥4,039.64		¥40.40
价税合计（大写）	⊗ 肆仟零捌拾元零肆分				（小写）¥4,080.04		

销售方	名　称：汉东市益嘉家具有限公司 纳税人识别号：924502513903812715 地 址、电 话：汉东市东城区宏发大厦 5-512 号139020812×× 开户行及账号：中国工商银行股份有限公司汉东幸福支行6241053010700004927	备注	汉东市益嘉家具有限公司 924502513903812715 发票专用章

收款人：××× 复核：××× 开票人：××× 销售方：（章）

图 B－53　阳光公司 12 月购展示柜发票

业务回单（付款）

日期：2023 年 12 月 31 日

回单编号：23352000020

付款人户名：汉东市阳光实业有限公司　　付款人开户行：中国工商银行股份有限公司汉东幸福支行

付款人账号（卡号）：6241053010700002385

收款人户名：汉东市益嘉家具有限公司　　收款人开户行：中国工商银行股份有限公司汉东幸福支行

收款人账号（卡号）：6241053010700004927

金额：肆仟零捌拾元零肆分　　小写：¥4,080.04 元

业务（产品）种类：同城转账　　凭证种类：000000000　　凭证号码：0000000000000000

摘要：货款　　用途：货款　　币种：人民币

交易机构：0624100530　　记账柜员：00055　　交易代码：03900　　渠道：网上银行

中国工商银行股份有限公司 汉东幸福支行 业务专用章 2803VX75360L 打印柜员：0

本回单为第 1 次打印，注意重复　　打印日期：2023 年 12 月 31 日

图 B－54　阳光公司 12 月购展示柜银行回单

业务 B－13：12 月，阳光公司的 3 名员工去深圳参加烟草展览会，支付会展费和产品宣传资料等费用，并支付住宿费、餐费、交通费，取得的发票及银行回单如图 B－55～图 B－66 所示。

440321005123

深圳增值税专用发票

发票联

№ 17460259　440321005123　17460259

开票日期：2023年12月24日

税总函[202X]××号××××公司

购买方	名　　称：汉东市阳光实业有限公司 纳税人识别号：92450102208361358D 地 址、电 话：汉东市东城区宏发大厦 2-203 号139020688×× 开户行及账号：中国工商银行股份有限公司汉东幸福支行6241053010700002385	密码区	**6-%9%5*5%8*0*>4-4>2117723# 35360-848-#>2*972>#10>*7%486 8>8-6456664151>9*4>735>09%>> #13655-30-%153—6>4#05433%41

货物或应税劳务、服务名称	规格型号	单位	数量	单价	金额	税率	税额
*文化创意服务*服务费		项	1	37,735.85	37,735.85	6%	2,264.15
合　　计					¥37,735.85		¥2,264.15
价税合计（大写）	⊗ 肆万元整				（小写）¥40,000.00		

销售方	名　　称：深圳市中意文化传媒有限公司 纳税人识别号：914403006210581736 地 址、电 话：深圳市福田区梅华路传媒大厦612号135000520×× 开户行及账号：中国工商银行股份有限公司深圳梅华支行61440267010400001607	备注	

收款人：　　复核：　　开票人：　　销售方：（章）

深圳市中意文化传媒有限公司 914403006210581736 发票专用章

第三联：发票联　购买方记账凭证

图 B－55　阳光公司 12 月会展费等发票

业务回单（付款）

日期：2023 年 12 月 24 日

回单编号：23352000011

付款人户名：汉东市阳光实业有限公司　　付款人开户行：中国工商银行股份有限公司汉东幸福支行

付款人账号（卡号）：6241053010700002385

收款人户名：深圳市中意文化传媒有限公司　　收款人开户行：中国工商银行股份有限公司深圳梅华支行

收款人账号（卡号）：61440267010400001607

金额：肆万元整　　小写：¥40,000.00 元

业务（产品）种类：异地转账　　凭证种类：000000000　　凭证号码：0000000000000000

摘要：服务费　　用途：服务费　　币种：人民币

交易机构：0624100530　　记账柜员：00072　　交易代码：03825　　渠道：网上银行

中国工商银行股份有限公司 汉东幸福支行 业务专用章 0235UT000304 打印柜员：0

本回单为第 1 次打印，注意重复　　打印日期：2023 年 12 月 24 日

图 B－56　阳光公司 12 月会展费等银行回单

440321005370

深圳增值税专用发票

发票联

№ 23715607　440321005370　23715607

开票日期：2023年12月24日

税总函[202X]××号××××公司

购买方	名　　称：汉东市阳光实业有限公司 纳税人识别号：92450102208361358D 地 址、电 话：汉东市东城区宏发大厦 2-203 号139020688×× 开户行及账号：中国工商银行股份有限公司汉东幸福支行6241053010700002385	密码区	4*69#266397594504>2031>>9##6 *87*1#40739%79>86354>8-048%6 >%06>>9542>05>#447%%>3906468 15>8*19-02##0##261%03#692#*7

货物或应税劳务、服务名称	规格型号	单位	数量	单价	金额	税率	税额
*住宿服务*住宿费		项	1	1,132.08	1,132.08	6%	67.92
合　　计					¥1,132.08		¥67.92
价税合计（大写）	⊗ 壹仟贰佰元整				（小写）¥1,200.00		

销售方	名　　称：深圳市天逸酒店有限公司 纳税人识别号：91440300619735804W 地 址、电 话：深圳市福田区梅华路17号135000361×× 开户行及账号：中国工商银行股份有限公司深圳梅华支行61440267010400001226	备注	

收款人：×××　　复核：×××　　开票人：×××　　销售方：（章）

深圳市天逸酒店有限公司 91440300619735804W 发票专用章

第三联：发票联　购买方记账凭证

图 B－57　阳光公司 12 月住宿费发票

440223002523　　深圳增值税普通发票　　№ 31270201　440223002523　31270201

发票联

机器编号：320583057400　　开票日期：2023年12月24日

购买方	名称：汉东市阳光实业有限公司 纳税人识别号：92450102208361358D 地址、电话：汉东市东城区宏发大厦 2-203 号139020688×× 开户行及账号：中国工商银行股份有限公司汉东幸福支行6241053010700002385			密码区	#3>35058*898-#58134>*030>52> 860%->4*>-915-16-4>3975>1214 3%919>38#4551942*#%1*7>01*#3 5%22%8>0%7455#92547685%67343		
货物或应税劳务、服务名称	规格型号	单位	数量	单价	金额	税率	税额
*餐饮服务*餐费		项	1	943.40	943.40	6%	56.60
合计					¥943.40		¥56.60
价税合计（大写）	⊗壹仟元整			（小写）¥1,000.00			
销售方	名称：深圳市天逸酒店有限公司 纳税人识别号：91440300619735804W 地址、电话：深圳市福田区梅华路17号135000361×× 开户行及账号：中国工商银行股份有限公司深圳梅华支行61440267010400001226			备注	深圳市天逸酒店有限公司 91440300619735804W 发票专用章		

收款人：×××　　复核：×××　　开票人：×××

第二联：发票联　购买方记账凭证

税总函[202X]××号×××公司

图 B－58　阳光公司 12 月餐费发票

业务回单（付款）

日期：2023 年 12 月 24 日

回单编号：23352000012

付款人户名：汉东市阳光实业有限公司　　付款人开户行：中国工商银行股份有限公司汉东幸福支行

付款人账号(卡号)：6241053010700002385

收款人户名：深圳市天逸酒店有限公司　　收款人开户行：中国工商银行股份有限公司深圳梅华支行

收款人账号(卡号)：61440267010400001226

金额：贰仟贰佰元整　　小写：¥2,200.00 元

业务(产品)种类：异地转账　　凭证种类：000000000　　凭证号码：000000000000000000

摘要：住宿费、餐费　　用途：住宿费、餐费　　币种：人民币

交易机构：0624100530　　记账柜员：00072　　交易代码：03825　　渠道：网上银行

中国工商银行股份有限公司 汉东幸福支行 业务专用章 2378XS002702 打印柜员：0

本回单为第 1 次打印，注意重复　　打印日期：2023 年 12 月 24 日

图 B－59　阳光公司 12 月住宿费、餐费银行回单

航空运输电子客票行程单
ITINERARY/RECEIPT OF E-TICKET FOR AIR TRANSPORT

印刷序号：SERIAL NUMBER：11610683289

旅客姓名 NAME OF PASSENGER	有效身份证件号码 ID.NO.	签注 ENDORSEMENTS/RESTRICTIONS (CARBON)
王军	370102198607092O××	不得签转/改期退票收费

	承运人 CARRIER	航班号 FLIGHT	座位等级 CLASS	日期 DATE	时间 TIME	客票级别/客票类别 FARE BASIS	客票生效日期 NOT VALID BEFORE	有效截止日期 NOT VALID AFTER	免费行李 ALLOW
自 FROM 汉东市	国航	CA1401	L	2023-12-22	10：00				20K
至 TO 深圳市	VOID								
至 TO VOID									
至 TO									
至 TO	票价 FARE CNY ¥970.00		民航发展基金 CAAC DEVELOPMENT FUND CN ¥50.00		燃油附加费 FUEL SURCHARGE YQ ¥80.00	其他税费 OTHER TAXES	合计 TOTAL CNY ¥1,100.00		

电子客票号码 E-TICKET NO. 9993802283528　　验证码 CK. 9305　　提示信息 INFORMATION　　保险费 INSURANCE ×××

销售单位代号 AGENT CODE. PEK608 08643201　　填开单位 ISSUED BY 汉东平安航空服务发展有限公司　　填开日期 DATE OF ISSUE 2023年12月22日

验真网址：WWW.TRAVELSKY.COM　服务热线：400-815-8888　短信验真：发送JP至10669018

付款凭证 RECEIPT　手写无效 INVALID IN HANDWRITING

图 B－60　阳光公司 12 月航空运输电子客票行程单（1）

航空运输电子客票行程单
ITINERARY/RECEIPT OF E-TICKET FOR AIR TRANSPORT

印刷序号：SERIAL NUMBER: 11610683290

旅客姓名 NAME OF PASSENGER	有效身份证件号码 ID.NO.	签注 ENDORSEMENTS/RESTRICTIONS (CARBON)
向昊天	3701011990102311××	不得签转/改期退票收费

		承运人 CARRIER	航班号 FLIGHT	座位等级 CLASS	日期 DATE	时间 TIME	客票级别/客票类别 FARE BASIS	客票生效日期 NOT VALID BEFORE	有效截止日期 NOT VALID AFTER	免费行李 ALLOW
自 FROM	汉东市	国航	CA1401	L	2023-12-22	10：00				20K
至 TO	深圳市	VOID								
至 TO	VOID									
至 TO										
至 TO		票价 FARE CNY ¥970.00		民航发展基金 CAAC DEVELOPMENT FUND CN ¥50.00		燃油附加费 FUEL SURCHARGE YQ ¥80.00	其他税费 OTHER TAXES	合计 TOTAL CNY ¥1,100.00		

电子客票号码 E-TICKET NO. 9993802283529　验证码 CK. 9306　提示信息 INFORMATION　保险费 INSURANCE ×××

销售单位代号 AGENT CODE. PEK608 08643201　填开单位 ISSUED BY 汉东平安航空服务发展有限公司　填开日期 DATE OF ISSUE 2023年12月22日

验真网址：WWW.TRAVELSKY.COM　服务热线：400-815-8888　短信验真：发送JP至…669018

付款凭证 RECEIPT　手写无效 INVALID IN HANDWRITING

图 B－61　阳光公司 12 月航空运输电子客票行程单（2）

航空运输电子客票行程单
ITINERARY/RECEIPT OF E-TICKET FOR AIR TRANSPORT

印刷序号：SERIAL NUMBER: 11610683291

旅客姓名 NAME OF PASSENGER	有效身份证件号码 ID.NO.	签注 ENDORSEMENTS/RESTRICTIONS (CARBON)
赵文轩	3701021998061201××	不得签转/改期退票收费

		承运人 CARRIER	航班号 FLIGHT	座位等级 CLASS	日期 DATE	时间 TIME	客票级别/客票类别 FARE BASIS	客票生效日期 NOT VALID BEFORE	有效截止日期 NOT VALID AFTER	免费行李 ALLOW
自 FROM	汉东市	国航	CA1401	L	2023-12-22	10：00				20K
至 TO	深圳市	VOID								
至 TO	VOID									
至 TO										
至 TO		票价 FARE CNY ¥970.00		民航发展基金 CAAC DEVELOPMENT FUND CN ¥50.00		燃油附加费 FUEL SURCHARGE YQ ¥80.00	其他税费 OTHER TAXES	合计 TOTAL CNY ¥1,100.00		

电子客票号码 E-TICKET NO. 9993802283530　验证码 CK. 9307　提示信息 INFORMATION　保险费 INSURANCE ×××

销售单位代号 AGENT CODE. PEK608 08643201　填开单位 ISSUED BY 汉东平安航空服务发展有限公司　填开日期 DATE OF ISSUE 2023年12月22日

验真网址：WWW.TRAVELSKY.COM　服务热线：400-815-8888　短信验真：发送JP至…669018

付款凭证 RECEIPT　手写无效 INVALID IN HANDWRITING

图 B－62　阳光公司 12 月航空运输电子客票行程单（3）

航空运输电子客票行程单
ITINERARY/RECEIPT OF E-TICKET FOR AIR TRANSPORT

印刷序号：SERIAL NUMBER: 13505712035

旅客姓名 NAME OF PASSENGER	有效身份证件号码 ID.NO.	签注 ENDORSEMENTS/RESTRICTIONS (CARBON)
王宇	3701021986070920××	不得签转/改期退票收费

		承运人 CARRIER	航班号 FLIGHT	座位等级 CLASS	日期 DATE	时间 TIME	客票级别/客票类别 FARE BASIS	客票生效日期 NOT VALID BEFORE	有效截止日期 NOT VALID AFTER	免费行李 ALLOW
自 FROM	深圳	国航	CA1402	L	2023-12-24	14：00				20K
至 TO	汉东	VOID								
至 TO	VOID									
至 TO										
至 TO		票价 FARE CNY ¥970.00		民航发展基金 CAAC DEVELOPMENT FUND CN ¥50.00		燃油附加费 FUEL SURCHARGE YQ ¥80.00	其他税费 OTHER TAXES	合计 TOTAL CNY ¥1,100.00		

电子客票号码 E-TICKET NO. 9993803571011　验证码 CK. 5804　提示信息 INFORMATION　保险费 INSURANCE ×××

销售单位代号 AGENT CODE. PEK608 08643201　填开单位 ISSUED BY 汉东平安航空服务发展有限公司　填开日期 DATE OF ISSUE 2023年12月24日

验真网址：WWW.TRAVELSKY.COM　服务热线：400-815-8888　短信验真：发送JP至…669018

付款凭证 RECEIPT　手写无效 INVALID IN HANDWRITING

图 B－63　阳光公司 12 月航空运输电子客票行程单（4）

航空运输电子客票行程单
ITINERARY/RECEIPT OF E-TICKET FOR AIR TRANSPORT

印刷序号：SERIAL NUMBER: 13505712036

旅客姓名 NAME OF PASSENGER	有效身份证件号码 ID.NO.	签注 ENDORSEMENTS/RESTRICTIONS (CARBON)
向昊天	3701011990102311××	不得签转/改期退票收费

	承运人 CARRIER	航班号 FLIGHT	座位等级 CLASS	日期 DATE	时间 TIME	客票级别/客票类别 FARE BASIS	客票生效日期 NOT VALID BEFORE	有效截止日期 NOT VALID AFTER	免费行李 ALLOW
自 FROM 深圳	国航	CA1402	L	2023-12-24	14:00				20K
至 TO 汉东	VOID								
至 TO VOID									
至 TO									
至 TO									

票价 FARE	民航发展基金 CAAC DEVELOPMENT FUND	燃油附加费 FUEL SURCHARGE	其他税费 OTHER TAXES	合计 TOTAL
CNY ¥970.00	CN ¥50.00	YQ ¥80.00		CNY ¥1,100.00

电子客票号码 E-TICKET NO. 9993803571012　验证码 CK. 5805　提示信息 INFORMATION　保险费 INSURANCE ×××

销售单位代号 AGENT CODE. PEK608 08643201　填开单位 ISSUED BY 汉东平安航空服务发展有限公司　填开日期 DATE OF ISSUE 2023年12月24日

验真网址：WWW.TRAVELSKY.COM　服务热线：400-815-8888　短信验真：发送JP至10669018

图 B－64　阳光公司 12 月航空运输电子客票行程单（5）

航空运输电子客票行程单
ITINERARY/RECEIPT OF E-TICKET FOR AIR TRANSPORT

印刷序号：SERIAL NUMBER: 13505712037

旅客姓名 NAME OF PASSENGER	有效身份证件号码 ID.NO.	签注 ENDORSEMENTS/RESTRICTIONS (CARBON)
赵文轩	3701021998061201××	不得签转/改期退票收费

	承运人 CARRIER	航班号 FLIGHT	座位等级 CLASS	日期 DATE	时间 TIME	客票级别/客票类别 FARE BASIS	客票生效日期 NOT VALID BEFORE	有效截止日期 NOT VALID AFTER	免费行李 ALLOW
自 FROM 深圳市	国航	CA1402	L	2023-12-24	14:00				20K
至 TO 汉东市	VOID								
至 TO VOID									
至 TO									
至 TO									

票价 FARE	民航发展基金 CAAC DEVELOPMENT FUND	燃油附加费 FUEL SURCHARGE	其他税费 OTHER TAXES	合计 TOTAL
CNY ¥970.00	CN ¥50.00	YQ ¥80.00		CNY ¥1,100.00

电子客票号码 E-TICKET NO. 9993803571013　验证码 CK. 5806　提示信息 INFORMATION　保险费 INSURANCE ×××

销售单位代号 AGENT CODE. PEK608 08643201　填开单位 ISSUED BY 汉东平安航空服务发展有限公司　填开日期 DATE OF ISSUE 2023年12月24日

验真网址：WWW.TRAVELSKY.COM　服务热线：400-815-8888　短信验真：发送JP至10669018

图 B－65　阳光公司 12 月航空运输电子客票行程单（6）

业务回单（付款）

日期：2023 年 12 月 31 日

回单编号：23352000021

付款人户名：汉东市阳光实业有限公司　付款人开户行：中国工商银行股份有限公司汉东幸福支行

付款人账号（卡号）：6241053010700002385

收款人户名：汉东平安航空服务发展有限公司　收款人开户行：中国工商银行股份有限公司汉东幸福支行

收款人账号（卡号）：6241053010700012527

金额：陆仟陆佰元整　小写：¥6,600.00 元

业务（产品）种类：同城转账　凭证种类：000000000　凭证号码：0000000000000000

摘要：机票款　用途：机票款　币种：人民币

交易机构：0624100530　记账柜员：00055　交易代码：03901　渠道：网上银行

中国工商银行股份有限公司 汉东幸福支行 业务专用章 2803VX75360L

本回单为第 1 次打印，注意重复　打印日期：2023 年 12 月 31 日

图 B－66　阳光公司 12 月支付航空运输机票款银行回单

业务 B－14：阳光公司 12 月支付各种税费，银行回单如图 B－67 所示。

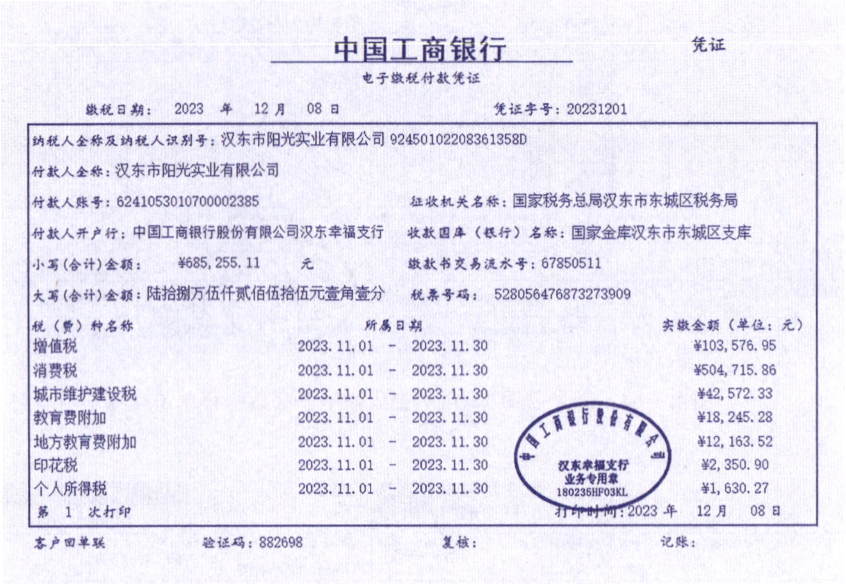

中国工商银行　　凭证

电子缴税付款凭证

缴税日期：2023 年 12 月 08 日　　凭证字号：20231201

纳税人全称及纳税人识别号：汉东市阳光实业有限公司 92450102208361358D

付款人全称：汉东市阳光实业有限公司

付款人账号：6241053010700002385　　征收机关名称：国家税务总局汉东市东城区税务局

付款人开户行：中国工商银行股份有限公司汉东幸福支行　　收款国库（银行）名称：国家金库汉东市东城区支库

小写(合计)金额：¥685,255.11 元　　缴款书交易流水号：67850511

大写(合计)金额：陆拾捌万伍仟贰佰伍拾伍元壹角壹分　　税票号码：528056476873273909

税（费）种名称	所属日期	实缴金额（单位：元）
增值税	2023.11.01 - 2023.11.30	¥103,576.95
消费税	2023.11.01 - 2023.11.30	¥504,715.86
城市维护建设税	2023.11.01 - 2023.11.30	¥42,572.33
教育费附加	2023.11.01 - 2023.11.30	¥18,245.28
地方教育费附加	2023.11.01 - 2023.11.30	¥12,163.52
印花税	2023.11.01 - 2023.11.30	¥2,350.90
个人所得税	2023.11.01 - 2023.11.30	¥1,630.27

第 1 次打印　　打印时间：2023 年 12 月 08 日

客户回单联　　验证码：882698　　复核：　　记账：

图 B－67　阳光公司 12 月支付税费银行回单

四、2023 年 12 月末员工人数和资产总额情况

2023 年 12 月末，阳光公司员工人数为 10 人，资产总额为 1 331.74 万元。

理论篇

税务会计认知

学习任务描述

根据我国税收法律法规和会计准则，掌握税收要素的概念和涉税会计科目。

教学目标

能力目标

1. 能正确判断税收法律关系的主体、客体和内容；
2. 能正确判断税收要素；
3. 能正确判断税收实体法和税收程序法；
4. 能正确设置涉税会计科目。

知识目标

1. 熟悉税收与税法的概念；
2. 掌握税收要素；
3. 了解我国现行税收法律体系；
4. 掌握税务会计的概念；
5. 掌握涉税会计科目设置。

素养目标

培养学生依法纳税的意识。

思政园地

税收：取之于民、用之于民、造福于民

党的二十大与税收

社会主义税收的本质是“取之于民、用之于民、造福于民”，它具有“返还”的性质，即最终通过国家财政预算分配，提供社会公共产品和服务等方式用于纳税人。

在我国社会主义制度下，国家、集体和个人之间的根本利益是一致的。按照国家税收法律的规定，纳税人履行纳税义务，及时足额缴纳各项税款，这是纳税人享有国家提供公共产品和公共服务的前提与基础。国家通过税收筹集财政收入，并通过预算安排将之用于财政支出，进行交通、水利等基础设施和城市公共建设，支持农村和地区协调发展，用于环境保护和生态建设，促进教育、科学、文化、卫生等社会事业发展，用于社会保障和社会福利，用于政府行政管理，进行国防建设，维护社会治安，保障国家安全，促进经济社会发展，满足人民群众日益增长的物质文化等方面的需要。所以说，税收是集合大家的力量来为大家服务，是造福于民的重要保障。税收与我们的生活息息相关，我们要树立依法纳税、诚信纳税的意识，用自己的行动去影响和带动身边的人，让更多的人了解税收、支持税收、遵守税法、维护税法。

准备工作

收集我国税收法律法规和会计准则中的有关知识点，观看微课视频。

微课视频扫一扫

思维导图

- 税务会计认知
  - 税收的特征
    - 强制性
    - 无偿性
    - 固定性
  - 税收法律关系
    - 主体：征纳双方
    - 客体：征税对象
    - 内容：权利义务
  - 税收要素
    - 纳税人
    - 征税对象
    - 税率
      - 比例税率
      - 累进税率
        - 全额累进税率
        - 超额累进税率
        - 超率累进税率
      - 定额税率
    - 计税依据
    - 纳税环节
      - 生产环节
      - 进口环节
      - 零售环节
      - 批发环节
    - 纳税期限
    - 纳税地点
    - 税收优惠
      - 减税
      - 免税
      - 延期纳税
      - 出口退税
      - 再投资退税
      - 即征即退
      - 先征后返
      - 税收抵免
      - 投资抵免
      - 起征点
      - 免征额
    - 法律责任
  - 我国现行税收法律体系
    - 税收实体法体系
      - 商品（货物）和劳务税类：增值税、消费税和关税
      - 所得税类：企业所得税、个人所得税
      - 财产和行为税类：房产税、车船税、印花税、土地增值税和契税
      - 资源税和环境保护税类：资源税、环境保护税和城镇土地使用税
      - 特定目的税类：城市维护建设税、车辆购置税、耕地占用税、船舶吨税和烟叶税
    - 税收程序法体系
      - 由税务机关负责征收的税种的征收管理
      - 由海关负责征收的税种的征收管理
  - 税务会计
    - 概念
    - 特点
    - 目标
    - 职能
    - 涉税会计科目设置
      - 通过“应交税费”科目核算的税种
      - 不通过“应交税费”科目核算的税种
        - 契税
        - 耕地占用税
        - 关税

学习任务的相关知识点

1 税收与税法

1.1 税收的概念与特征

1.1.1 税收的概念

税收是指国家为了向社会提供公共产品、满足社会共同需要，按照法律的规定，参与社会产品的分配，强制、无偿取得财政收入的一种规范形式。税收是一种非常重要的政策工具。税收是国家（政府）公共财政最主要的收入形式和来源[1]。税收的本质是国家为满足社会公共需要，凭借公共权力，按照法律所规定的标准和程序，参与国民收入分配，强制取得财政收入所形成的一种特殊分配关系。它体现了一定社会制度下国家与纳税人在征税、纳税的利益分配上的一种特定分配关系。

1.1.2 税收的特征

税收具有强制性、无偿性和固定性的特征。

（1）强制性。

税收的强制性是指税收是国家以社会管理者的身份，凭借政权力量，依据政治权力，通过颁布法律或政令来进行强制征收。负有纳税义务的社会集团和社会成员，都必须遵守国家强制性的税收法令，在国家税法规定的限度内，纳税人必须依法纳税，否则就要受到法律的制裁，这是税收具有法律地位的体现。强制性特征表现为两个方面：一方面是税收分配关系的建立具有强制性，即税收征收完全是凭借国家拥有的政治权力；另一方面是税收的征收过程具有强制性，即如果出现了税务违法行为，国家可以依法进行处罚。

（2）无偿性。

税收的无偿性是指通过征税，社会集团和社会成员的一部分收入转归国家所有，国家不向纳税人支付任何报酬或代价。税收这种无偿性是与国家凭借政治权力进行收入分配的本质相联系的。无偿性体现为两个方面：一方面是指政府获得税收收入后无须向纳税人直接支付任何报酬；另一方面是指政府征得的税收收入不再直接返还给纳税人。税收无偿性是税收的本质体现，它反映的是一种社会产品所有权、支配权的单方面转移关系，而不是等价交换关系。税收的无偿性是区分税收收入和其他财政收入形式的重要特征。

（3）固定性。

① 格里高利·曼昆．经济学原理：微观经济学分册．北京：北京大学出版社，2012：73.

税收的固定性是指税收是按照国家法令规定的标准征收的，即纳税人、课税对象、税目、税率、计价办法和期限等，都是税收法令预先规定了的，有一个比较稳定的试用期间，是一种固定的连续收入。对于税收预先规定的标准，征税和纳税双方都必须共同遵守，非经国家法令修订或调整，征纳双方都不得违背或改变这个固定的比例或数额以及其他制度规定。

税收的三个基本特征是统一的整体。其中，强制性是实现税收无偿征收的强有力保证，无偿性是税收本质的体现，固定性是强制性和无偿性的必然要求。

1.2 税法的概念

税法即税收法律制度，是国家权力机关和行政机关制定的用以调整税收关系的法律规范的总称，是国家法律的重要组成部分。它是以宪法为依据，调整国家与社会成员在征纳税上的权利与义务关系，维护社会经济秩序和税收秩序，保障国家利益和纳税人合法权益的一种法律规范，是国家税务机关及一切纳税单位和个人依法征税的行为规则。[①]

1.3 税收法律关系

税收法律关系是指国家、税务征管机关和纳税人之间，在税收征收和管理过程中，根据税法规范而发生的具体的征收和管理权利义务关系。税收法律关系包括主体、客体和内容三个方面。

（1）税收法律关系的主体。

税收法律关系的主体是指法律关系的参与者。税收法律关系的主体即税收法律关系中享有权利和承担义务的当事人。在我国，税收法律关系的主体包括征纳双方：一方是代表国家行使征税职责的国家行政机关，包括国家各级税务机关和海关；另一方是履行纳税义务的人，包括法人、自然人和其他组织，在华的外国企业、组织、外籍人、无国籍人，以及在华虽然没有机构、场所但有来源于中国所得的外国企业或组织。

（2）税收法律关系的客体。

税收法律关系的客体是指税收法律关系主体的权利、义务所指向的对象，也就是征税对象。例如，所得税法律关系的客体是生产经营所得和其他所得，财产税法律关系的客体即财产，流转税法律关系的客体就是货物或劳务收入。法律关系客体也是国家利用税收调整和控制的目标，国家在一定时期根据客观经济形势发展的需要，通过扩大或缩小征税范围调整征税对象，以达到限制或鼓励国民经济中某些产业、行业发展的目的。

（3）税收法律关系的内容。

税收法律关系的内容是指税收法律关系主体所享有的权利和所承担的义务，这

① 黄双蓉. 财经法规与会计职业道德. 北京：经济科学出版社，2014.

是税收法律关系中最实质的东西，也是税法的灵魂。它规定权利主体可以有什么行为，不可以有什么行为，若违反了这些规定，须承担相应的法律责任。

税务机关的权利主要表现在依法进行征税、税务检查以及对违章者进行处罚；其义务主要是向纳税人宣传、提供咨询、辅导、解读税法，及时把征收的税款解缴国库，依法受理纳税人对税收争议的申诉等。

纳税义务人的权利主要有多缴税款申请退还权、延期纳税权、依法申请减免税权、申请复议和提起诉讼权等，其义务主要是按税法规定办理税务登记、进行纳税申报、接受税务检查、依法缴纳税款等。

2 税收要素

税收要素是指构成税收范畴的基本因素，包括纳税义务人、征税对象、税率、计税依据、纳税环节、纳税期限、纳税地点、税收优惠、法律责任等。

2.1 纳税义务人

纳税义务人（以下简称“纳税人”），是指纳税主体，是指法律、行政法规规定直接负有纳税义务的单位和个人。

与纳税人相联系的两个概念是代扣代缴义务人和代收代缴义务人。代扣代缴义务人是指有义务从持有的纳税人收入中扣除其应纳税款并代为缴纳的单位和个人。代收代缴义务人是指有义务借助与纳税人的经济交往而向纳税人收取应纳税款并代为缴纳的单位和个人。

2.2 征税对象

征税对象即纳税客体，是征纳双方权利义务共同指向的客体或标的物。征税对象是区分不同税种的重要标志，体现不同税种征税的基本界限，决定着某一税种的基本征税范围，也决定着不同税种名称。

税目，是指在税法中对征税对象分类规定的具体的征税项目，反映具体的征税范围，是对课税对象质的界定。设置税目的目的首先是明确具体的征税范围，凡列入税目的即为应税项目，未列入税目的，则不属于应税项目。其次，划分税目也是贯彻国家税收调节政策的需要，国家可根据不同项目的利润水平以及国家经济政策等制定高低不同的税率，以体现不同的税收政策[①]。

① 侯丽艳．经济法概论．北京：中国政法大学出版社，2012：44-46.

2.3 税率

2.3.1 税率的概念

税率是指纳税人的应纳税额与征税对象数额之间的比例，是法定的计算应纳税额的尺度。税率的高低直接关系到国家财政收入的多少和纳税人负担的轻重，体现了国家对纳税人征税的深度，是税收制度的核心要素。

2.3.2 税率的形式

税率的形式包括比例税率、累进税率和定额税率。

（1）比例税率。

比例税率，即对同一征税对象，不论其征税数额的大小，都采取同一比例的税率征税，一般适用于对流转额等征税对象的征税。目前，我国采用这种税率的是增值税、企业所得税、车辆购置税、契税、城市维护建设税等。比例税率在具体运用中有单一比例税率（如车辆购置税）、幅度比例税率（如契税）、差别比例税率（如城市维护建设税）等形式。

（2）累进税率。

累进税率，即按照计税依据数额的大小，划分成若干等级，分别运用不同的税率。其特点是：计税依据数额越大，税率越高；计税依据数额越小，税率越低。一般适用于所得和财产的征税。累进税率的优点是能体现税收的纵向公平，有利于调节收入分配；其不足是征收管理相对要复杂一些。

累进税率在具体运用时，又分为全额累进税率、超额累进税率和超率累进税率三大类。

1）全额累进税率，是指把征税对象按其数额划分成若干等级，从低到高每一个等级规定一个税率，当征税对象数额增加到应按高一级税率计税时，其全部数额均按高一级税率计征。这种税率因在税收级距的临界点出现纳税人收入越高，其税后的实际所得反而越小的不合理现象，故现在各国的税法都很少采用。

2）超额累进税率，是指把征税对象按其数额划分成若干等级，从低到高每一个等级规定一个税率，当征税对象数额增加到按高一级税率计税时，仅就其超额部分按高一级税率计税。在计征实践中，可以采用速算扣除数（即用全额累进税率计算的应纳税额减去用超额累进税率计算的应纳税额之后的余额）计算。目前，我国采用这种税率的是个人所得税中的综合所得、经营所得。

3）超率累进税率，是指以征税对象数额的相对率划分若干级距，分别规定相应的差别税率，相对率每超过一个级距的，对超过的部分就按高一级的税率计算征税。目前，我国采用这种税率的是土地增值税。

（3）定额税率。

定额税率，也叫固定税率（税额），是指按单位征税对象（如面积、体积、重量等）直接规定其应纳税额，而不是规定应纳税款的比例。定额税率计算简便，适用于从量计征的税种。在通货紧缩或存在商品倾销的情况下，实行定额税率有一定的积极意义。

定额税率在具体运用中有单一定额税率、差别定额税率和幅度定额税率等形式。目前，我国采用这种税率的是城镇土地使用税和车船税。

2.4 计税依据

计税依据又叫税基，是指据以计算征税对象应纳税款的直接数量依据，它解决对征税对象课税的计算问题，是对课税对象的量的规定。计税依据按照计量单位的性质划分，有两种基本形态：价值形态和物理形态。价值形态包括应纳税所得额、销售收入、营业收入等；物理形态包括面积、体积、容积、重量等。

2.5 纳税环节

纳税环节是指征税对象在从生产到消费的流转过程中应当缴纳税款的环节。

下面以消费税为例说明，消费税的纳税环节的几种情况：

（1）生产环节。纳税人生产的应税消费品，由生产者于销售时纳税。

（2）进口环节。进口的应税消费品，由进口报关者于报关进口时纳税。

（3）零售环节。金银首饰消费税在零售环节征收。

（4）批发环节。卷烟在批发环节缴纳消费税。

2.6 纳税期限

纳税期限是指纳税义务发生后依法缴纳税款的期限。它是税收强制性、固定性特征在时间上的体现。任何纳税人都必须如期纳税，否则就是违反税法，要受到法律制裁。纳税期限可分为以天为单位的纳税期限、以月为单位的纳税期限、以季为单位的纳税期限和以年为单位的纳税期限等多种。

2.7 纳税地点

纳税地点是指税法规定纳税人申报纳税的地点。规定纳税人申报纳税的地点，既有利于税务机关实施税源控管，防止税收流失，又便利纳税人缴纳税款。纳税地点一般为纳税人的住所地、营业地、不动产所在地或特定行为发生地。

2.8 税收优惠

2.8.1 税收优惠的概念和目的

税收优惠，是指国家运用税收政策在税收法律、行政法规中规定对某一部分特定企业和课税对象给予减轻或免除税收负担的一种措施。制定税收优惠一方面是为了鼓励和支持某些行业或项目的发展，另一方面是为了照顾某些有特殊困难的纳税人。

2.8.2 税收优惠的形式

（1）减税。减税是指依据税法规定减除纳税人一部分应纳税款。它是对某些纳税人进行扶持或照顾，以减轻其税收负担的一种特殊规定。一般分为法定减税、特定减税和临时减税三种方式。

（2）免税。免税是指对某些特殊纳税人免征某种（或某几种）税收的全部税款。一般分为法定免税、特定免税和临时免税三种方式。

（3）延期纳税。延期纳税是指对纳税人应纳税款的部分或全部税款的缴纳期限适当延长的一种特殊规定。

（4）出口退税。出口退税是指为了扩大出口贸易，增强出口货物在国际市场上的竞争力，按国际惯例对企业已经出口的产品退还在出口前各环节缴纳的国内流转税税款。

（5）再投资退税。再投资退税是指对特定的投资者将取得的利润再投资于本企业或新办企业时，退还已纳税款。

（6）即征即退。即征即退是指对按税法规定缴纳的税款，由税务机关在征税时部分或全部退还纳税人。

（7）先征后返。先征后返是指对按税法规定缴纳的税款，由税务机关征收入库后，再由税务机关或财政部门按规定的程序给予部分或全部退税或返还已纳税款，它属于退税范畴，其实质也是一种特定方式的免税或减免规定。目前，中国采取先征后返的办法主要适用于缴纳流转税和企业所得税的纳税人。

（8）税收抵免。税收抵免是指对纳税人来源于国内外的全部所得或财产课征所得税时，允许以其在国外缴纳的所得税或财产税税款抵免应纳税额，它是解决国际所得或财产重复课税的一种措施。税收抵免是世界各国的一种通行做法。

（9）投资抵免。投资抵免是指政府对纳税人在境内的鼓励性投资项目允许按投资额的多少抵免部分或全部应纳所得税额。

（10）起征点。起征点是对征税对象开始征税的起点规定一定的数额。征税对象达到起征点的就全额征税，未达到起征点的不征税。税法对某些税种规定了起征点。我国增值税采取起征点税收优惠形式。

（11）免征额。免征额是指按一定标准从课税对象全部数额中扣除一定的数额，扣除部分不征税，只对超过的部分征税。我国个人所得税采取免征额税收优惠形式。

2.9 法律责任

法律责任是指行为人因实施违反国家税法规定的行为而应承受的不利的法律后果。违反法律规定的行为，包括作为和不作为。税法中的法律责任包括行政责任和刑事责任。纳税人和税务人员违反税法规定，都将依法承担法律责任。

3 我国现行税收法律体系

按照税法的职能作用不同，可分为税收实体法和税收程序法。税收实体法主要是指确定税种立法，具体规定各税种的征收对象、征收范围、税目、税率、纳税地点等。例如，《中华人民共和国企业所得税法》《中华人民共和国个人所得税法》就属于税收实体法。税收程序法是指税务管理方面的法律，主要包括税收管理法、纳税程序法、发票管理法、税务机关组织法、税务争议处理法等。《中华人民共和国税收征收管理法》就属于税收程序法。

3.1 税收实体法体系

我国的现行税收制度就其实体法而言，是中华人民共和国成立后经过几次较大的改革逐步演变而来的，主要是经 1994 年税制改革后形成的，按征税对象大致分为以下五类：

（1）商品（货物）和劳务税类，包括增值税、消费税和关税，主要在生产、流通或者服务业中发挥调节作用。

（2）所得税类，包括企业所得税和个人所得税，主要在国民收入形成后，对生产经营者的利润和个人的纯收入发挥调节作用。

（3）财产和行为税类，包括房产税、车船税、印花税、土地增值税和契税，主要对某些财产和行为发挥调节作用。

（4）资源税和环境保护税类，包括资源税、环境保护税和城镇土地使用税，主要是对因开发和利用自然资源差异而形成的级差收入发挥调节作用。

（5）特定目的税类，包括城市维护建设税、车辆购置税、耕地占用税、船舶吨税和烟叶税。主要是为了达到特定目的，对特定对象和特定行为发挥调节作用。

上述税种一共 18 个，其中进口环节的增值税和消费税、关税和船舶吨税由海关负责征收管理，其他税种由税务机关负责征收管理。

现行税种中，以国家法律形式发布实施的有：企业所得税、个人所得税、车船税、环境保护税、烟叶税、船舶吨税、车辆购置税、耕地占用税、资源税、契税、城市维护建设税和印花税；除此之外，其他各税种都是经全国人大授权，由国务院以暂行条例的形式发布实施。这些法律法规共同形成了我国的税收实体法体系。

3.2 税收程序法体系

除税收实体法外，我国对税收征收管理使用的法律制度，是按照税收管理机关的不同而分别规定的。

（1）由税务机关负责征收的税种的征收管理，按照全国人大常委会发布实施的《中华人民共和国税收征收管理法》及各实体税法中的征管规定执行。

（2）由海关负责征收的税种的征收管理，按照《中华人民共和国海关法》《中华人民共和国进出口关税条例》等有关规定执行。

上述税收实体法和税收程序法共同构成了我国现行税法体系。

4 税务会计

4.1 税务会计的概念

税务会计是以国家现行的税收法律法规为依据，运用会计核算的专门方法，对企业税款的形成、计算、申报和缴纳所引起的资金运动进行连续、系统、全面的核算和监督的一门专业会计。

4.2 税务会计的特点

（1）法律性。法律性表现为税务会计要严格按照税收法规和会计准则的规定核算和监督税款的形成、缴纳等行为。

（2）广泛性。广泛性表现为税务会计适用于国民经济各个行业。

（3）统一性。统一性表现为不同的纳税人所执行的税务会计是相同的。

（4）独立性。独立性表现为税务会计处理方法与财务会计不同，例如应纳税所得额的调整、视同销售收入的认定等。

4.3 税务会计的目标

税务会计的目标是纳税人通过税务会计所要达到的目的。

（1）企业经营者要求得到准确、及时的纳税信息以保证企业的正常运转，并为经营决策提供依据。

（2）企业资产所有者和债权人要求得到税务资金运转的信息，以最大限度利用货币的时间价值。

（3）税务管理部门要求了解纳税人的税款计缴情况以进行监督调控，保证国家财政收入的实现。

4.4 税务会计的职能①

税务会计的职能是指税务会计主体本身所固有的职责和功能。

① 陈小霞. 税务会计. 北京：中国人民大学出版社，2021：5.

（1）核算税务活动。税务会计根据国家税收法律法规和会计准则的规定，全面、真实、连续、系统地记录和核算企业生产经营过程中的税务活动，即税务资金的形成、计算、缴纳、退补、减免等情况，从而为国家组织税收收入提供可靠的依据。企业通过对税务会计所反映的税务活动及所提供的资料进行分析，可以促进其改善经营管理，提高经济效益，为进一步扩充税源提供保障。

（2）监督税务行为。税务会计按照税收法律的规定，通过税务会计的一系列核算方法，监督企业应纳税款的形成、计算和缴纳情况，监督企业收益的分配，实现税收杠杆的经济调节作用。通过税务会计对企业税务活动的监督和控制，保证国家税收法律法规的贯彻实施和适时修订。税务会计还可以通过采取各种检查和监督手段，发现和揭露问题，并为处理问题提供确凿的会计证据和资料，有利于维护税法的严肃性和保障企业合法权益。

（3）参与涉税决策。税务会计能通过对税务活动与税务行为的核算和监督，参与设计纳税方面的企业生产经营、财务和其他决策，其参与经营决策的方式主要体现在为实施决策提供信息支持，税务会计的核算信息是进行涉税决策的客观依据。企业在很多情况下需要进行有关税务方面的经济决策，在这些决策中，一般需要以前各期的税务会计核算资料，有时还需要运用税务会计的专门技术方法，据此对未来经济活动的纳税情况进行科学分析和预测，而这些资料和方法只能由税务会计来提供。

5 涉税会计科目设置

5.1 通过“应交税费”科目核算的税种

企业缴纳的增值税、消费税、企业所得税、个人所得税、土地增值税、房产税、车船税、资源税、环境保护税、城镇土地使用税、城市维护建设税、教育费附加和地方教育费附加、车辆购置税、船舶吨税、印花税和烟叶税，应通过“应交税费”科目。“应交税费”科目核算上述税费的应交和缴纳情况。该科目贷方登记应交的各种税费，借方登记实际缴纳的税费；期末余额一般在贷方，反映企业尚未缴纳的税费，期末余额如在借方，反映企业多交或尚未抵扣的税费。本科目按应交税费项目设置明细科目进行明细核算。

5.2 不通过“应交税费”科目核算的税种

因为企业的契税、耕地占用税和关税不需要预计应交数的税金，所以不通过“应交税费”科目核算。

即测即评

扫一扫 练一练

实践篇

1 学习任务一

增值税会计核算

学习任务描述

根据2017年11月19日国务院发布的修订后的《中华人民共和国增值税暂行条例》、2008年12月财政部和国家税务总局发布的《中华人民共和国增值税暂行条例实施细则》(2011年10月28日修订)以及2016年3月24日财政部和国家税务总局发布的《关于全面推开营业税改征增值税试点的通知》和2016年12月3日财政部发布的《增值税会计处理规定》中关于增值税的规定，进行增值税应纳税额的计算与会计核算。

教学目标

能力目标

1. 能正确判断增值税的征收范围；
2. 能正确判断纳税人是否享受增值税的税收优惠；
3. 能进行小规模纳税人和一般纳税人增值税的计算；
4. 能进行小规模纳税人和一般纳税人增值税的会计核算。

知识目标

1. 掌握增值税纳税人的定义和分类；
2. 掌握增值税的征税范围；
3. 掌握增值税的计税依据；
4. 掌握增值税的税率和征收率；
5. 掌握增值税的税收优惠；
6. 掌握增值税应纳税额的计算；
7. 熟悉增值税的征收管理；
8. 掌握增值税的会计核算。

素养目标

培养学生依法纳税的意识。

思政园地

北海警方破获一起特大虚开增值税专用发票案 涉案金额 29.5 亿余元

党的二十大与税收

2021 年年末，北海市公安局银海分局利用金税四期的大数据等先进方式进行侦查发现，北海某公司打着国内某报社三级子公司的名义，在无任何实际生产经营的情况下，采取编造虚假合同，通过对公账户伪造虚假资金流，再使用个人银行卡实现资金回流的手段，于 2018 年 11 月至 2022 年 8 月，累计向多个省市 10 余家公司购买、虚开增值税专用发票，销项价税合计总金额高达 29.5 亿余元。

2022 年 8 月 25 日，北海市公安局银海分局联合北海市公安局经济犯罪侦查支队、国家税务总局北海市税务局稽查局，同时在广西北海、河北廊坊及湖北武汉、宜昌三省四市开展统一收网行动，抓获 4 名主要犯罪嫌疑人，查获税盘、账本、银行卡等作案工具一批。

北海市税务局稽查局利用金税系统强大的数据分析能力，结合增值税税收政策、开票特点，有针对性地进行了指标设定和数据分析，通过多维度的数据筛查，彻底查清了该公司虚开增值税专用发票行为。随着金税系统的到来，任何偷税漏税方式都无法逃脱大数据的法眼，同学们毕业后从事财务工作，一定不能偷逃税款，做诚实守信的财务人员。

资料来源：苏奕，黄畅增．北海警方破获一起特大虚开增值税专用发票案 涉案金额 29.5 亿余元．北海日报，2022－09－03.

任务书

1. 请分析判断增值税的纳税人、计税依据、税率、税收优惠，计算增值税应纳税额。

2. 请进行小规模纳税人和增值税一般纳税人的会计核算。

任务分组

请登录 http://cssx.rdlearning.cn 下载学生任务分配表，进行任务分组。

准备工作

微课视频扫一扫

1. 阅读任务书。

2. 收集《中华人民共和国增值税暂行条例》《中华人民共和国增值税暂行条例实施细则》《关于全面推开营业税改征增值税试点的通知》《增值税会计处理规定》中的有关知识点，观看微课视频。

3. 结合任务书分析增值税计算与会计核算的难点和常见问题。

思维导图

增值税会计核算

- 纳税人
  - 一般纳税人、小规模纳税人
- 征税范围
  - 一般规定
    - 销售或者进口货物
    - 提供加工、修理修配劳务
    - 销售服务
      - 交通运输服务
      - 邮政服务
      - 电信服务
      - 建筑服务
      - 金融服务
      - 现代服务
      - 生活服务
    - 销售无形资产
    - 销售不动产
  - 特殊规定
    - 视同销售
      - 将货物交付其他单位或者个人代销
      - 销售代销货物
      - 异地之间移送货物
      - 将自产、委托加工的货物用于集体福利或者个人消费
      - 将自产、委托加工或者购进的货物用于对外投资、分配给股东或者投资者、无偿赠送给其他单位或者个人
    - 混合销售
    - 兼营
- 纳税义务发生时间
- 税率：13%、9%、6%、0
- 征收率：3%、5%
- 税收优惠
  - 免税
  - 起征点
  - 小规模纳税人减免税
- 应纳税额的计算
  - 一般计税方法应纳税额的计算
    - 应纳税额＝当期销项税额－当期进项税额
    - 销售额的确定
      - 含税销售额的换算：不含税销售额=含税销售额÷(1+增值税税率)
      - 特殊销售方式下销售额的确定
        - 折扣方式销售
        - 以旧换新方式销售
        - 还本销售方式销售
        - 以物易物方式销售
        - 包装物租金和押金
        - 视同发生应税销售行为的销售额
        - "营改增"行业销售额确定的特殊规定
    - 销项税额的计算：销项税额=不含税销售额×税率
    - 准予从销项税额中抵扣的进项税额
      - 增值税专用发票(含税控机动车销售统一发票
      - 进口增值税专用缴款书
      - 购进农产品
      - 纳税人购进国内旅客运输服务
      - 代扣代缴税款的完税凭证
    - 生产、生活性服务业加计抵扣进项税额
    - 增值税期末留抵税额退税
    - 不得从销项税额中抵扣的进项税额
      - 用于简易计税方法计税项目、免征增值税项目、集体福利或者个人消费
      - 非正常损失
      - 购进的贷款服务、餐饮服务、居民日常服务和娱乐服务
      - 纳税人接受贷款服务向贷款方支付的与该笔贷款直接相关的投融资顾问费、手续费、咨询费等费用
  - 简易计税方法应纳税额的计算：应纳税额=不含税销售额×征收率
  - 进口货物应纳税额的计算：应纳税额=组成计税价格×税率
  - 扣缴计税方法：应扣缴税额=购买方支付的价款÷(1+税率)×税率
- 纳税地点
- 纳税期限
- 会计核算
  - 一般纳税人的会计核算
  - 小规模纳税人的会计核算

任务实施

小规模纳税人工作任务：增值税会计核算

情境导航：

根据小规模纳税人综合案例 A 中的“二、2023 年第 1—3 季度相关涉税信息”和“四、2023 年第 4 季度具体业务情况”，筛选出与增值税相关的情境。

（1）辨析纳税人。

引导问题 1：根据 **1.1.1**，吉祥公司是否是增值税的纳税人？ □是 □否

引导问题 2：根据 **1.1.2**，吉祥公司是否是增值税小规模纳税人？

□是 □否

（2）识别征税范围。

引导问题 3：根据 **1.2**，吉祥公司的销售行为是否属于增值税的征税范围？

□是 □否

（3）确定纳税义务发生时间。

引导问题 4：根据 **1.3**，吉祥公司增值税的纳税义务发生时间为__________。

（4）确定税率。

引导问题 5：根据 **1.4.2.1**，吉祥公司销售货物适用的增值税征收率是________%。

（5）确定计税依据。

引导问题 6：根据 **1.6.2**，吉祥公司的增值税计税依据是________。

（6）判断税收优惠。

引导问题 7：根据 **1.5.3**，吉祥公司第 4 季度是否享受增值税的税收优惠政策？□是 □否

（7）计算应纳税额。

引导问题 8：根据 **1.6**，吉祥公司第 4 季度应缴纳的增值税是______。

（8）确定纳税地点。

引导问题 9：根据 **1.7**，吉祥公司的增值税纳税地点是________。

（9）会计处理。

引导问题 10：根据 **1.9.2**，请完成吉祥公司第 4 季度增值税的会计处理。

一般纳税人工作任务：增值税会计核算

情境导航：

根据一般纳税人综合案例 B 中的“二、2023 年 1—11 月相关涉税信息”和“三、2023 年 12 月具体业务情况”，筛选出与增值税相关的情境。

（1）辨析纳税人。

引导问题 1：根据 **1.1.1**，阳光公司是否是增值税的纳税人？ □是 □否

引导问题 2：根据 **1.1.2**，阳光公司是否是增值税一般纳税人？ □是 □否

（2）识别征税范围。

引导问题 3：根据 **1.2**，阳光公司的销售、出租行为是否属于增值税的征税范围？ □是 □否

（3）确定纳税义务发生时间。

引导问题 4：根据 **1.3**，阳光公司增值税的纳税义务发生时间为________。

（4）确定税率。

引导问题 5：根据 **1.4.1**，阳光公司销售货物适用的增值税税率是________%。

引导问题 6：根据 **1.4.2.3**，阳光公司出租、销售其取得的不动产，适用的增值税征收率是________%。

（5）判断税收优惠。

引导问题 7：根据 **1.5**，阳光公司是否享受增值税的税收优惠政策？ □是 □否

（6）确定一般计税方法的应纳税额。

引导问题 8：根据 **1.6.1.1** 和 **1.6.1.2**，阳光公司 12 月的销项税额是________。

引导问题 9：根据 **1.6.1.3**，阳光公司 12 月的进项税额是________。

引导问题 10：根据 **1.6.1.6**，阳光公司 12 月不得从销项税额中抵扣进项税额的业务是________。

引导问题 11：根据 **1.6.1**，阳光公司 12 月采用一般计税方法计算的应纳税额是________。

小提示：

实务中计算数据与发票金额会存在尾差，以开票系统所统计的税额为准。

（7）确定简易计税方法的应纳税额。

引导问题 12：根据 **1.6.2**，阳光公司 12 月采用简易计税方法计算的应纳税额是______。

小提示：

不动产购置原价不一定是其账面原值，而是购置不动产时取得的计算发票上记载的金额，不包含契税。

（8）确定应缴纳的增值税。

引导问题 13：根据 **1.6**，阳光公司 12 月应缴纳的增值税是______。

（9）确定纳税地点。

引导问题 14：根据 **1.7**，阳光公司的增值税纳税地点是________。

（10）会计处理。

引导问题 15：根据 **1.9.1**，请完成阳光公司 12 月增值税的会计处理。

任务评价

请登录 http://cssx.rdlearning.cn 下载评价表，进行任务评价。

任务总结

通过完成上述任务，你学到了哪些知识或技能？

学习任务的相关知识点

增值税是对销售商品或者劳务过程中实现的增值额征收的一种税。

1.1 纳税人和扣缴义务人

1.1.1 纳税人

在中华人民共和国境内销售货物或者加工、修理修配劳务，销售服务、无形资产、不动产以及进口货物的单位和个人，为增值税的纳税人。单位是指企业、行政单位、事业单位、军事单位、社会团体及其他单位。个人是个体工商户和其他个人。

单位以承包、承租、挂靠方式经营的，以发包人名义对外经营并由发包人承担相关法律责任的，以发包人为纳税人。否则，以承包人为纳税人。

资管产品运营过程中发生的增值税应税行为，以资管产品管理人为增值税纳税人。

1.1.2 纳税人的分类

依纳税人“经营规模”以及“会计核算健全与否”等标准，增值税的纳税人可分为小规模纳税人和一般纳税人。增值税小规模纳税人和一般纳税人的划分标准如表 1－1 所示。

表 1－1 增值税小规模纳税人和一般纳税人的划分标准

<table>
<tr><th></th><th colspan="2">小规模纳税人</th><th>一般纳税人</th></tr>
<tr><td>标准</td><td colspan="2">年应税销售额≤ 500 万元</td><td>年应税销售额 >500 万元</td></tr>
<tr><td rowspan="2">特殊情况</td><td>其他个人（非个体户）</td><td>必须按小规模纳税人纳税</td><td rowspan="2">小规模纳税人会计核算健全，可以申请登记为一般纳税人</td></tr>
<tr><td>（1）非企业性单位；
（2）不经常发生应税行为的企业</td><td>可选择按小规模纳税人纳税</td></tr>
<tr><td>计税方法</td><td colspan="2">简易计税方法</td><td>一般计税方法</td></tr>
<tr><td>发票管理</td><td colspan="2">（1）使用增值税普通发票；
（2）小规模纳税人（其他个人除外）发生应税行为需要开具增值税专用发票，可以自愿使用增值税发票管理系统自行开具</td><td>可以使用增值税专用发票</td></tr>
</table>

年应税销售额，是指在连续不超过 12 个月或 4 个季度的经营期内累计应征增值税销售额，包括纳税申报销售额、稽查查补销售额、纳税评估调整销售额。

纳税人一经登记为一般纳税人后，不得转为小规模纳税人，国家税务总局另有规定的除外。

1.1.3 扣缴义务人

中华人民共和国境外单位或者个人在境内销售劳务，在境内未设有经营机构的，以其境内代理人为扣缴义务人；在境内没有代理人的，以购买方为增值税扣缴义务人。

1.2 征税范围

增值税的征税范围包括在境内销售货物或者劳务，销售服务、无形资产、不动产以及进口货物。

1.2.1 增值税的征税范围的一般规定

按照税法的规定，现行增值税的征税范围包括：

（1）销售或者进口货物（指有形动产，包括电力、热力、气体在内）。

（2）提供加工、修理修配劳务。

（3）销售服务（指交通运输服务、邮政服务、电信服务、建筑服务、金融服务、现代服务和生活服务）。

（4）销售无形资产（指技术、商标、著作权、商誉、自然资源使用权和其他权益性无形资产）。

（5）销售不动产（指建筑物和构筑物）。

1.2.2 非经营活动

销售服务、无形资产或者不动产，是指有偿提供服务、有偿转让无形资产或者不动产，但属于下列非经营活动的情形除外：

（1）行政单位收取的同时满足以下条件的政府性基金或者行政事业性收费：

1）由国务院或者财政部批准设立的政府性基金，由国务院或者省级人民政府及其财政、价格主管部门批准设立的行政事业性收费；

2）收取时开具省级以上（含省级）财政部门监（印）制的财政票据；

3）所收款项全额上缴财政。

（2）单位或者个体工商户聘用的员工为本单位或者雇主提供取得工资的服务。

（3）单位或者个体工商户为聘用的员工提供服务。

（4）财政部和国家税务总局规定的其他情形。

1.2.3 增值税的征税范围的特殊规定

1.2.3.1 视同销售行为

（1）根据《增值税暂行条例实施细则》的规定，单位或者个体工商户的下列行为，视同销售货物，应当征收增值税：

1）将货物交付其他单位或者个人代销；

2）销售代销货物；

3）设有两个以上机构并实行统一核算的纳税人，将货物从一个机构移送至其他机构用于销售，但相关机构设在同一县（市）的除外；

4）将自产、委托加工的货物用于集体福利或者个人消费；

5）将自产、委托加工或者购进的货物用于对外投资、分配给股东或者投资者、无偿赠送给其他单位或者个人。

（2）根据《营业税改征增值税试点实施办法》的规定，单位或者个体工商户的下列情形，视同销售服务、无形资产或者不动产，征收增值税：

1）单位或者个体工商户向其他单位或者个人无偿提供服务，但用于公益事业或者以社会公众为对象的除外；

2）单位或者个人向其他单位或者个人无偿转让无形资产或者不动产，但用于公益事业或者以社会公众为对象的除外；

3）财政部和国家税务总局规定的其他情形。

1.2.3.2 混合销售

一项销售行为如果既涉及货物又涉及服务，为混合销售。从事货物的生产、批发或者零售的单位和个体工商户的混合销售行为，按照销售货物缴纳增值税；其他单位和个体工商户的混合销售行为，按照销售服务缴纳增值税。上述从事货物的生产、批发或者零售的单位和个体工商户，包括以从事货物的生产、批发或者零售为主，并兼营销售服务的单位和个体工商户在内。

1.2.3.3 兼营

兼营，是指纳税人的经营中包括销售货物、劳务以及销售服务、无形资产和不动产的行为。纳税人发生兼营行为，应当分别核算适用不同税率或征收率的销售额，未分别核算销售额的，按照以下办法适用税率或征收率：

（1）兼有不同税率的销售货物、劳务、服务、无形资产或者不动产，从高适用税率。

（2）兼有不同征收率的销售货物、劳务、服务、无形资产或者不动产，从高适用征收率。

（3）兼有不同税率和征收率的销售货物、劳务、服务、无形资产或者不动产，从高适用税率。

1.2.4 不征收增值税项目

（1）根据国家指令无偿提供的铁路运输服务、航空运输服务，属于规定的用于公益事业的服务。

（2）存款利息。

（3）被保险人获得的保险赔付。

（4）房地产主管部门或者其指定机构、公积金管理中心、开发企业以及物业管理单位代收的住宅专项维修资金。

（5）在资产重组过程中，通过合并、分立、出售、置换等方式，将全部或者部分实物资产以及与其相关联的债权、负债和劳动力一并转让给其他单位和个人，其中涉及的不动产、土地使用权转让行为。

（6）纳税人在资产重组过程中，通过合并、分立、出售、置换等方式，将全部或者部分实物资产以及与其相关联的债权、负债和劳动力一并转让给其他单位和个人，不属于增值税的征税范围，其中涉及的货物转让，不征收增值税。

1.3 纳税义务发生时间

纳税人发生应税销售行为，为收讫销售款项或者取得索取销售款项凭据的当天；先开具发票的，为开具发票的当天。增值税纳税义务发生时间具体如表 1－2 所示。

表 1－2　增值税纳税义务发生时间表

销售方式		纳税义务发生时间	
先开发票		开具发票的当天	
直接收款		收到销售款或取得索取销售款凭据的当天	
托收承付、委托收款		发出货物并办妥托收手续的当天	
赊销、分期收款		书面合同约定的收款日期的当天，无合同或有合同无约定，为货物发出的当天	
预收货款	货物	货物发出的当天，生产工期超过 12 个月的，为收到预收款或书面合同约定的收款日期的当天	
	租赁服务	收到预收款的当天	
委托代销		收到代销清单	收到代销清单的当天
		收到全部、部分货款	收到全部、部分货款的当天
		未收到代销清单及货款	发出货物满 180 天的当天
金融商品转让		所有权转移的当天	
视同销售货物行为		货物移送、转让完成或权属变更的当天	
视同销售劳务、服务、无形资产、不动产情形		劳务、服务、无形资产转让完成的当天或者不动产权属变更的当天	
进口		报关进口的当天	
扣缴义务		纳税义务发生的当天	

1.4 税率和征收率

1.4.1 税率

自 2016 年 5 月 1 日起，我国全面推开营业税改征增值税工作。为了深化增值税改革，自 2019 年 4 月 1 日起，降低了一般纳税人的增值税税率。现行一般纳税人适用的增值税税率如表 1－3 所示。

表 1－3　一般纳税人适用的增值税税率表

具体征税范围	税率
纳税人销售或者进口货物（另有列举的货物除外）；提供加工、修理修配劳务	13%

续表

<table>
<tr><th colspan="3">具体征税范围</th><th>税率</th></tr>
<tr><td colspan="3">销售或者进口：
（1）粮食等农产品、食用植物油、食用盐。
（2）自来水、暖气、冷气、热水、煤气、石油液化气、天然气、二甲醚、沼气、居民用煤炭制品。
（3）图书、报纸、杂志、音像制品、电子出版物。
（4）饲料、化肥、农药、农机、农膜。
（5）国务院规定的其他货物。</td><td>9%</td></tr>
<tr><td colspan="3">出口货物（国务院另有规定的除外）</td><td>0</td></tr>
<tr><td rowspan="9">销售服务</td><td>交通运输服务</td><td>陆路运输服务、水路运输服务、航空运输服务和管道运输服务</td><td rowspan="3">9%</td></tr>
<tr><td>邮政服务</td><td>邮政普遍服务、邮政特殊服务和其他邮政服务</td></tr>
<tr><td rowspan="2">电信服务</td><td>基础电信服务</td></tr>
<tr><td>增值电信服务</td><td>6%</td></tr>
<tr><td>建筑服务</td><td>工程服务、安装服务、修缮服务、装饰服务和其他建筑服务</td><td>9%</td></tr>
<tr><td>有形动产租赁服务</td><td></td><td>13%</td></tr>
<tr><td>金融服务</td><td>贷款服务、直接收费金融服务、保险服务和金融商品转让</td><td rowspan="6">6%</td></tr>
<tr><td>现代服务</td><td>研发和技术服务、信息技术服务、文化创意服务、物流辅助服务、鉴证咨询服务、广播影视服务、商务辅助服务和其他现代服务</td></tr>
<tr><td>生活服务</td><td>文化体育服务、教育医疗服务、旅游娱乐服务、餐饮住宿服务、居民日常服务和其他生活服务</td></tr>
<tr><td rowspan="4">销售无形资产</td><td>技术</td><td>专利技术和非专利技术</td></tr>
<tr><td>商标、著作权、商誉和其他权益性无形资产</td><td></td></tr>
<tr><td rowspan="2">自然资源使用权</td><td>海域使用权、探矿权、采矿权、取水权和其他自然资源使用权</td></tr>
<tr><td>土地使用权</td><td rowspan="2">9%</td></tr>
<tr><td colspan="3">销售不动产</td></tr>
</table>

1.4.2 征收率

1.4.2.1 征收率为 3% 的规定

小规模纳税人以及一般纳税人选择简易办法计税的，征收率为 3%。征收率为 3% 的情形如表 1－4 所示。

表 1－4 征收率为 3% 的情形

纳税人	适用情形	具体内容
小规模纳税人	除特殊情况下适用“3% 的征收率并减按 2% 征收、5% 征收率”和“进口货物”外的一般应税行为	

续表

纳税人	适用情形	具体内容	
一般纳税人	只能适用3%征收率	寄售商店代销寄售物品、典当业销售死当物品	
	销售自产货物可选择按照3%征收率纳税的货物	（1）自来水。 （2）县级及以下小型水力发电单位生产的电力。 （3）用微生物、血液或组织等制成的生物制品。 （4）建筑用和生产建筑材料所用的砂、土、石料。 （5）以自己采掘的砂、土、石料或其他矿物连续生产的砖、瓦、石灰。 （6）商品混凝土。	选择简易办法后，36个月内不得变更
	销售可选择按照3%征收率纳税的服务	（1）公共交通运输服务。 （2）动漫产品的设计、制作服务，以及在境内转让动漫版权。 （3）电影放映服务。 （4）仓储服务。 （5）装卸搬运服务。 （6）收派服务。 （7）文化体育服务。 （8）以"营改增"试点前取得的有形动产，提供的有形动产经营租赁服务。 （9）"营改增"试点前签订的，尚未执行完毕的有形动产租赁合同。	

1.4.2.2 征收率为3%减按2%征收的规定

征收率为3%减按2%征收的情形如表1－5所示。

表1－5 征收率为3%减按2%征收的情形

应税项目		计算方法
一般纳税人和小规模纳税人销售旧货（二手车除外）		应纳税额＝含税售价÷（1+3%）×2%
销售自己使用过的购入时不得抵扣且未抵扣过进项税的固定资产	（1）小规模纳税人。 （2）一般纳税人2009年1月1日以前购入的固定资产。 （3）一般纳税人2013年8月1日以前购入的小汽车、摩托车和游艇。	

1.4.2.3 征收率为5%的规定

征收率为5%的情形如表1－6所示。

表1－6 征收率为5%的情形

身份		项目
小规模纳税人	非房地产开发企业	转让、出租其取得的不动产（不含个人出租住房）
	房地产开发企业	销售自行开发的房地产项目
一般纳税人	非房地产开发企业	转让、出租其2016年4月30日前取得的不动产且选择简易方法计税的
	房地产开发企业	销售自行开发的房地产老项目且选择简易方法计税的
一般纳税人和小规模纳税人		提供劳务派遣服务，选择差额纳税

1.5 税收优惠

1.5.1 免税项目

（1）农业生产者销售的自产农产品。

（2）避孕药品和用具。

（3）古旧图书。

（4）直接用于科学研究、科学试验和教学的进口仪器、设备。

（5）外国政府、国际组织无偿援助的进口物资和设备。

（6）由残疾人的组织直接进口供残疾人专用的物品。

（7）残疾人个人提供的加工、修理修配劳务。

（8）销售的自己使用过的物品。自己使用过的物品，是指其他个人自己使用过的物品。

（9）托儿所、幼儿园提供的保育和教育服务。

（10）养老机构提供的养老服务。

（11）殡葬服务。

（12）婚姻介绍服务。

（13）医疗机构提供的医疗服务。

（14）从事学历教育的学校提供的教育服务。

（15）学生勤工俭学提供的服务。

（16）纪念馆、博物馆、文化馆、文物保护单位管理机构、美术馆、展览馆、书画院、图书馆在自己的场所提供文化体育服务取得的第一道门票收入。

（17）个人转让著作权。

（18）个人销售自建自用住房。

（19）纳税人提供技术转让、技术开发和与之相关的技术咨询、技术服务。

（20）福利彩票、体育彩票的发行收入。

（21）家政服务企业由员工制家政服务员提供家政服务取得的收入。

（22）残疾人福利机构提供的育养服务。

（23）残疾人员本人为社会提供的服务。

（24）提供社区养老、托育、家政等服务的机构提供以上服务取得的收入。

（25）农业机耕、排灌、病虫害防治、植物保护、农牧保险以及相关技术培训业务，家禽、牲畜、水生动物的配种和疾病防治。

（26）自然人对外销售购买的住房，其税收规定如表 1－7 所示。

表 1－7 自然人对外销售购买的住房税收规定

持有时间		税务处理	计算公式
购买不足 2 年		全额征收	卖出价 ÷（1+5%）× 5%
购买 2 年以上	北京、上海、广州、深圳且为非普通住房	差额征收	（卖出价－买入价）÷（1+5%）× 5%
	其他	免征	

（27）国债、地方政府债券利息收入。

1.5.2 起征点

纳税人发生应税销售行为的销售额未达到增值税起征点的，免征增值税；达到起征点的，全额计算缴纳增值税。

增值税起征点的适用范围限于个人，且不适用于登记为一般纳税人的个体工商户。

增值税起征点的幅度规定如下：

（1）按期纳税的，为月销售额 5 000 ～ 20 000 元（含本数）。

（2）按次纳税的，为每次（日）销售额 300 ～ 500 元（含本数）。

1.5.3 小规模纳税人减免税规定

自 2023 年 1 月 1 日至 2027 年 12 月 31 日，小规模纳税人享受如下免税规定：

（1）对月销售额 10 万元以下（含本数）的增值税小规模纳税人，免征增值税。

（2）增值税小规模纳税人适用 3% 征收率的应税销售收入，减按 1% 征收率征收增值税；适用 3% 预征率的预缴增值税项目，减按 1% 预征率预缴增值税。

1.6 应纳税额的计算

1.6.1 一般计税方法应纳税额的计算

一般纳税人销售货物、劳务、服务、无形资产、不动产（以下简称应税销售行为），采取一般计税方法计算增值税应纳税额。其计算公式为：

应纳税额 = 当期销项税额 − 当期进项税额

当期销项税额小于当期进项税额不足抵扣时，其不足部分可以结转下期继续抵扣。

销项税额是指纳税人发生应税销售行为，按照销售额和适用税率计算并向购买方收取的增值税税款。其计算公式为：

销项税额 = 销售额 × 适用税率

可见，采用一般计税方法计算增值税应纳税额时，主要涉及两个因素：一是销售额；二是进项税额。

1.6.1.1 销售额的确定

（1）销售额的概念。

销售额是指纳税人因发生应税销售行为而向购买方收取的全部价款和价外费用，但是不包括收取的销项税额。价外费用，包括价外向购买方收取的手续费、补贴、基金、集资费、返还利润、奖励费、违约金、滞纳金、延期付款利息、赔偿金、代收款项、代垫款项、包装费、包装物租金、储备费、优质费、运输装卸费以及其他各种性质的价外收费。上述价外费用无论其会计制度规定如何核算，均应并入销售额计算销项税额。

（2）含税销售额的换算。

增值税实行价外税，计算销项税额时，销售额中不应含有增值税税款。如果销售额中包含了增值税税款即销项税额，则应将含税销售额换算成不含税销售额。其计算公式为：

不含税销售额 = 含税销售额 ÷（1+ 增值税税率）

（3）特殊销售方式下销售额的确定。

1）折扣方式销售。折扣方式销售是指销货方在销售货物时，因购货方购货数量较大等原因而给予购货方的价格优惠。折扣方式销售的税务处理如表 1－8 所示。

表 1－8　折扣方式销售的税务处理

情形	税务处理	
同一张发票上注明	销售额和折扣额在同一张发票“金额栏”上分别注明	按照折扣后的销售额
	销售额在“金额栏”上注明，折扣额在“备注栏”上注明	折扣额不得从销售额中减除
将折扣额另开发票	不论其在财务上如何处理，均不得从销售额中减除折扣额	

2）以旧换新方式销售。以旧换新方式销售的税务处理如表 1－9 所示。

表 1－9　以旧换新方式销售的税务处理

情形	税务处理
一般货物	按新货物同期销售价格确定销售额，不得扣减旧货物的收购价格
金银首饰	按销售方实际收取的不含增值税的全部价款征收增值税

3）还本销售方式销售。还本销售是指纳税人在销售货物后，到一定期限时将货款一次或分次退还给购货方全部或部分价款的一种销售方式。这种方式实际上是一种筹资，是以货物换取资金的使用价值，到期还本不付息的方法。纳税人采取还本销售方式销售货物，其销售额就是货物的销售价格，不得从销售额中减除还本支出。

4）以物易物方式销售。以物易物是指购销双方不是以货币结算，而是以同等价款的货物相互结算，实现货物购销的一种方式。以物易物双方都应作购销处理，以各自发出的货物核算销售额并计算销项税额，以各自收到的货物按规定核算购货额并计算进项税额。在以物易物活动中，应分别开具合法的票据，如收到的货物不能取得相应的增值税专用发票或其他合法票据，则不能抵扣进项税额。

5）包装物租金和押金。包装物是指纳税人包装本单位货物的各种物品。包装物租金和押金的税务处理如表 1－10 所示。

表 1－10　包装物租金和押金的税务处理

类型			税务处理	
包装物租金			价外费用征税	
包装物押金	一般物品（酒类以外）		没有逾期且没有超过 1 年的	不征税
			逾期或超过 1 年	征税
	酒类	啤酒、黄酒	没有逾期且没有超过 1 年的	不征税
			逾期或超过 1 年	征税
		其他酒	收取时	征税

6）视同发生应税销售行为的销售额。《增值税暂行条例实施细则》规定的视同销售货物行为一般不以资金的形式反映出来，因而会出现无销售额的情况。在此情况下，税务机关有权按照下列顺序核定其销售额：按照纳税人最近时期同类应税货物、应税行为的平均销售价格确定；按照其他纳税人最近时期同类应税货物、应税行为的平均销售价格确定；按照组成计税价格确定。组成计税价格的计算公式有二：

组成计税价格＝成本×(1+成本利润率)

组成计税价格＝成本×(1+成本利润率)＋消费税税额

公式中的成本分为两种情况：一是销售自产货物的，为实际生产成本；二是销售外购货物的，为实际采购成本。公式中的成本利润率为 10%。但属于应从价定率征收消费税的货物，其组成计税价格公式中的成本利润率，为《消费税若干具体问题的规定》中规定的成本利润率。

纳税人销售货物或者劳务的价格明显偏低并无正当理由的，由税务机关按照上述方法核定其销售额。

根据《营业税改征增值税试点实施办法》的规定，纳税人销售服务、无形资产或者不动产价格明显偏低或者偏高且不具有合理商业目的的，或者无销售额的，税务机关有权按照下列顺序确定销售额：

第一，按照纳税人最近时期销售同类服务、无形资产或者不动产的平均价格确定。

第二，按照其他纳税人最近时期销售同类服务、无形资产或者不动产的平均价格确定。

第三，按照组成计税价格确定。成本利润率由国家税务总局确定。

不具有合理商业目的的，是指以谋取税收利益为主要目的，通过人为安排，减少免除、推迟缴纳增值税税款，或者增加退还增值税税款。

7）“营改增”行业销售额确定的特殊规定。

按照销售额全额征税的行为及销售额的规定如表 1－11 所示。

表 1－11　按照销售额全额征税的行为及销售额的规定

行为	销售额
贷款服务	以提供贷款服务取得的全部利息及利息性质的收入为销售额
直接收费金融服务	以提供直接收费金融服务收取的手续费、佣金、酬金、管理费、服务费、经手费、开户费、过户费、结算费、转托管费等各类费用为销售额

按照差额征税的行为及销售额的规定如表 1－12 所示。

表 1－12　按照差额征税的行为及销售额的规定

行为	销售额	备注
金融商品转让	销售额＝卖出价－买入价	（1）转让金融商品发生的正负差，将盈亏相抵后的余额作为销售额。负差不得转入下一个纳税年度，但可以在本年度不同纳税期结转 （2）金融商品的买入价，可以选择按照加权平均法或者移动加权平均法进行核算，选择后 36 个月内不得变更 （3）金融商品转让，不得开具增值税专用发票
经纪代理服务	销售额＝取得的全部价款和价外费用－向委托方收取并代为支付的政府性基金或者行政事业性收费	向委托方收取的政府性基金或行政事业性收费，不得开具增值税专用发票
航空运输企业	销售额＝取得的全部价款和价外费用－代收的机场建设费－代售其他航空运输企业客票而代收转付的价款	
提供客运场站服务	销售额＝取得的全部价款和价外费用－支付给承运方的运费	
提供旅游服务	销售额＝取得的全部价款和价外费用－支付给其他单位或者个人的住宿费、餐饮费、交通费、签证费、门票费和支付给其他接团旅游企业的旅游费用	选择差额计税的纳税人，向旅游服务购买方收取并支付的上述费用，不得开具增值税专用发票
提供建筑服务适用简易计税方法的	销售额＝取得的全部价款和价外费用－支付的分包款	
房地产开发企业中的一般纳税人销售其开发的房地产项目（选择简易计税方法的房地产老项目除外）	销售额＝取得的全部价款和价外费用－受让土地时向政府部门支付的土地价款	

8）纳税人兼营免税、减税项目的，应当分别核算免税、减税项目的销售额；未分别核算的，不得免税、减税。

1.6.1.2　销项税额的计算

销项税额是指纳税人发生应税销售行为时，按照销售额与规定税率计算并向购买方收取的增值税税额。纳税人因销货退回或折让而退还给购货方的增值税税额，应从发生销售退回或折让当期的销项税额中冲减。

1.6.1.3　准予从销项税额中抵扣的进项税额

进项税额，是指纳税人购进货物、劳务、服务、无形资产或者不动产，支付或者负担的增值税税额。

（1）从销售方取得的增值税专用发票（含税控机动车销售统一发票）上注明的增值税税额。

（2）从海关取得的海关进口增值税专用缴款书上注明的增值税税额。

（3）纳税人购进农产品，准予从销项税额中抵扣进项税额的方法如表 1－13 所示。

表 1－13　购进农产品准予抵扣进项税额的方法

抵扣凭证来源		可抵扣进项税额
取得一般纳税人开具的增值税专用发票或海关进口增值税专用缴款书		专用发票或专用缴款书上注明的增值税额
从按照简易计税方法依照 3% 征收率计算缴纳增值税的小规模纳税人取得增值税专用发票		进项税额＝专用发票上注明金额的 9%
取得（开具）的农产品销售发票或收购发票	购进用于生产或委托加工 13% 税率的货物	进项税额＝买价的 10%
	购进用于生产或委托加工 9% 税率的货物或者 6% 服务	进项税额＝买价的 9%

（4）纳税人购进国内旅客运输服务未取得增值税专用发票的，准予从销项税额中抵扣进项税额的方法如表 1－14 所示。

表 1－14　购进国内旅客运输服务未取得增值税专用发票准予抵扣进项税额的方法

抵扣凭证来源	可抵扣的进项税额
增值税电子普通发票	发票上注明的税额
取得注明旅客身份信息的航空运输电子客票行程单	航空旅客运输进项税额＝(票价＋燃油附加费)÷(1+9%)×9%
取得注明旅客身份信息的铁路车票	铁路旅客运输进项税额＝票面金额 ÷(1+9%)×9%
取得注明旅客身份信息的公路、水路等其他客票	公路、水路等其他旅客运输进项税额＝票面金额 ÷(1+3%)×3%

（5）从境外单位或者个人购进劳务、服务、无形资产或者境内的不动产，从税务机关或者扣缴义务人取得的代扣代缴税款的完税凭证上注明的增值税税额。

纳税人凭完税凭证抵扣进项税额的，应当具备书面合同、付款证明和境外单位的对账单或者发票。资料不全的，其进项税额不得从销项税额中抵扣。

（6）原增值税一般纳税人自用的应征消费税的摩托车、汽车、游艇，其进项税额准予从销项税额中抵扣。

1.6.1.4　生产、生活性服务业加计抵扣进项税额

自 2023 年 1 月 1 日至 2023 年 12 月 31 日，增值税加计抵减政策按照以下规定执行：

（1）允许生产性服务业纳税人按照当期可抵扣进项税额加计 5% 抵减应纳税额。生产性服务业纳税人，是指提供邮政服务、电信服务、现代服务、生活服务取得的销售额占全部销售额的比重超过 50% 的纳税人。

（2）允许生活性服务业纳税人按照当期可抵扣进项税额加计 10% 抵减应纳税额。生活性服务业纳税人，是指提供生活服务取得的销售额占全部销售额的比重超过 50% 的纳税人。

依据设立时间确认生产、生活性服务业纳税人的方法如表 1－15 所示。

表 1－15　确认生产、生活性服务业纳税人的方法

类型	确认方法
2019 年 3 月 31 日前设立的	自 2018 年 4 月至 2019 年 3 月期间的销售额（经营期不满 12 个月的，按照实际经营期的销售额）符合上述规定条件的，自 2019 年 4 月 1 日起适用
2019 年 4 月 1 日后设立的	自设立之日起 3 个月的销售额符合上述规定条件的，自登记为一般纳税人之日起适用

生产、生活性服务业加计抵扣进项税额的税务处理方法如表 1－16 所示。

表 1－16　加计抵扣进项税额的税务处理方法

<table>
<tr><th>类型</th><th colspan="2">税务处理方法</th></tr>
<tr><td rowspan="6">纳税人应按照当期可抵扣进项税额的 5%（或 10%）计提当期加计抵减额</td><td rowspan="2">不得抵扣的进项税额，不得计提加计抵减额；已计提加计抵减额的，又转出的进项税额，应在转出当期相应调减加计抵减额</td><td>当期计提加计抵减额＝当期可抵扣进项税额 ×10%（或 15%）</td></tr>
<tr><td>当期可抵减加计抵减额＝上期末加计抵减额余额＋当期计提加计抵减额－当期调减加计抵减额</td></tr>
<tr><td>抵减前的应纳税额 =0</td><td>当期可抵减加计抵减额全部结转下期抵减</td></tr>
<tr><td>抵减前的应纳税额 >0
且 > 当期可抵减加计抵减额的</td><td>当期可抵减加计抵减额全额从抵减前的应纳税额中抵减</td></tr>
<tr><td>抵减前的应纳税额 >0
且≤当期可抵减加计抵减额的</td><td>以当期可抵减加计抵减额抵减应纳税额至零。未抵减完的当期可抵减加计抵减额，结转下期继续抵减</td></tr>
<tr></tr>
<tr><td>纳税人出口货物劳务、发生跨境应税行为不适用加计抵减政策，其对应的进项税额不得计提加计抵减额</td><td>兼营出口货物劳务、发生跨境应税行为且无法划分的，不得计提加计抵减额的进项税额</td><td>不得计提加计抵减额的进项税额＝当期无法划分的全部进项税额 × 当期出口货物劳务和发生跨境应税行为的销售额 ÷ 当期全部销售额</td></tr>
</table>

1.6.1.5　增值税期末留抵税额退税

自 2019 年 4 月 1 日起，试行增值税期末留抵税额退税制度。增量留抵税额，是指与 2019 年 3 月底相比新增加的期末留抵税额。

（1）同时符合以下条件的纳税人，可以向主管税务机关申请退还增量留抵税额：

1）自 2019 年 4 月税款所属期起，连续 6 个月（按季纳税的，连续两个季度）增量留抵税额均大于零，且第 6 个月增量留抵税额不低于 50 万元；

2）纳税信用等级为 A 级或者 B 级；

3）申请退税前 36 个月未发生骗取留抵退税、出口退税或虚开增值税专用发票情形；

4）申请退税前36个月未因偷税被税务机关处罚两次及以上的；

5）自2019年4月1日起未享受即征即退、先征后返（退）政策的。

（2）纳税人当期允许退还的增量留抵税额，按照以下公式计算：

$$允许退还的增量留抵税额=增量留抵税额\times 进项税额构成比例\times 60\%$$

$$进项税额构成比例=\frac{当期专用发票}{注明的（进项）税额}\div\frac{当期抵扣的}{全部（进项）税额}\times 100\%$$

1.6.1.6 不得从销项税额中抵扣的进项税额

（1）用于简易计税方法计税项目、免征增值税项目、集体福利或者个人消费的购进货物、劳务、服务、无形资产和不动产。其中涉及的固定资产、无形资产、不动产，仅指专用于上述项目的固定资产、无形资产（不包括其他权益性无形资产）、不动产。

如果是既用于不允许抵扣项目又用于抵扣项目的，该进项税额准予全部抵扣。自2018年1月1日起，纳税人租入固定资产、不动产，既用于一般计税方法计税项目，又用于简易计税方法计税项目、免征增值税项目、集体福利或者个人消费的，其进项税额准予从销项税额中全额抵扣。

（2）非正常损失的购进货物，以及相关的劳务和交通运输服务。

非正常损失是指生产、经营过程中正常损耗外的损失，包括：自然灾害损失；因管理不善造成货物被盗窃、发生霉烂变质等损失；其他非正常损失。

（3）非正常损失的在产品、产成品所耗用的购进货物（不包括固定资产）、劳务和交通运输服务。

（4）非正常损失的不动产，以及该不动产所耗用的购进货物、设计服务和建筑服务。

（5）非正常损失的不动产在建工程所耗用的购进货物、设计服务和建筑服务。纳税人新建、改建、扩建、修缮、装饰不动产，均属于不动产在建工程。

（6）购进的贷款服务、餐饮服务、居民日常服务和娱乐服务。

（7）纳税人接受贷款服务向贷款方支付的与该笔贷款直接相关的投融资顾问费、手续费、咨询费等费用。

1.6.2 简易计税方法应纳税额的计算

小规模纳税人发生应税销售行为采用简易计税方法计税；一般纳税人发生财政部和国家税务总局规定的特定应税行为，可以选择适用简易计税方法计税。采用简易计税方法计税的纳税人，不得抵扣进项税额。其应纳税额的计算公式为：

$$应纳税额=销售额\times 征收率$$

采用简易计税方法计税的销售额不包括应纳税额，纳税人采用销售额和应纳税额合并定价方法的，按照下列公式计算销售额：

销售额 = 含税销售额 ÷（1+ 征收率）

纳税人适用简易计税方法计税的，因销售折让、中止或者退回而退还给购买方的销售额，应当从当期销售额中扣减。

扣减当期销售额后仍有余额造成多缴的税款，可以从以后的应纳税额中扣减。

一般纳税人发生财政部和国家税务总局规定的特定应税行为，可以选择适用简易计税方法计税，但一经选择，36 个月内不得变更。

1.6.3 进口货物应纳税额的计算

纳税人进口货物，无论是一般纳税人还是小规模纳税人，均应按照组成计税价格和规定的税率计算应纳税额，不允许抵扣发生在境外的任何税金。其计算公式为：

应纳税额 = 组成计税价格 × 税率

组成计税价格的构成分为两种情况：

（1）如果进口货物不征收消费税，则组成计税价格的计算公式为：

组成计税价格 = 关税完税价格 + 关税

（2）如果进口货物征收消费税，则组成计税价格的计算公式为：

组成计税价格 = 关税完税价格 + 关税 + 消费税

1.6.4 扣缴计税方法

境外单位或者个人在境内发生应税销售行为，在境内未设有经营机构的，扣缴义务人按照下列公式计算应扣缴税额：

应扣缴税额 = 购买方支付的价款 ÷（1+ 税率）× 税率

1.7 纳税地点

增值税纳税地点如表 1－17 所示。

表 1－17 增值税纳税地点

类别		纳税地点
固定业户	一般规定	应当向其机构所在地的主管税务机关申报纳税
	总分机构不在同一县（市）	（1）总机构和分支机构不在同一县（市）的，应当分别向各自所在地的主管税务机关申报纳税； （2）经批准，可以由总机构汇总向总机构所在地的主管税务机关申报纳税
	到外县（市）销售货物或者应税劳务	（1）应当向其机构所在地的主管税务机关报告外出经营事项，并向其机构所在地的主管税务机关申报纳税； （2）未报告的，应当向销售地或者劳务发生地的主管税务机关申报纳税； （3）未向销售地或者劳务发生地的主管税务机关申报纳税的，由其机构所在地的主管税务机关补征税款

续表

类别	纳税地点
非固定业户	应当向销售地或者劳务发生地的主管税务机关申报纳税；未向销售地或者劳务发生地的主管税务机关申报纳税的，由其机构所在地或者居住地的主管税务机关补征税款
进口货物	应当向报关地海关申报纳税
其他个人	提供建筑服务、销售或者租赁不动产、转让自然资源使用权，应向建筑劳务发生地、不动产所在地、自然资源所在地主管税务机关申报纳税
扣缴义务人	应向其机构所在地或者居住地的主管税务机关申报缴纳其扣缴的税款

1.8 纳税期限

增值税的纳税期限分别为1日、3日、5日、10日、15日、1个月或者1个季度。

纳税人的具体纳税期限，由税务机关根据纳税人应纳税额的大小分别核定；不能按照固定期限纳税的，可以按次纳税。以1个季度为纳税期限的规定适用于小规模纳税人、银行、财务公司、信托投资公司、信用社，以及财政部和国家税务总局规定的其他纳税人。

纳税人以1个月或者1个季度为1个纳税期的，自期满之日起15日内申报纳税；以1日、3日、5日、10日、15日为1个纳税期的，自期满之日起5日内预缴税款，于次月1日起15日内申报纳税并结清上月应纳税款。扣缴义务人解缴税款的期限，依照上述规定执行。

纳税人进口货物，应当自海关填发进口增值税专用缴款书之日起15日内缴纳税款。

1.9 会计核算

1.9.1 一般纳税人的会计核算

一般纳税人在“应交税费”下设置11个二级科目，分别为“应交增值税”“预交增值税”“未交增值税”“简易计税”“待认证进项税额”“待转销项税额”“代扣代缴增值税”“转让金融商品应交增值税”“增值税检查调整”“增值税留抵税额及待抵扣进项税额”。

1.9.1.1 会计科目及专栏设置

（1）一般纳税人应在“应交增值税”明细账内设置“进项税额”“销项税额抵减”“已交税金”“转出未交增值税”“减免税款”“出口抵减内销产品应纳税额”“销项税额”“出口退税”“进项税额转出”“转出多交增值税”等专栏。一般纳税人“应交增值税”明细账的具体内容表1-18所示。

表 1-18 “应交税费——应交增值税”明细账的具体内容

专栏借\贷	专栏名称	核算内容	备注
借方专栏	进项税额	记录一般纳税人购进货物、加工修理修配劳务、服务、无形资产或不动产而支付或负担的、准予从当期销项税额中抵扣的增值税额	（1）企业购入时支付的进项税额用蓝字登记； （2）退回所购货物应冲销的进项税额用红字登记
	销项税额抵减	记录一般纳税人按照现行增值税制度的规定因扣减销售额而减少的销项税额	只有按一般计税方法允许差额纳税时才使用该科目核算
	已交税金	记录一般纳税人当月已缴纳的应交增值税额	退回多缴的增值税用红字登记
	转出未交增值税	分别记录一般纳税人月度终了转出当月应交未交的增值税额	
	减免税款	记录一般纳税人按现行增值税制度的规定准予减免的增值税额	
	出口抵减内销产品应纳税额	记录实行“免、抵、退”办法的一般纳税人按规定计算的出口货物的进项税抵减内销产品的应纳税额	
贷方专栏	销项税额	记录一般纳税人销售货物、加工修理修配劳务、服务、无形资产或不动产应收取的增值税额	退回销售货物应冲销的销项税额用红字登记
	出口退税	记录一般纳税人出口货物、加工修理修配劳务、服务、无形资产按规定退回的增值税额	
	进项税额转出	记录一般纳税人购进货物、加工修理修配劳务、服务、无形资产或不动产等发生非正常损失以及其他原因而不应从销项税额中抵扣、按规定转出的进项税额	
	转出多交增值税	分别记录一般纳税人月度终了转出当月多缴的增值税额	（1）由于多预缴税款形成的“应交税费——应交增值税”的借方余额，期末转出； （2）由于进项税额大于销项税额形成的“应交税费——应交增值税”的借方余额，期末不处理

（2）“未交增值税”明细科目，核算一般纳税人月度终了从“应交增值税”或“预交增值税”明细科目转入当月应交未交、多交或预缴的增值税额，以及当月交纳以前期间未交的增值税额。

（3）“预交增值税”明细科目，核算一般纳税人转让不动产、提供不动产经营租赁服务、提供建筑服务、采用预收款方式销售自行开发的房地产项目等，以及其他按现行增值税制度规定应预缴的增值税额。

（4）“待抵扣进项税额”明细科目，核算一般纳税人已取得增值税扣税凭证并经税务机关认证，按照现行增值税制度规定准予以后期间从销项税额中抵扣的进项税额。

（5）“待认证进项税额”明细科目，核算一般纳税人由于未经税务机关认证而不得从当期销项税额中抵扣的进项税额。包括：一般纳税人已取得增值税扣税凭证、按照现行增值税制度规定准予从销项税额中抵扣，但尚未经税务机关认证的进项税额；一般纳税人已申请稽核但尚未取得稽核相符结果的海关缴款书进项税额。

（6）“待转销项税额”明细科目，核算一般纳税人销售货物、加工修理修配劳务、服务、无形资产或不动产，已确认相关收入（或利得）但尚未发生增值税纳税义务而需于以后期间确认为销项税额的增值税额。

（7）“增值税留抵税额”明细科目，核算兼有销售服务、无形资产或者不动产的原增值税一般纳税人，截止到纳入“营改增”试点之日前的增值税期末留抵税额按照现行增值税制度规定不得从销售服务、无形资产或不动产的销项税额中抵扣的增值税留抵税额。

（8）“简易计税”明细科目，核算一般纳税人采用简易计税方法发生的增值税计提、扣减、预缴、缴纳等业务。

（9）“转让金融商品应交增值税”明细科目，核算增值税纳税人转让金融商品发生的增值税额。

（10）“代扣代缴增值税”明细科目，核算纳税人购进在境内未设经营机构的境外单位或个人在境内的应税行为代扣代缴的增值税。

（11）“增值税检查调整”明细科目，主要用途是对在税务稽查当中涉及的“应交税费”等有关账户的金额进行调整。“增值税检查调整”明细科目的调整内容涉及借方、贷方、余额三个方面。“增值税检查调整”明细科目的贷方反映调增的销项税额、调减的进项税额、调增的进项税额转出等。“增值税检查调整”明细科目的借方反映增值税检查处理应调增的进项税额、调减的销项税额、调减的进项税额转出等。

“增值税检查调整”明细科目余额的处理：“应交税费——增值税检查调整”明细科目的借方余额视同扣抵进项税额，全部转入“应交增值税”科目；“应交税费——增值税检查调整”明细科目的贷方余额根据增值税检查所属期末的“应交税费——应交增值税”科目的余额情况进行调整。

1.9.1.2 账务处理

（1）采购业务的账务处理。

1）采购非农产品的账务处理。

①采购业务进项税额允许抵扣：

借：原材料 / 库存商品 / 无形资产 / 固定资产 / 管理费用等

　　应交税费——应交增值税（进项税额）

　贷：银行存款 / 应付账款 / 应付票据等

②采购业务待认证的进项税额：

尚未经税务机关认证的进项税额：

借：原材料 / 库存商品 / 无形资产 / 固定资产 / 管理费用等

　　应交税费——待认证进项税额（当月未认证可抵扣的进项税税额）

　贷：银行存款 / 应付账款 / 应付票据等

认证合格后：

借：应交税费——应交增值税（进项税额）

　贷：应交税费——待认证进项税额

③采购业务进项税额不允许抵扣。企业购入材料，不能取得增值税专用发票，增值税计入材料成本：

借：原材料 / 库存商品 / 无形资产 / 固定资产 / 管理费用等

　贷：银行存款 / 应付账款 / 应付票据等

2）采购农产品的账务处理。

①购进用于生产或委托加工 9% 税率的货物或者 6% 税率的服务：

借：原材料 / 库存商品等

　　应交税费——应交增值税（进项税额）(按收购凭证的 9% 计算进项税额）

　贷：银行存款 / 应付账款 / 应付票据等

②未来销售时销项税额税率为 13%：

借：原材料 / 库存商品等

　　应交税费——应交增值税（进项税额）(按收购凭证的 10% 计算进项税额）

　贷：银行存款 / 应付账款 / 应付票据等

3）货物等已验收入库但尚未取得增值税扣税凭证。

①月末，暂估入账：

借：原材料

　贷：银行存款 / 应付账款 / 应付票据等

②下月初红字冲回：

借：[原材料]

　贷：[银行存款] / [应付账款] / [应付票据] 等

注意：这里的方框代表红字。

③待取得相关增值税扣税凭证并经认证后：

借：原材料

　　应交税费——应交增值税（进项税额）

　贷：银行存款 / 应付账款 / 应付票据等

4）购买方为扣缴义务人的账务处理。境外单位或个人在境内发生应税行为，在境内未设有经营机构的，以购买方为增值税扣缴义务人。

①采购时：

借：原材料 / 库存商品 / 无形资产 / 固定资产 / 管理费用等

　　应交税费——应交增值税（进项税额）

　贷：银行存款 / 应付账款 / 应付票据等

　　　应交税费——代扣代缴增值税

②实际缴纳代扣代缴增值税时：

借：应交税费——代扣代缴增值税

　贷：银行存款

（2）销售业务的账务处理。

1）会计确认收入时点与增值税纳税义务发生时点一致：

借：银行存款 / 应收账款 / 应收票据等

　贷：主营业务收入 / 其他业务收入

　　应交税费——应交增值税（销项税额）(按计税价计算销项税额）

同时结转成本：

借：主营业务成本 / 其他业务成本

　贷：库存商品 / 原材料等（按账面成本结转）

2）会计确认收入时点先于增值税纳税义务发生时点：

第一步，会计上先确认收入，增值税待转：

借：银行存款 / 应收账款 / 应收票据等

　贷：主营业务收入 / 其他业务收入

　　应交税费——待转销项税额（按计税价计算销项税额）

同时结转成本：

借：主营业务成本 / 其他业务成本

　贷：库存商品 / 原材料等（按账面成本结转）

第二步，发生增值税纳税义务：

借：应交税费——待转销项税额

　贷：应交税费——应交增值税（销项税额）(按计税价计算销项税额）

3）增值税纳税义务发生时点先于会计确认收入：

第一步，发生增值税纳税义务：

借：银行存款

　贷：预收账款

　　应交税费——应交增值税（销项税额）

第二步，会计上确认收入：

借：预收账款

　贷：主营业务收入 / 其他业务收入

同时结转成本：

借：主营业务成本 / 其他业务成本

　贷：库存商品 / 原材料等（按账面成本结转）

（3）视同销售业务的账务处理。

1）将自产的、委托加工的物资和购买的物资用于分配股东的账务处理：

借：应付股利

　贷：主营业务收入 / 其他业务收入

　　应交税费——应交增值税（销项税额）(按计税价计算销项税额）

同时结转成本：

借：主营业务成本 / 其他业务成本

　贷：库存商品 / 原材料等（按账面成本结转）

2）将自产的、委托加工的物资和购买的物资用于对外投资的账务处理：
借：长期股权投资
　贷：主营业务收入 / 其他业务收入
　　　应交税费——应交增值税（销项税额）(按计税价计算销项税额）
同时结转成本：
借：主营业务成本 / 其他业务成本
　贷：库存商品 / 原材料等（按账面成本结转）
3）将自产的、委托加工的物资用于集体福利或个人消费的账务处理：
借：应付职工薪酬
　贷：主营业务收入 / 其他业务收入
　　　应交税费——应交增值税（销项税额）(按计税价计算销项税额）

不含税的销售额 = 含税的销售额 ÷（1 + 税率）

同时结转成本：
借：主营业务成本 / 其他业务成本
　贷：库存商品 / 原材料等（按账面成本结转）
4）将自产的、委托加工的物资和购买的物资用于捐赠的账务处理：
借：营业外支出
　贷：原材料 / 库存商品 / 无形资产 / 固定资产等（按账面成本结转）
　　　应交税费——应交增值税（销项税额）(按计税价计算销项税额）
5）自产的、委托加工的物资用于集体福利设施视同销售的账务处理：
借：在建工程
　贷：库存商品（按账面成本结转）
　　　应交税费——应交增值税（销项税额）(按计税价计算销项税额）

（4）进项税额不予抵扣的账务处理。已经确认进项税额，但事后用途发生改变，或发生非正常损失，企业应将进项税额转出。

1）将购买的物资或接受的劳务用于集体福利或个人消费的账务处理：
借：应付职工薪酬
　贷：库存商品 / 原材料等（按账面成本结转）
　　　应交税费——应交增值税（进项税额转出）
2）因企业管理不善造成存货盘亏的账务处理：
第一步，批准前（即盘亏时）：
借：待处理财产损溢
　贷：库存商品 / 原材料等（按账面成本结转）
　　　应交税费——应交增值税（进项税额转出）
第二步，批准后：
借：管理费用
　贷：待处理财产损溢

注意：自然灾害造成的存货盘亏不需要转出进项税额。

3）因被执法部门没收或销毁损失的账务处理：

第一步，批准前（即盘亏时）：

借：待处理财产损溢

　贷：库存商品 / 原材料等（按账面成本结转）

　　　应交税费——应交增值税（进项税额转出）

第二步，批准后：

借：营业外支出

　贷：待处理财产损溢

4）集体福利设施工程领用原材料的账务处理。集体福利设施工程领用原材料，进项税不予抵扣：

借：在建工程

　贷：原材料

　　　应交税费——应交增值税（进项税额转出）

（5）差额征税的账务处理。

1）金融商品转让的账务处理。对于金融商品转让业务，税法允许采用差额征税。

①金融商品实际转让月末如产生转让收益：

借：投资收益

　贷：应交税费——转让金融商品应交增值税

②金融商品实际转让产生转让损失，则按可结转下月抵扣税额，但不能跨年结转：

借：应交税费——转让金融商品应交增值税

　贷：投资收益

③缴纳增值税：

借：应交税费——转让金融商品应交增值税

　贷：银行存款

④年末，“应交税费——转让金融商品应交增值税”科目如有借方余额：

借：投资收益

　贷：应交税费——转让金融商品应交增值税

2）除金融商品转让业务外差额征税的账务处理。除金融商品转让业务外，税法允许差额征税的业务包括经纪代理服务和旅游服务。账务处理如下：

借：银行存款

　贷：主营业务收入

　　　应交税费——应交增值税（销项税额）

借：主营业务成本

　　应交税费——应交增值税（销项税额抵减）

　贷：银行存款 / 应付账款等

（6）转出应交未交增值税的账务处理：
借：应交税费——应交增值税（转出未交增值税）
　　贷：应交税费——未交增值税
（7）转出多交增值税的账务处理：
借：应交税费——未交增值税
　　贷：应交税费——应交增值税（转出多交增值税）
（8）缴纳当月增值税的账务处理：
借：应交税费——应交增值税（已交税金）
　　贷：银行存款
（9）缴纳以前期间增值税的账务处理：
借：应交税费——未交增值税
　　贷：银行存款
（10）预缴增值税的账务处理：
1）预缴增值税时：
借：应交税费——预交增值税
　　贷：银行存款
2）月末时：
借：应交税费——未交增值税
　　贷：应交税费——预交增值税（“预交增值税”明细科目余额）

（11）增值税税控系统专用设备和技术维护费用抵减增值税额的账务处理。增值税法规定，企业初次购买防伪税控系统和维护的费用可以全额抵扣增值税的应纳税额。

1）企业购入增值税税控系统专用设备：
借：固定资产（实际支付的金额）
　　贷：银行存款/应付账款
借：应交税费——应交增值税（减免税款）
　　贷：其他收益（或直接冲减管理费用）
2）企业发生增值税税控系统的技术维护费：
借：管理费用
　　贷：银行存款
借：应交税费——应交增值税（减免税款）
　　贷：其他收益（或直接冲减管理费用）
（12）减免增值税的账务处理。
1）当期直接减免的增值税：
借：应交税费——应交增值税（减免税款）
　　贷：其他收益
2）当期按规定即征即退的增值税：

借：银行存款等

　贷：其他收益

（13）加计抵减政策下的账务处理。生产、生活性服务业纳税人取得资产或接受劳务时，应当按照《增值税会计处理规定》的相关规定对增值税相关业务进行会计处理。

实际缴纳增值税时：

借：应交税费——未交增值税

　贷：银行存款

　　其他收益（按加计抵减的金额）

（14）增值税期末留抵退税的账务处理。增值税一般纳税人应当根据《增值税会计处理规定》的相关规定对增值税期末留抵退税业务进行账务处理，经税务机关核准的允许退还的增值税期末留抵税额以及缴回的已退还的留抵退税款项，应当通过“应交税费——增值税留抵税额”明细科目进行核算。

1）纳税人在税务机关准予留抵退税时：

借：应交税费——增值税留抵税额（按税务机关核准允许退还的留抵税额）

　贷：应交税费——应交增值税（进项税额转出）

2）纳税人在实际收到留抵退税款项时：

借：银行存款（按收到留抵退税款项的金额）

　贷：应交税费——增值税留抵税额

3）纳税人将已退还的留抵退税款项缴回并继续按规定抵扣进项税额时：

借：应交税费——应交增值税（进项税额）（按缴回留抵退税款项的金额）

　贷：应交税费——增值税留抵税额

同时：

借：应交税费——增值税留抵税额

　贷：银行存款

（15）用进项留抵税额抵减增值税欠税的账务处理。

1）增值税欠税税额大于期末留抵税额：

借：应交税费——应交增值税（进项税额）（按期末留抵税额红字）

　贷：应交税费——未交增值税（按期末留抵税额红字）

2）若增值税欠税税额小于期末留抵税额：

借：应交税费——应交增值税（进项税额）（按增值税欠税税额红字）

　贷：应交税费——未交增值税（按增值税欠税税额红字）

（16）简易计税的账务处理。

1）计提增值税的账务处理：

借：银行存款/应收账款等

　贷：主营业务收入

　　应交税费——简易计税

同时，确认成本：

借：主营业务成本

　贷：应付职工薪酬等

2）取得合规增值税扣税凭证且纳税义务发生时的账务处理：

借：应交税费——简易计税

　贷：主营业务成本

3）预缴增值税的账务处理：

借：应交税费——简易计税

　贷：银行存款

4）缴纳增值税的账务处理：

借：应交税费——简易计税

　贷：银行存款

1.9.2　小规模纳税人的会计核算

1.9.2.1　会计科目设置

小规模纳税人只需在“应交税费”科目下设置“应交增值税”“转让金融商品应交增值税”“代扣代缴增值税”明细科目。

1.9.2.2　账务处理

（1）采购业务的账务处理。小规模纳税人采购业务的进项税额不能抵扣。

1）境内采购业务的账务处理：

借：原材料 / 库存商品 / 无形资产 / 固定资产 / 管理费用等（包含支付的增值税额）

　贷：银行存款 / 应付账款 / 应付票据等

2）购买方为扣缴义务人的账务处理：

①采购时：

借：原材料 / 库存商品 / 无形资产 / 固定资产 / 管理费用等

　贷：银行存款 / 应付账款 / 应付票据等

　　应交税费——代扣代缴增值税

②实际缴纳代扣代缴增值税时：

借：应交税费——代扣代缴增值税

　贷：银行存款

（2）销售业务的账务处理：

借：银行存款

　贷：主营业务收入

　　应交税费——应交增值税（不含税的销售额 × 征收率）

不含税的销售额 = 含税的销售额 ÷（1 + 征收率）

（3）缴纳增值税的账务处理：

借：应交税费——应交增值税

　贷：银行存款

（4）减免增值税的账务处理：

借：应交税费——应交增值税

　贷：其他收益

即测即评

扫一扫 练一练

2 学习任务二

消费税会计核算

学习任务描述

根据1993年12月13日国务院令第135号发布实施、2008年11月5日国务院第34次常务会议修订通过、自2009年9月1日起施行的《中华人民共和国消费税暂行条例》，2008年12月15日财政部和国家税务总局发布的《中华人民共和国消费税暂行条例实施细则》和2006年10月30日财政部发布的《企业会计准则应用指南》中关于消费税的规定，进行消费税应纳税额的计算与会计核算。

教学目标

能力目标

1. 能正确判断消费税的征收范围；
2. 能进行消费税应纳税额的计算；
3. 能进行消费税的会计核算。

知识目标

1. 掌握消费税纳税人的定义；
2. 掌握消费税的征税范围及征税环节；
3. 掌握消费税的计税依据；
4. 掌握消费税的税率；
5. 掌握消费税应纳税额的计算；
6. 熟悉消费税的征收管理；
7. 掌握消费税的会计核算。

素养目标

培养学生爱护环境、节能环保意识。

思政园地

2022年11月1日起我国将对电子烟征收消费税

党的二十大与税收

2022年10月2日，财政部、海关总署、国家税务总局联合发布《关于对电子烟征收消费税的公告》，将电子烟纳入消费税征收范围，生产（进口）环节的税率为36%，批发环节的税率为11%，自2022年11月1日起执行。

近年来，青少年吸电子烟现象增多，而这背后是电子烟产业无序发展，导致越来越多的未成年人吸烟，影响身体健康。为了规范行业发展，除强化监管、加强吸电子烟危害健康的宣传教育外，还需要利用税收手段加以调控，消费税承担起了这一职责。

消费税是国家引导生产和消费、促进节能环保、调节收入分配的重要税收工具，我国消费税改革的基本思路是“调整消费税征收范围、环节、税率，把高耗能、高污染、有害健康的产品及部分高档消费品纳入征收范围”，对电子烟征收消费税，目的是借助税收这一经济杠杆，适当提高电子烟价格，使吸烟者减少电子烟消费，引导健康消费，完善消费税制度，维护税制公平统一，更好地发挥消费税引导健康消费的作用。

任务书

1. 请分析判断消费税的纳税人、计税依据、税率，计算消费税应纳税额。
2. 请进行消费税的会计核算。

任务分组

请登录 http://cssx.rdlearning.cn 下载学生任务分配表，进行任务分组。

准备工作

微课视频扫一扫

1. 阅读任务书。
2. 收集《中华人民共和国消费税暂行条例》和《中华人民共和国消费税暂行条例实施细则》中的有关知识点，观看微课视频。
3. 结合任务书分析消费税会计核算的难点和常见问题。

思维导图

- 消费税会计核算
  - 纳税人
    - 生产者
    - 委托加工者
    - 进口者
  - 征税范围
    - 烟
    - 酒
    - 高档化妆品
    - 贵重首饰及珠宝玉石
    - 鞭炮、焰火
    - 成品油
    - 摩托车
    - 小汽车
    - 高尔夫球及球具
    - 高档手表
    - 游艇
    - 木制一次性筷子
    - 实木地板
    - 涂料
    - 电池
  - 纳税环节
    - 生产、委托加工、进口：一般应税消费品
    - 批发：卷烟
    - 零售：金银首饰、超豪华小汽车
  - 纳税义务发生时间
    - 销售：因结算方式不同而不同
    - 自产自用：移送使用的当天
    - 委托加工：提货的当天
    - 进口：报关进口的当天
  - 税率
    - 比例税率：除卷烟、白酒、啤酒、黄酒、成品油之外的应税消费品
    - 定额税率：啤酒、黄酒、成品油
    - 复合税率：卷烟、白酒
  - 计税依据
    - 销售额：不含增值税的价款及价外费用
    - 销售数量：销售、移送、收回、进口的数量
    - 特殊情形：税务机关核定、最高价格、组成计税价格
  - 应纳税额的计算
    - 从价计税：销售额×比例税率
    - 从量计税：销售数量×定额税率
    - 复合计税：销售额×比例税率+销售数量×定额税率
    - 已纳消费税的扣除：外购和委托加工环节已纳的消费税
  - 纳税地点
    - 销售及自产自用：纳税人机构所在地或居住地
    - 委托加工：受托方所在地
    - 进口：报关地海关
  - 会计核算
    - 计提
      - 借：税金及附加
      - 贷：应交税费——应交消费税
    - 上缴
      - 借：应交税费——应交消费税
      - 贷：银行存款

任务实施

一般纳税人工作任务：消费税会计核算

情境导航：

根据一般纳税人综合案例 B 中的“二、2023 年 1—11 月相关涉税信息”和“三、2023 年 12 月具体业务情况”，筛选出与消费税相关的情境。

（1）辨析纳税人。

引导问题 1：根据 **2.1**，阳光公司是否是消费税的纳税人？ □是 □否

（2）识别征税范围。

引导问题 2：根据 **2.2**，阳光公司批发销售卷烟是否属于消费税的征税范围？

□是 □否

（3）确定纳税义务发生时间。

引导问题 3：根据 **2.3**，阳光公司消费税的纳税义务发生时间为__________。

（4）确定税率。

引导问题 4：根据 **2.4**，阳光公司批发销售卷烟适用的消费税税率是__________。

小提示：

1 标准箱卷烟 =250 标准条；1 标准条 =200 支；1 标准箱 =50 000 支。

（5）确定计税依据。

引导问题 5：根据 **2.5**，阳光公司 12 月消费税的计税依据是______。

（6）计算应纳税额。

引导问题 6：根据 **2.6.1**，阳光公司 12 月应缴纳的消费税是____________。

（7）确定纳税地点。

引导问题 7：根据 **2.7**，阳光公司消费税的纳税地点是________。

（8）会计处理。

引导问题 8：根据 **2.8**，请完成阳光公司 12 月消费税的会计处理。

任务评价

请登录 http://cssx.rdlearning.cn 下载评价表，进行任务评价。

任务总结

通过完成上述任务，你学到了哪些知识或技能？

学习任务的相关知识点

消费税，是对在中华人民共和国境内生产、委托加工和进口应税消费品的单位和个人，按其销售额、销售数量或组成计税价格征收的一种税。

2.1 纳税人

在中华人民共和国境内生产、委托加工和进口《消费税暂行条例》规定的应税消费品的单位和个人，以及国务院确定的销售《消费税暂行条例》规定的应税消费品的其他单位和个人，为消费税的纳税人。

2.2 征税范围及征税环节

2.2.1 消费税的征税范围及征税环节

根据《消费税暂行条例》及其实施细则的规定，消费税的征税范围及征税环节如下：

（1）生产应税消费品。纳税人生产的应税消费品，于纳税人销售时纳税。

（2）自产自用应税消费品。纳税人自产自用的应税消费品，用于连续生产应税消费品的，不纳税；用于其他方面的，于移送使用时纳税。

用于连续生产应税消费品，是指纳税人将自产自用的应税消费品作为直接材料生产最终应税消费品，自产自用应税消费品构成最终消费品的实体。

用于其他方面，是指纳税人将自产自用的应税消费品用于生产非应税消费品、在建工程、管理部门、非生产机构、提供劳务、馈赠、赞助、集资、广告、样品、职工福利、奖励等方面。

（3）委托加工应税消费品。委托加工的应税消费品，是指由委托方提供原材料和主要材料，受托方只收取加工费和代垫部分辅料加工的应税消费品。对于由受托方提供原材料生产的应税消费品，或者受托方先将原材料卖给委托方，然后再接受加工的应税消费品，以及由受托方以委托方名义购进原材料生产的应税消费品，不论在财务上是否作为销售处理，都不得作为委托加工应税消费品，而应当按照销售自制应税消费品缴纳消费税。

委托加工的应税消费品，除受托方为个人外，由受托方在向委托方交货时代收代缴消费税，委托个人加工的应税消费品，由委托方收回后缴纳消费税。

（4）进口应税消费品。单位和个人进口应税消费品，于报关进口时缴纳消费税。

（5）批发应税消费品。自 2009 年 5 月 1 日起，卷烟在生产（进口）环节之外，在批发环节加征一道消费税。

（6）零售应税消费品。

1）商业零售金银首饰。金银首饰于零售环节征收消费税，在零售环节征收消费税的金银首饰包括金基、银基合金首饰以及金、银和金基、银基合金的镶嵌首饰，钻石及钻石饰品，铂金首饰。

2）零售超豪华小汽车。自 2016 年 12 月 1 日起，对超豪华小汽车，在生产（进口）环节征收消费税的基础上，在零售环节加征一道消费税。

2.2.2 消费税税目

根据《消费税暂行条例》的规定，消费税的税目共有 15 个，具体内容如下：

（1）烟。凡是以烟叶为原料加工生产的产品，不论使用何种辅料，均属于本税目的征收范围。具体包括 4 个子目，分别是：

1）卷烟。卷烟包括甲类卷烟和乙类卷烟。

①甲类卷烟。甲类卷烟是指每标准条（200 支）调拨价格在 70 元（不含增值税）以上（含 70 元）的卷烟。

②乙类卷烟。乙类卷烟是指每标准条（200 支）调拨价格 70 元（不含增值税）以下的卷烟。

2）雪茄烟。雪茄烟的征收范围包括各种规格、型号的雪茄烟。

3）烟丝。烟丝的征收范围包括以烟叶为原料加工生产的不经卷制的散装烟。

4）电子烟。电子烟产品，包括烟弹、烟具以及烟弹与烟具组合销售的电子烟产品。

（2）酒。酒是指酒精度在 1 度以上的各种酒类饮料，包括白酒、黄酒、啤酒和其他酒。

1）白酒。白酒包括粮食白酒和薯类白酒。

①粮食白酒。粮食白酒是指以高粱、玉米、大米、糯米、大麦、小麦、青稞等各种粮食为原料，经过糖化、发酵后，采用蒸馏方法酿制的白酒。

②薯类白酒。薯类白酒是指以红薯（红薯、地瓜）、木薯、马铃薯、芋头、山药等各种干鲜薯类为原料，经过糖化、发酵后，采用蒸馏方法酿制的白酒。用甜菜酿制的白酒，比照薯类白酒征税。

2）黄酒。黄酒，是指以糯米、粳米、籼米、大米、黄米、玉米、小麦、薯类等为原料，经加温、糖化、发酵、压榨酿制的酒。包括各种原料酿制的黄酒和酒度超过 12 度（含 12 度）的土甜酒。

3）啤酒。啤酒，分为甲类啤酒和乙类啤酒，是指以大麦或者其他粮食为原料，加入啤酒花，经糖化、发酵、过滤酿制的含有二氧化碳的酒。对饮食业、商业、娱乐业举办的啤酒屋（啤酒坊）利用啤酒生产设备生产的啤酒，应当征收消费税。

4）其他酒。其他酒，是指除粮食白酒、薯类白酒、黄酒、啤酒以外的各种酒，包括麸类白酒、其他原料白酒、土甜酒、复制酒、果木酒、汽酒、药酒、葡萄酒等。

对以黄酒为酒基生产的配制或泡制酒，按其他酒征收消费税。调味料酒不征收消费税。

（3）高档化妆品。本税目包括高档美容、修饰类化妆品、高档护肤类化妆品和成套化妆品。

高档美容、修饰类化妆品和高档护肤类化妆品是指生产（进口）环节销售（完税）价格（不含增值税）在 10 元 / 毫升（克）或 15 元 / 片（张）及以上的美容、修饰类化妆品和护肤类化妆品。美容、修饰类化妆品是指香水、香水精、香粉、口红、指甲油、胭脂、眉笔、唇笔、蓝眼油、假睫毛以及成套化妆品。舞台、戏剧、影视演员化妆用的上妆油、卸妆油、油彩，不属于本税目的征收范围。

（4）贵重首饰及珠宝玉石。本税目的征税范围包括金银珠宝首饰和经采掘、打磨、加工的各种珠宝玉石。

1）金银首饰、铂金首饰、钻石及钻石饰品。金银首饰、铂金首饰、钻石及钻石饰品，包括以金、银、白金、宝石、珍珠、钻石、翡翠、珊瑚、玛瑙等高贵稀有物质以及其他金属、人造宝石等制作的各种纯金银首饰及镶嵌首饰（含人造金银、合成金银首饰）等。

2）其他贵重首饰和珠宝玉石。其他贵重首饰和珠宝玉石，包括钻石、珍珠、松石、青金石、欧泊石、橄榄石、长石、玉、石英、玉髓、石榴石、锆石、尖晶石、黄玉、碧玺、金禄玉、绿柱石、刚玉、琥珀、煤玉、龟甲、合成刚玉、双合石以及玻璃仿制品等。

宝石坯是经采掘、打磨、初级加工的珠宝玉石半成品，对宝石坯应按规定征收消费税。

（5）鞭炮、焰火。本税目征收范围包括各种鞭炮、焰火。具体包括喷花类、旋转类、旋转升空类、火箭类、吐珠类、线香类、小礼花类、烟雾类、造型玩具类、爆竹类、摩擦炮类、组合烟花类、礼花弹类。

体育上用的发令纸、鞭炮药引线，不按本税目征收。

（6）成品油。本税目包括汽油、柴油、石脑油、溶剂油、航空煤油、润滑油、燃料油 7 个子目。航空煤油暂缓征收。

1）汽油。汽油是指用原油或其他原料加工生产的辛烷值不小于 66 的可用作汽油发动机燃料的各种轻质油。

以汽油、汽油组分调和生产的甲醇汽油、乙醇汽油也属于本税目征收范围。

2）柴油。柴油是指用原油或其他原料加工生产的倾点或凝点在 −50℃～30℃的可用作柴油发动机燃料的各种轻质油和以柴油组分为主，经调和精制可用作柴油发动机燃料的非标油。

以柴油、柴油组分调和生产的生物柴油也属于本税目征收范围。

3）石脑油。石脑油又叫化工轻油，是以原油或其他原料加工生产的用于化工原料的轻质油。石脑油的征收范围包括除汽油、柴油、航空煤油、溶剂油以外的各种轻质油。

4）溶剂油。溶剂油是用原油或其他原料加工生产的用于涂料、油漆生产、食用油加工、印刷油墨、皮革、农药、橡胶、化妆品生产和机械清洗、胶粘行业的轻质油。

橡胶填充油、溶剂油原料，属于溶剂油征收范围。

5）航空煤油。航空煤油也叫喷气燃料，是用原油或其他原料加工生产的用作喷气发动机和喷气推进系统燃料的各种轻质油。航空煤油的消费税暂缓征收。

6）润滑油。润滑油是用原油或其他原料加工生产的用于内燃机、机械加工过程的润滑产品。润滑油分为矿物性润滑油、植物性润滑油、动物性润滑油和化工原料合成润滑油。

润滑油征收范围包括矿物性润滑油、矿物性润滑油基础油、植物性润滑油、动物性润滑油和化工原料合成润滑油。

7）燃料油。燃料油也称重油、渣油，燃料油征收范围包括用于电厂发电、船舶锅炉燃料、加热炉燃料、冶金和其他工业炉燃料的各种燃料油。

自 2012 年 11 月 1 日起，催化料、焦化料属于燃料油的征税范围，应当征收消费税。

（7）摩托车。本税目征税范围包括气缸容量为 250 毫升的摩托车和气缸容量在 250 毫升（不含）以上的摩托车两种。对最大设计车速不超过 50 千米 / 小时，发动机气缸总工作容量不超过 50 毫升的三轮摩托车不征收消费税。

（8）小汽车。小汽车是指由动力驱动，具有 4 个或 4 个以上车轮的非轨道承载的车辆。本税目征收范围包括乘用车、中轻型商用客车和超豪华小汽车 3 个子目。

1）乘用车。乘用车，是在设计和技术特性上用于载运乘客和货物的各类乘用车。包括含驾驶员座位在内最多不超过 9 个座位（含）的乘用车。

用排气量小于 1.5 升（含）的乘用车底盘（车架）改装、改制的车辆属于乘用车征收范围。

2）中轻型商用客车。中轻型商用客车，是在设计和技术特性上用于载运乘客和货物的各类中轻型商用客车。包括含驾驶员座位在内的座位数在 10 ～ 23 座（含 23 座）的商用客车。

用排气量大于 1.5 升（含）的乘用车底盘（车架）或用中轻型商用客车底盘（车架）改装、改制的车辆属于中轻型商用客车征收范围。

含驾驶员人数（核定载客）为区间值的（如 8 ～ 10 人，17 ～ 26 人）小汽车，按其区间值下限人数确定征收范围。

3）超豪华小汽车。超豪华小汽车是指每辆零售价格 130 万元（不含增值税）及以上的乘用车和中轻型商用客车，即乘用车和中轻型商用客车子税目中的超豪华小汽车。

电动汽车不属于本税目征收范围。

车身长度大于 7 米（含），并且座位在 10 ～ 23 座（含）以下的商用客车，不属于中轻型商用客车征税范围，不征收消费税。

沙滩车、雪地车、卡丁车、高尔夫车不属于消费税征收范围，不征收消费税。

对于企业购进货车或厢式货车改装生产的商务车、卫星通信车等专用汽车不属于消费税征税范围，不征收消费税。

（9）高尔夫球及球具。本税目征收范围包括高尔夫球、高尔夫球杆、高尔夫球包（袋）、高尔夫球杆的杆头、杆身和握把。

（10）高档手表。高档手表是指销售价格（不含增值税）每只在 10 000 元（含）以上的各类手表。本税目征收范围包括符合以上标准的各类手表。

（11）游艇。游艇是指长度大于 8 米小于 90 米，船体由玻璃钢、钢、铝合金、塑料等多种材料制作，可以在水上移动的水上浮载体。按照动力划分，游艇分为无动力艇、帆艇和机动艇。本税目征收范围包括艇身长度大于 8 米（含）小于 90 米（含），内置发动机，可以在水上移动，一般为私人或团体购置，主要用于水上运动和休闲娱乐等非谋利活动的各类机动艇。

（12）木制一次性筷子。木制一次性筷子又称卫生筷子，是指以木材为原料经过锯段、浸泡、旋切、刨切、烘干、筛选、打磨、倒角、包装等环节加工而成的各类供一次性使用的筷子。

本税目征收范围包括各种规格的木制一次性筷子和未经打磨、倒角的木制一次性筷子。

（13）实木地板。实木地板是指以木材为原料，经锯割、干燥、刨光、截断、开榫、涂漆等工序加工而成的块状或条状的地面装饰材料。实木地板按生产工艺不同，可分为独板（块）实木地板、实木指接地板、实木复合地板三类；按表面处理状态不同，可分为未涂饰地板（白坯板、素板）和漆饰地板两类。本税目征收范围包括各类规格的实木地板、实木指接地板、实木复合地板和用于装饰墙壁、天棚的侧端面为榫、槽的实木装饰板以及未经涂饰的素板。

（14）电池。电池，是一种将化学能、光能等直接转换为电能的装置，一般由电极、电解质、容器、极端，通常还有隔离层组成的基本功能单元，以及用一个或多个基本功能单元装配成的电池组。本税目征收范围包括原电池、蓄电池、燃料电池、太阳能电池和其他电池。

自 2015 年 2 月 1 日起对电池（铅蓄电池除外）征收消费税；对无汞原电池、金属氢化物镍蓄电池（又称氢镍蓄电池或镍氢蓄电池）、锂原电池、锂离子蓄电池、太阳能电池、燃料电池、全钒液流电池免征消费税。自 2016 年 1 月 1 日起，对铅蓄电池按 4% 的税率征收消费税。

（15）涂料。涂料是涂于物体表面能形成具有保护、装饰或特殊性能的固态涂膜的一类液体或固体材料的总称。对施工状态下挥发性有机物含量低于 420 克 / 升（含）的涂料免征消费税。

2.3 纳税义务发生时间

（1）纳税人销售应税消费品，按不同的销售结算方式确定，分别是：

1）纳税人采取赊销和分期收款结算方式的，为书面合同约定的收款日期的当天，书面合同没有约定收款日期或者无书面合同的，为发出应税消费品的当天。

2）纳税人采取预收货款结算方式的，为发出应税消费品的当天。

3）纳税人采取托收承付和委托银行收款方式销售的应税消费品，为发出应税消费品并办妥托收手续的当天。

4）纳税人采取其他结算方式的，为收讫销售款或者取得索取销售款凭据的当天。

（2）纳税人自产自用的应税消费品，其纳税义务的发生时间为移送使用的当天。

（3）纳税人委托加工的应税消费品，其纳税义务的发生时间为纳税人提货的当天。

（4）纳税人进口的应税消费品，其纳税义务的发生时间为报关进口的当天。

2.4 税率

消费税的税率分为比例税率和定额税率，另外，对卷烟和白酒实行复合计征，具体规定如表 2－1 所示。

表 2－1　消费税税目税率表

应税消费品名称	比例税率	定额税率
一、烟		
1. 卷烟		
（1）工业		
①甲类卷烟［调拨价 70 元（不含增值税）/ 条以上（含 70 元）］	56%	30 元 / 万支
②乙类卷烟［调拨价 70 元（不含增值税）/ 条以下］	36%	30 元 / 万支
（2）商业批发	11%	50 元 / 万支
2. 雪茄烟	36%	—
3. 烟丝	30%	—
4. 电子烟		
（1）工业	36%	—
（2）商业批发	11%	—
二、酒		
1. 白酒	20%	0.5 元 /500 克（毫升）
2. 黄酒	—	240 元 / 吨
3. 啤酒		
（1）甲类啤酒［出厂价格 3 000 元（不含增值税）/ 吨以上（含 3 000 元）］	—	250 元 / 吨
（2）乙类啤酒［出厂价格 3 000 元（不含增值税）/ 吨以下］	—	220 元 / 吨
4. 其他酒	10%	—
三、高档化妆品	15%	—
四、贵重首饰及珠宝玉石		
1. 金银首饰、铂金首饰、钻石及钻石饰品	5%（零售环节）	—

续表

应税消费品名称	比例税率	定额税率
2. 其他贵重首饰和珠宝玉石	10%	—
五、鞭炮、焰火	15%	—
六、成品油		
1. 汽油	—	1.52 元 / 升
2. 柴油	—	1.20 元 / 升
3. 航空煤油	—	1.20 元 / 升 （暂缓征收）
4. 石脑油	—	1.52 元 / 升
5. 溶剂油	—	1.52 元 / 升
6. 润滑油	—	1.52 元 / 升
7. 燃料油	—	1.20 元 / 升
七、摩托车		
1. 气缸容量（排气量，下同）=250 毫升	3%	—
2. 气缸容量 >250 毫升	10%	—
八、小汽车		
1. 乘用车		
（1）气缸容量（排气量，下同）≤ 1.0 升	1%	—
（2）1.0 升 < 气缸容量≤ 1.5 升	3%	—
（3）1.5 升 < 气缸容量≤ 2.0 升	5%	—
（4）2.0 升 < 气缸容量≤ 2.5 升	9%	—
（5）2.5 升 < 气缸容量≤ 3.0 升	12%	—
（6）3.0 升 < 气缸容量≤ 4.0 升	25%	—
（7）气缸容量 >4.0 升	40%	—
2. 中轻型商用客车	5%	—
3. 超豪华小汽车［每辆零售价格 130 万元（不含增值税）及以上的乘用车和中轻型商用客车］	10%	—
九、高尔夫球及球具	10%	—
十、高档手表	20%	—
十一、游艇	10%	—
十二、木制一次性筷子	5%	—
十三、实木地板	5%	—
十四、涂料	4%	—
十五、电池	4%	—

纳税人兼营不同税率的应税消费品的，应当分别核算不同税率应税消费品的销售额、销售数量。纳税人未分别核算销售额、销售数量或者将不同税率的应税消费品组成成套消费品销售的，从高适用税率。

2.5 计税依据

消费税的计税依据为纳税人销售应税消费品的销售额或者销售数量。

2.5.1 从价计征销售额的确定

销售额，是指纳税人销售应税消费品向购买方收取的全部价款和价外费用，但不包括向购买方收取的增值税。价外费用，是指向购买方收取的手续费、补贴、基金、集资费、返还利润、奖励费、违约金、滞纳金、延期付款利息、赔偿金、代收款项、代垫款项、包装费、包装物租金、储备费、优质费、运输装卸费以及其他各种性质的价外费用。但下列项目不包括在销售额内：

（1）同时符合以下条件的代垫运输费用：承运部门的运输费用发票开具给购买方的；纳税人将该项发票转交给购买方的。

（2）同时符合以下条件代为收取的政府性基金或者行政事业性收费：由国务院或者财政部批准设立的政府性基金，由国务院或者省级人民政府及其财政、价格主管部门批准设立的行政事业性收费；收取时开具省级以上财政部门印制的财政票据；所收款项全额上缴财政。

白酒生产企业向商业销售单位收取的品牌使用费是随着应税白酒的销售而向购货方收取的，不论企业采取何种方式或者以何种名义收取，均应并入白酒的销售额中缴纳消费税。

实行从价计征办法征收消费税的应税消费品连同包装销售的，无论包装物是否单独计价以及会计上如何核算，均应并入应税消费品的销售额中缴纳消费税。

如果包装物不作价随同产品销售，而是收取押金，此项押金则不应并入应税消费品的销售额中征税，但对因逾期未收回的包装物不再退还的或者已收取的时间超过 12 个月的押金，应并入应税消费品的销售额，缴纳消费税。

对酒类生产企业销售酒类产品而收取的包装物押金，无论押金是否返还及会计上如何核算，均应并入酒类产品销售额，征收消费税。

2.5.2 从量计征销售数量的确定

销售数量，是指纳税人生产、加工和进口应税消费品的数量，具体规定为：

（1）纳税人生产销售应税消费品的，为应税消费品的销售数量。

（2）纳税人自产自用应税消费品的，为移送使用数量。

（3）纳税人委托加工应税消费品的，为纳税人收回的应税消费品数量。

（4）纳税人进口应税消费品的，为海关核定的应税消费品进口数量。

为了规范不同产品的计量单位，以准确计算应纳税额，《消费税暂行条例实施细则》规定了吨与升两个计量单位的换算标准，如表 2－2 所示。

表 2-2　计量单位换算表

1	黄酒	1 吨 =962 升
2	啤酒	1 吨 =988 升
3	汽车	1 吨 =1 388 升
4	柴油	1 吨 =1 176 升
5	航空煤油	1 吨 =1 246 升
6	石脑油	1 吨 =1 385 升
7	溶剂油	1 吨 =1 282 升
8	润滑油	1 吨 =1 126 升
9	燃料油	1 吨 =1 015 升

2.5.3　特殊情形下销售额和销售数量的确定

（1）纳税人销售应税消费品的计税价格明显偏低又无正当理由的，由税务机关核定计税价格。其中卷烟、白酒和小汽车的销售额由国家税务总局核定，并报财政部备案。其他消费品的销售额由省、自治区和直辖市税务局核定。进口的应税消费品的计税价格由海关核定。

（2）纳税人通过自设非独立核算门市部销售的自产应税消费品，应按照门市部对外销售额或销售数量征收消费税。

（3）纳税人用于换取生产资料和消费资料、投资入股和抵偿债务等方面的应税消费品，应以纳税人同类应税消费品的最高销售价格作为计税依据计算消费税。

（4）纳税人采用以旧换新（含翻新改制）方式销售的金银首饰，应将实际收取的不含增值税的全部价款作为计税依据计算消费税。

2.6 应纳税额的计算

2.6.1　生产销售应税消费品应纳税额的计算

（1）实行从价定率计征消费税的，其计算公式为：

应纳税额 = 销售额 × 比例税率

（2）实行从量定额计征消费税的，其计算公式为：

应纳税额 = 销售数量 × 定额税率

（3）实行从价定率和从量定额复合方法计征消费税的，其计算公式为：

应纳税额 = 销售额 × 比例税率 + 销售数量 × 定额税率

2.6.2　自产自用应税消费品应纳消费税的计算

纳税人自产自用的应税消费品，用于连续生产应税消费品的，不纳税；凡用于其他方面的，于移送使用时纳税。

用于其他方面是指纳税人用于生产非应税消费品、在建工程、管理部门、非生产机构、提供劳务，以及用于馈赠、赞助、集资、广告、样品、职工福利、奖励等方面。

纳税人自产自用的应税消费品，凡用于其他方面的，应当缴纳消费税。按照纳税人生产的同类消费品的销售价格计算纳税，无同类消费品销售价格的，按照组成计税价格计算纳税。

（1）实行从价定率办法计征消费税的，其计算公式为：

应纳税额＝组成计税价格 × 比例税率

组成计税价格＝(成本＋利润)÷(1－比例税率)

（2）实行复合计税办法计征消费税的，其计算公式为：

应纳税额＝组成计税价格 × 比例税率＋自产自用数量 × 定额税率

组成计税价格＝(成本＋利润＋自产自用数量 × 定额税率)÷(1－比例税率)

组成计税价格公式中的“成本”为纳税人的生产成本，“利润”是根据应税消费品的全国平均成本利润率计算的利润。全国平均成本利润率由国家税务总局确定，如表 2－3 所示。

表 2－3　平均成本利润率

消费品	成本利润率	消费品	成本利润率
甲类卷烟	10%	贵重首饰及珠宝玉石	6%
乙类卷烟	5%	摩托车	6%
雪茄烟	5%	高尔夫球及球具	10%
烟丝	5%	高档手表	20%
电子烟	10%	游艇	10%
粮食白酒	10%	木制一次性筷子	5%
薯类白酒	5%	实木地板	5%
其他酒	5%	乘用车	8%
高档化妆品	5%	中轻型商用客车	5%
鞭炮、焰火	5%	涂料	7%
电池	4%		

2.6.3　委托加工应税消费税的计算

委托加工应税消费品是指由委托方提供原料和主要材料，受托方收取加工费、代垫辅助材料进行应税消费品加工，加工好的应税消费品由委托方收回。

委托加工的应税消费品，由受托方在向委托方交货时代收代缴消费税。按照受托方同类消费品的销售价格计算纳税；受托方没有同类消费品销售价格的，按照组成计税价格计算纳税。组成计税价格的计算公式为：

（1）实行从价定率办法计征消费税的：

$$组成计税价格=(材料成本+加工费)\div(1-比例税率)$$

（2）实行复合计税办法计征消费税的：

$$组成计税价格=(材料成本+加工费+委托加工数量\times定额税率)\div(1-比例税率)$$

其中：材料成本是指委托方提供的材料成本；加工费是指受托方加工应税消费品向委托方收取的全部费用，包括代垫辅助材料的实际成本，不包括增值税税款。

2.6.4 进口应税消费品应纳税额计算

进口的应税消费品，按照组成计税价格和规定税率计算应纳税额，于报关进口时由海关代征消费税。

（1）从价定率计征应纳税额的计算：

$$组成计税价格=(关税完税价格+关税)\div(1-消费税比例税率)$$

$$应纳税额=组成计税价格\times消费税比例税率$$

（2）从量定额计征应纳税额的计算：

$$应纳税额=应税消费品数量\times消费税定额税率$$

（3）复合计征应纳税额的计算：

$$组成计税价格=\left(关税完税价格+关税+应税消费品进口数量\times消费税定额税率\right)\div\left(1-消费税比例税率\right)$$

$$应纳税额=组成计税价格\times消费税比例税率+应税消费品数量\times消费税定额税率$$

2.6.5 已纳消费税的扣除

为了避免重复征税，将外购和委托加工收回应税消费品，连续生产应税消费品销售的，在计征消费税时，可以将外购应税消费品和委托加工收回应税消费品缴纳的消费税予以扣除。

批发企业在计算应纳税额时不得扣除已含的生产环节的消费税税款。

（1）准予抵扣的情形。

1）外购（或者委托加工收回的）已税烟丝生产的卷烟；

2）外购（或者委托加工收回的）已税高档化妆品为原料生产的高档化妆品；

3）外购（或者委托加工收回的）已税珠宝、玉石为原料生产的贵重首饰及珠宝、玉石；

4）外购（或者委托加工收回的）已税鞭炮、焰火为原料生产的鞭炮、焰火；

5）外购（或者委托加工收回的）已税杆头、杆身和握把为原料生产的高尔夫球杆；

6）外购（或者委托加工收回的）已税木制一次性筷子为原料生产的木制一次性筷子；

7）外购（或者委托加工收回的）已税实木地板为原料生产的实木地板；

8）外购（或者委托加工收回的）已税石脑油、润滑油、燃料油为原料生产的成品油；

9）外购（或者委托加工收回的）已税汽油、柴油为原料生产的汽油、柴油。

（2）准予抵扣税额的计算。当期准予扣除的外购或委托加工收回的应税消费品的已纳消费税税款，应按当期生产领用的数量计算。

$$\text{当期准予扣除的应税消费品已纳税款}=\text{当期准予扣除的应税消费品的买价}\times\text{应税消费品的适用税率}$$

$$\text{当期准予扣除的外购应税消费品买价}=\text{期初库存的外购应税消费品的买价}+\text{当期购进的应税消费品的买价}-\text{期末库存的外购应税消费品的买价}$$

2.7 纳税地点

（1）纳税人销售的应税消费品，以及自产自用的应税消费品，除国务院另有规定外，应当向纳税人核算地主管税务机关申报纳税。

（2）委托加工的应税消费品，除委托个人加工以外，由受托方向所在地主管税务机关代收代缴消费税税款。委托个人加工的应税消费品，由委托方向其机构所在地或者居住地主管税务机关申报纳税。

（3）进口的应税消费品，由进口人或者其代理人向报关地海关申报纳税。

（4）纳税人到外县（市）销售或者委托外县（市）代销自产应税消费品的，于应税消费品销售后，向机构所在地或者居住地主管税务机关申报纳税。

（5）纳税人的总机构与分支机构不在同一县（市）的，应当分别向各自机构所在地的主管税务机关申报纳税（卷烟批发除外）；经财政部、国家税务总局或者其授权的财政、税务机关批准，可以由总机构汇总向总机构所在地的主管税务机关申报纳税。

2.8 会计核算

2.8.1 会计科目设置

企业缴纳的消费税，通过“应交税费——应交消费税”科目核算。

2.8.2 账务处理

（1）计提时的账务处理。

1）销售应税消费品：

借：税金及附加

　贷：应交税费——应交消费税

2）自产自用应税消费品：

借：在建工程 / 管理费用等

　贷：应交税费——应交消费税

3）委托加工应税消费品：

委托加工应税消费品，一般应由受托方代收代缴消费税。

①委托加工物资收回后，直接用于销售：

借：委托加工物资

　贷：银行存款 / 应付账款等

②委托加工物资收回后，用于连续生产应税消费品：

借：应交税费——应交消费税

　贷：银行存款 / 应付账款等

4）进口应税消费品。企业进口应税物资缴纳的消费税由海关代征。

借：在途物资 / 材料采购等

　贷：银行存款

（2）上缴时的账务处理：

借：应交税费——应交消费税

　贷：银行存款

即测即评

扫一扫 练一练

3 学习任务三

城市维护建设税、教育费附加和地方教育附加会计核算

学习任务描述

根据2020年8月11日第十三届全国人民代表大会常务委员会第二十一次会议表决通过的《中华人民共和国城市维护建设税法》中关于城市维护建设税的规定、1986年4月28日国务院发布的《征收教育费附加的暂行规定》(已历经三次修订)中关于教育费附加的规定、2010年财政部发布的《关于统一地方教育附加政策有关问题的通知》中关于地方教育附加的规定、2006年10月30日财政部发布的《企业会计准则应用指南》和2016年12月3日财政部发布的《增值税会计处理规定》中关于城市维护建设税、教育费附加和地方教育附加会计核算的规定，进行城市维护建设税、教育费附加和地方教育附加应纳税额的计算与会计核算。

教学目标

能力目标

1. 能正确判断城市维护建设税、教育费附加和地方教育附加的征收范围；
2. 能正确判断纳税人是否享受城市维护建设税、教育费附加和地方教育附加的税（费）优惠；
3. 能进行城市维护建设税、教育费附加和地方教育附加税（费）额的计算；
4. 能进行城市维护建设税、教育费附加和地方教育附加的会计核算。

知识目标

1. 掌握城市维护建设税、教育费附加和地方教育附加纳税（费）人的定义；
2. 掌握城市维护建设税、教育费附加和地方教育附加的征税（费）范围；
3. 掌握城市维护建设税、教育费附加和地方教育附加的税（费）率；
4. 掌握城市维护建设税、教育费附加和地方教育附加的计税（费）依据；
5. 掌握城市维护建设税、教育费附加和地方教育附加的税（费）收优惠；

6. 掌握城市维护建设税、教育费附加和地方教育附加应纳税（费）额的计算；
7. 熟悉城市维护建设税、教育费附加和地方教育附加的纳税（费）地点；
8. 掌握城市维护建设税、教育费附加和地方教育附加的会计核算。

素养目标

培养学生的制度自信。

思政园地

从细节变化感知城市维护建设税法的立法科学

2020年8月11日全国人大通过了《中华人民共和国城市维护建设税法》(以下简称《城市维护建设税法》),9月1日起正式施行。城市维护建设税由行政法规上升为法律,是加强税制建设、落实税收法定原则的重大成果,有利于提升税法遵从度,强化税收治理效能。为了不增加纳税人负担,《城市维护建设税法》平移了《中华人民共和国城市维护建设税暂行条例》有关税率的规定,根据纳税人所在地的不同行政区域实行差别税率,分别是市区7%,县城、镇5%,其他地区1%,这是在落实税收法定原则背景下,税收立法工作取得的又一项重要进展。

党的二十大与税收

城市维护建设税立法的两个细节分别是,重构功能定位和提升纳税便利度。

第一,重构功能定位。城市维护建设税在设税的早期,基本遵从了设税本意,即城市维护建设资金主要靠城市维护建设税来筹集。《中华人民共和国城市维护建设税暂行条例》第一条明确规定:为了加强城市的维护建设,扩大和稳定城市维护建设资金的来源,特制定本条例。这表明城市维护建设税一开始就是一个目标非常明确的“专款专用”税。但随着城市数量的增加,建成区面积的扩大,城市维护和建设所需资金量上升较快,而城市维护建设税作为“增值税和消费税”的一种附加税,其增长速度有限,收支之间的缺口也越来越大。为了缓解这种“尴尬”,随着预算制度的不断改革完善,从2016年开始,城市维护建设税收入明确由一般公共预算进行统筹安排,不再指定专门用途,并且税款使用本身属于财政管理体制和预算管理问题,不需要在税法中进行规定,所以《城市维护建设税法》取消了专项用途规定。

第二,提升纳税便利度。近年来,税务部门创新便民办税举措,涌现出一批好的经验做法。在法律层面将行之有效的便民办税做法予以固定,既体现深化“放管服”改革的要求,又体现践行“以人民为中心”的发展理念。《城市维护建设税法》完善了与增值税、消费税同征同管的模式,提高了办税效率,方便了纳税人。

总之,城市维护建设税立法体现了既满足国家大的经济发展战略,又解决微观问题,既遵从税收大原则,又满足实操的便利性,说明我国税收立法的科学性在不断增强,也是我国依法治国的表现之一。

任务书

1. 请分析判断城市维护建设税、教育费附加和地方教育附加的纳税(费)人、计税(费)依据、税(费)率、税(费)收优惠,计算应纳税(费)额。

2. 请进行城市维护建设税、教育费附加和地方教育附加的纳税(费)会计核算。

任务分组

请登录 http://cssx.rdlearning.cn 下载学生任务分配表，进行任务分组。

准备工作

微课视频
扫一扫

1. 阅读任务书。

2. 收集《城市维护建设税法》《征收教育费附加的暂行规定》《关于统一地方教育附加政策有关问题的通知》，观看微课视频。

3. 结合任务书分析城市维护建设税、教育费附加和地方教育附加计算与会计核算的难点和常见问题。

思维导图

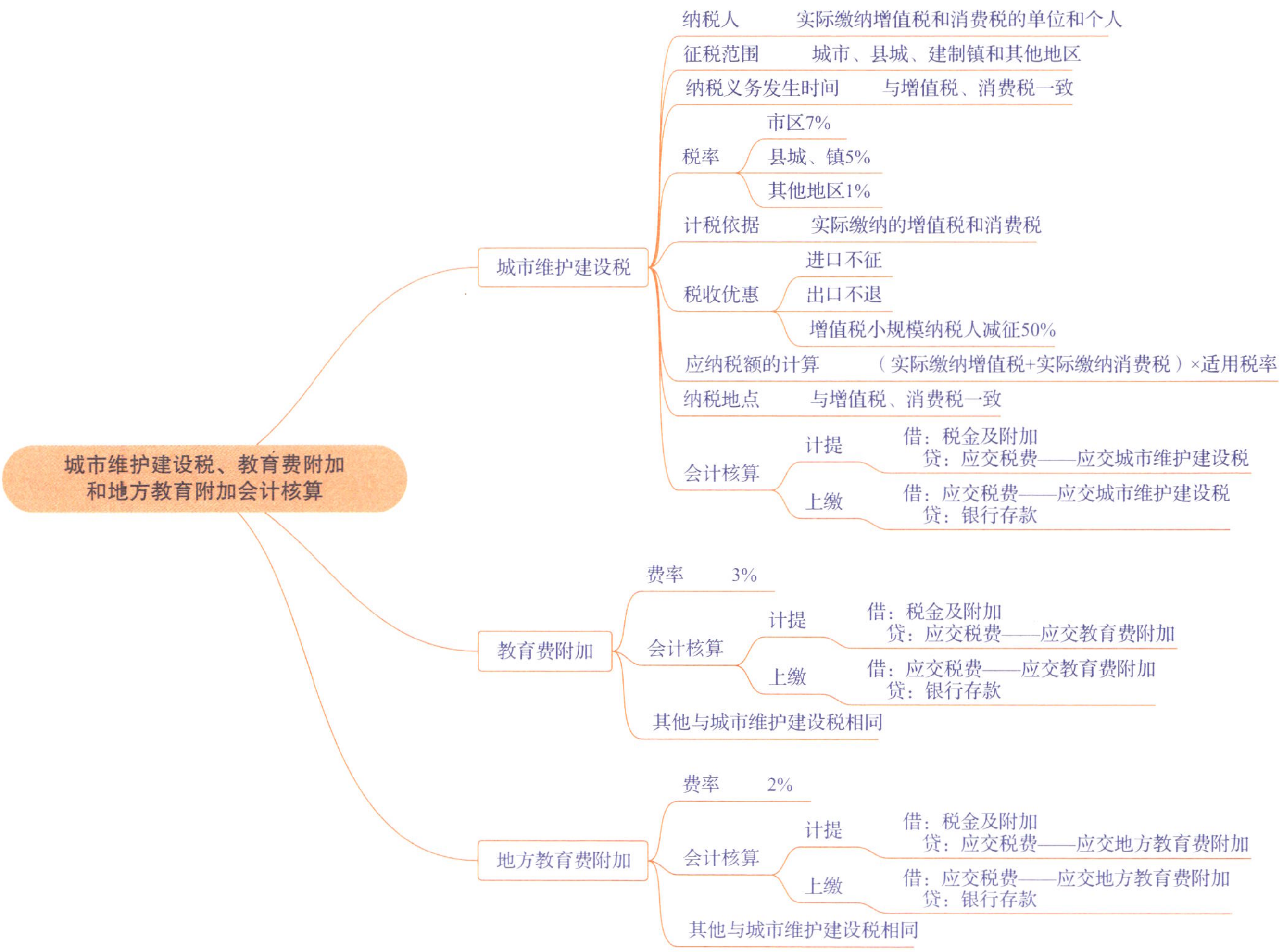
城市维护建设税、教育费附加和地方教育附加会计核算
城市维护建设税
纳税人
实际缴纳增值税和消费税的单位和个人
征税范围
城市、县城、建制镇和其他地区
纳税义务发生时间
与增值税、消费税一致
税率
市区7%
县城、镇5%
其他地区1%
计税依据
实际缴纳的增值税和消费税
税收优惠
进口不征
出口不退
增值税小规模纳税人减征50%
应纳税额的计算
（实际缴纳增值税+实际缴纳消费税）×适用税率
纳税地点
与增值税、消费税一致
会计核算
计提
借：税金及附加
贷：应交税费——应交城市维护建设税
上缴
借：应交税费——应交城市维护建设税
贷：银行存款
教育费附加
费率
3%
会计核算
计提
借：税金及附加
贷：应交税费——应交教育费附加
上缴
借：应交税费——应交教育费附加
贷：银行存款
其他与城市维护建设税相同
地方教育费附加
费率
2%
会计核算
计提
借：税金及附加
贷：应交税费——应交地方教育费附加
上缴
借：应交税费——应交地方教育费附加
贷：银行存款
其他与城市维护建设税相同

小规模纳税人工作任务：城市维护建设税、教育费附加和地方教育附加会计核算

情境导航：

根据小规模纳税人综合案例 A 中的“二、2023 年第 1—3 季度相关涉税信息”和“四、2023 年第 4 季度具体业务情况”，筛选出与城市维护建设税、教育费附加和地方教育附加相关的情境。

（1）辨析纳税（费）人。

引导问题 1：根据 3.1.1，吉祥公司是否是城市维护建设税的纳税人？ □是 □否

引导问题 2：根据 3.1.2，吉祥公司是否是教育费附加和地方教育附加的纳费人？

□是 □否

（2）识别征税（费）范围。

引导问题 3：根据 3.2.1，吉祥公司是否属于城市维护建设税的征税范围？

□是 □否

引导问题 4：根据 3.2.2，吉祥公司是否属于教育费附加和地方教育附加的征费范围？ □是 □否

（3）确定纳税（费）义务发生时间。

引导问题 5：根据 3.3，吉祥公司的城市维护建设税、教育费附加和地方教育附加纳税（费）发生时间与________的纳税义务发生时间一致。

（4）确定税（费）率。

引导问题 6：根据 3.4.1，吉祥公司适用的城市维护建设税税率是______%。

引导问题 7：根据 3.4.2 和 3.4.3，吉祥公司适用的教育费附加的费率是________%，吉祥公司适用的地方教育附加的费率是________%。

（5）确定计税（费）依据。

引导问题 8：根据 3.5，吉祥公司第 4 季度城市维护建设税的计税依据是________。

引导问题 9：根据 3.5，吉祥公司第 4 季度教育费附加和地方教育附加的计费依据是________。

（6）判断税（费）优惠。

引导问题 10：根据 3.6，吉祥公司是否享受城市维护建设税、教育费附加和地方教育附加的税（费）收优惠？ □是 □否

（7）计算应纳税（费）额。

引导问题 11：根据 3.7.1，吉祥公司第 4 季度应缴纳的城市维护建设税是________。

引导问题 12：根据 3.7.2，吉祥公司第 4 季度应缴纳的教育费附加是________。

引导问题 13：根据 3.7.3，吉祥公司第 4 季度应缴纳的地方教育附加是________。

（8）确定纳税（费）地点。

引导问题 14：根据 **3.8**，吉祥公司城市维护建设税、教育费附加和地方教育附加的纳税（费）地点是________。

（9）会计处理。

引导问题 15：根据 **3.9**，请完成吉祥公司第 4 季度城市维护建设税、教育费附加、地方教育附加的会计处理。

一般纳税人工作任务：城市维护建设税、教育费附加和地方教育附加会计核算

情境导航：

根据一般纳税人综合案例 B 中的“二、2023 年 1—11 月相关涉税信息”和“三、2023 年 12 月具体业务情况”，筛选出与城市维护建设税、教育费附加和地方教育附加相关的情境。

（1）辨析纳税（费）人。

引导问题 1：根据 3.1.1，阳光公司是否是城市维护建设税的纳税人？ □是 □否

引导问题 2：根据 3.1.2，阳光公司是否是教育费附加和地方教育附加的纳费人？ □是 □否

（2）识别征税（费）范围。

引导问题 3：根据 3.2.1，阳光公司是否属于城市维护建设税的征税范围？ □是 □否

引导问题 4：根据 3.2.2，阳光公司是否属于教育费附加和地方教育附加的征费范围？ □是 □否

（3）确定纳税（费）义务发生时间。

引导问题 5：根据 3.3，阳光公司的城市维护建设税、教育费附加和地方教育附加纳税（费）发生时间与________的纳税义务发生时间一致。

（4）确定税（费）率。

引导问题 6：根据 3.4.1，阳光公司适用的城市维护建设税税率是________%。

引导问题 7：根据 3.4.2，阳光公司适用的教育费附加的费率是________%；根据 3.4.3，阳光公司适用的地方教育附加的费率是________%。

（5）确定计税（费）依据。

引导问题 8：根据 3.5，阳光公司城市维护建设税的计税依据是________。

引导问题 9：根据 3.5，阳光公司教育费附加和地方教育附加的计费依据是____。

（6）判断税（费）优惠。

引导问题 10：根据 3.6，阳光公司是否享受城市维护建设税、教育费附加和地方教育附加的税（费）收优惠？ □是 □否

（7）计算应纳税（费）额。

引导问题 11：根据 3.7.1，阳光公司 12 月应缴纳的城市维护建设税是________。

引导问题 12：根据 3.7.2，阳光公司 12 月应缴纳的教育费附加是________。

引导问题 13：根据 3.7.3，阳光公司 12 月应缴纳的地方教育附加是________。

（8）确定纳税（费）地点。

引导问题 14：根据 3.8，阳光公司城市维护建设税、教育费附加和地方教育附加的纳税（费）地点是________。

（9）会计处理。

引导问题 15：根据 3.9，请完成阳光公司 12 月城市维护建设税、教育费附加和地方教育附加的会计处理。

任务评价

请登录 http://cssx.rdlearning.cn 下载评价表，进行任务评价。

任务总结

通过完成上述任务，你学到了哪些知识或技能？

学习任务的相关知识点

城市维护建设税，又称城建税，是以纳税人实际缴纳的增值税、消费税税额为计税依据征收的一种税，主要目的是筹集城市建设和维护资金。

教育费附加和地方教育附加是以纳税人实际缴纳的增值税、消费税税额为计税依据征收的一种附加费用，主要目的是加快教育事业发展，扩大教育经费资金来源。

3.1 纳税（费）人

3.1.1 城市维护建设税的纳税人

城市维护建设税的纳税人是在征税范围内从事工商经营，缴纳增值税和消费税的单位和个人。自 2010 年 12 月 1 日起，对外商投资企业、外国企业及外籍个人征收城市维护建设税和教育费附加。

3.1.2 教育费附加和地方教育附加的纳费人

教育费附加和地方教育附加的纳费义务人（简称纳费人）是在征税范围内从事工商经营，缴纳增值税和消费税的单位和个人。

3.2 征税（费）范围

3.2.1 城市维护建设税的征税范围

城市维护建设税的征税范围包括城市、县城、镇以及税法规定征税的其他地区。

3.2.2 教育费附加和地方教育附加的征费范围

教育费附加和地方教育附加的征费范围与增值税、消费税的征收范围相同。

3.3 纳税（费）义务发生时间

城市维护建设税、教育费附加和地方教育附加的纳税（费）义务发生时间与增值税、消费税的纳税义务发生时间一致，分别与增值税、消费税同时缴纳。

3.4 税（费）率

3.4.1 城市维护建设税的税率

城市维护建设税的税率如表 3－1 所示。

表 3-1　城市维护建设税税率表

地区	税率
市区	7%
县城、镇	5%
不在市区、县城或者镇	1%

3.4.2　教育费附加的费率

教育费附加的费率是 3%。

3.4.3　地方教育附加的费率

地方教育附加的费率是 2%。

3.5　计税（费）依据

（1）城市维护建设税、教育费附加和地方教育附加计税（费）依据是纳税人实际缴纳的增值税和消费税税额。

依法实际缴纳的增值税税额，是指纳税人依照增值税相关法律法规和税收政策规定计算应当缴纳的增值税税额，加上增值税免抵税额，扣除直接减免的增值税税额和期末留抵退税退还的增值税税额（以下简称留抵退税额）后的金额。

依法实际缴纳的消费税税额，是指纳税人依照消费税相关法律法规和税收政策规定计算应当缴纳的消费税税额，扣除直接减免的消费税税额后的金额。

应当缴纳的两税（增值税和消费税）税额，不含因进口货物或境外单位和个人向境内销售劳务、服务、无形资产缴纳的两税税额。

纳税人自收到留抵退税额之日起，应当在下一个纳税申报期从城市维护建设税计税依据中扣除。

留抵退税额仅允许在按照增值税一般计税方法确定的城市维护建设税计税依据中扣除。当期未扣除完的余额，在以后纳税申报期按规定继续扣除。

（2）对于增值税小规模纳税人更正、查补此前按照一般计税方法确定的城市维护建设税计税依据，允许扣除尚未扣除完的留抵退税额。

3.6　税（费）优惠

（1）对出口产品退还增值税和消费税的，不退还已缴纳的城市维护建设税、教育费附加和地方教育附加。

（2）海关对进口产品代征的增值税和消费税，不征收城市维护建设税、教育费附加和地方教育附加。

（3）对增值税和消费税实行先征后返、先征后退、即征即退办法的，除另有规定外，对随增值税和消费税附征的城市维护建设税、教育费附加和地方教育附加，一律不予退（返）还。

（4）自2023年1月1日至2027年12月31日，对增值税小规模纳税人、小型微利企业和个体工商户减半征收城市维护建设税、教育费附加和地方教育附加。

3.7 应纳税（费）额的计算

3.7.1 城市维护建设税应纳税额的计算

计算公式为：

应纳税额 =（实际缴纳增值税 + 实际缴纳消费税）× 适用税率

3.7.2 教育费附加应纳费额的计算

计算公式为：

应纳费额 =（实际缴纳增值税 + 实际缴纳消费税）× 3%

3.7.3 地方教育附加应纳费额的计算

计算公式为：

应纳费额 =（实际缴纳增值税 + 实际缴纳消费税）× 2%

3.8 纳税（费）地点

城市维护建设税、教育费附加和地方教育附加的纳税（费）地点为实际缴纳增值税和消费税的地点。扣缴义务人应当向其机构所在地或者居住地的主管税务机关申报缴纳其扣缴的税款。有特殊情况的，按下列原则和办法确定纳税地点：

（1）代扣代缴、代收代缴增值税、消费税的单位和个人，同时也是城市维护建设税、教育费附加和地方教育附加的代扣代缴、代收代缴义务人，其纳税地点为代扣代缴地。

（2）对流动经营等无固定纳税地点的单位和个人，应随同增值税、消费税在经营地纳税。

3.9 会计核算

3.9.1 会计科目设置

企业缴纳的城市维护建设税、教育费附加和地方教育附加计费，通过“应交税费——应交城市维护建设税”“应交税费——应交教育费附加”“应交税费——应交地方教育附加”科目核算。

3.9.2 账务处理

（1）计提时的账务处理：

借：税金及附加

　贷：应交税费——应交城市维护建设税

　　　　　　——应交教育费附加

　　　　　　——应交地方教育附加

（2）上缴时的账务处理：

借：应交税费——应交城市维护建设税

　　　　　——应交教育费附加

　　　　　——应交地方教育附加

　贷：银行存款

即测即评

扫一扫 练一练

4 学习任务四

房产税会计核算

学习任务描述

根据1986年9月15日国务院发布、2011年1月8日国务院令第588号修改的《中华人民共和国房产税暂行条例》相关规定和2006年10月30日财政部发布的《企业会计准则应用指南》中关于房产税的相关规定，进行房产税应纳税额的计算与会计核算。

教学目标

能力目标

1. 能正确判断房产税的征收范围；
2. 能正确判断纳税人是否享受房产税的税收优惠；
3. 能进行房产税应纳税额的计算；
4. 能进行房产税的会计核算。

知识目标

1. 掌握房产税纳税人的定义；
2. 掌握房产税的征税范围；
3. 掌握房产税的税率；
4. 掌握房产税的计税依据；
5. 掌握房产税的税收优惠；
6. 掌握房产税应纳税额的计算；
7. 熟悉房产税的征收管理；
8. 掌握房产税的会计核算。

素养目标

培养学生的制度自信，引导学生树立正确的房产消费观念。

思政园地

房地产税改革试点：保护刚需，推进共同富裕

2021 年 10 月 23 日，为积极稳妥推进房地产税立法与改革，引导住房合理消费和土地资源节约集约利用，促进房地产市场平稳健康发展，第十三届全国人民代表大会常务委员会通过《关于授权国务院在部分地区开展房地产税改革试点工作的决定》，试点期限 5 年。

试点地区的房地产税征税对象为居住用和非居住用等各类房地产，不包括依法拥有的农村宅基地及其上住宅。土地使用权人、房屋所有权人为房地产税的纳税人。非居住用房地产继续按照《中华人民共和国房产税暂行条例》《中华人民共和国城镇土地使用税暂行条例》执行。

可以预期，房地产税征收应该有减免设计，比如首套减免税、房产税的免征面积等，实际上对于为满足首套住房需求而购置房产的家庭来说，不会有实质影响。在试点期内，房地产税对试点地区内持有多套房子的个人或家庭会产生直接影响。现阶段房价涨幅较大，尤其在一、二线城市，房地产税试点及可预见的逐步在全国推行，将降低房地产投资者的预期收益和住房的投资投机需求，打击炒房行为，对普通老百姓居住性需求的购房予以保护。同时，我国的很多城市住房空置率过高，一些大城市甚至达到了 20% 以上，因此房地产税的出台，可以释放出大量的闲置房源，引导住房合理消费和土地资源节约集约利用。

总之，房地产税被授权试点，表明国家在以深化改革推进地方治理现代化、促进房地产市场健康可持续发展、推进共同富裕上迈出重要步伐。

任务书

1. 请分析判断房产税的纳税人、计税依据、税率以及税收优惠，计算房产税的应纳税额。

2. 请进行房产税的会计核算。

任务分组

请登录 http://cssx.rdlearning.cn 下载学生任务分配表，进行任务分组。

准备工作

微课视频
扫一扫

1. 阅读工作任务书。

2. 收集《中华人民共和国房产税暂行条例》和《企业会计准则应用指南》等相关法规，观看微课视频。

3. 结合任务书分析房产税计算与会计核算的难点和常见问题。

思维导图

- 房产税会计核算
  - 纳税人
    - 房屋产权所有人：经营管理单位，集体单位和个人，承典人，代管人，使用人
    - 无租使用房产：使用人代为缴纳房产税
  - 征税范围
    - 城市、县城、建制镇和工矿区的房产
  - 纳税义务发生时间
    - 当月：原有房产用于生产经营
    - 次月：建成、验收、交付使用、签发房屋权属证书、出租、出借、房屋使用或交付
    - 当月末：实物或权利状态发生变化，终止纳税义务
  - 税率
    - 自用房产：从价计征，1.2%
    - 出租房产：从租计征，12%
    - 4%优惠税率
      - 个人出租住房
      - 企事业单位、社会团体以及其他组织按市场价格向个人出租用于居住的住房
  - 计税依据
    - 从价计征：房产的计税余值
    - 从租计征：租金收入
    - 投资联营房产
      - 参与投资利润分红、共担风险的：从价计征
      - 收取固定收入、不承担联营风险：从租计征
  - 税收优惠
    - 免税单位自用；事业单位自用；宗教寺庙、公园、名胜古迹自用；个人所有非营业用
    - 财政部批准免税
      - 已停用危房；大修理停工半年以上，停工期间；
      - 各类学校、医院、托儿所、幼儿园自用的房产；高校学生公寓；老年服务机构自用的房产；军队空余房产租赁收入；按政府规定价格出租的公有住房和廉租住房共同使用，分别征收或免征
      - 小规模纳税人减半征收房产税
  - 应纳税额的计算
    - 从价计征：应纳税额＝应税房产原值×（1–扣除比例）×1.2%
    - 从租计征：应纳税额=租金收入×12%（或4%）
  - 纳税地点
    - 房产所在地
    - 不同坐落地的房产，分别申报纳税
  - 纳税期限
    - 按年计算，分期缴纳
  - 会计核算
    - 计提
      - 借：税金及附加
      - 贷：应交税费——应交房产税
    - 上缴
      - 借：应交税费——应交房产税
      - 贷：银行存款

小规模纳税人工作任务：房产税会计核算

情境导航：

根据小规模纳税人综合案例 A 中的“二、2023 年第 1—3 季度相关涉税信息”和“四、2023 年第 4 季度具体业务情况”，筛选出与房产税相关的情境。

（1）辨析纳税人。

引导问题 1：根据 4.1，吉祥公司是否是房产税的纳税人？　□是　□否

（2）识别征税范围。

引导问题 2：根据 4.2，吉祥公司的自有房产是否属于房产税的征税范围？

□是　□否

（3）确定纳税义务发生时间。

引导问题 3：根据 4.3，吉祥公司房产税的纳税义务发生时间为______。

（4）确定税率。

引导问题 4：根据 4.4，吉祥公司适用的房产税税率是________%。

（5）确定计税依据。

引导问题 5：根据 4.5.1，吉祥公司房产税的计税依据是________。

（6）判断税收优惠。

引导问题 6：根据 4.6，吉祥公司是否享受房产税的税收优惠？　□是　□否

（7）计算应纳税额。

引导问题 7：根据 4.7.1，吉祥公司下半年应缴纳的房产税是________。

（8）确定纳税地点。

引导问题 8：根据 4.8，吉祥公司房产税的纳税地点是________。

（9）会计处理。

引导问题 9：根据 4.10，请完成吉祥公司第 4 季度房产税的会计处理。

一般纳税人工作任务：房产税会计核算

情境导航：

根据一般纳税人综合案例 B 中的“二、2023 年 1—11 月相关涉税信息”和“三、2023 年 12 月具体业务情况”，筛选出与房产税相关的情境。

（1）辨析纳税人。

引导问题 1：根据 4.1，阳光公司是否是房产税的纳税人？ □是 □否

（2）识别征税范围。

引导问题 2：根据 4.2，阳光公司的自有房产是否属于房产税的征税范围？

□是 □否

（3）确定纳税义务发生时间。

引导问题 3：根据 4.3，阳光公司 12 月新购置房屋房产税的纳税义务发生时间为________。

引导问题 4：根据 4.3，阳光公司原购置房屋房产税的纳税义务发生时间为____。

（4）确定税率。

引导问题 5：根据 4.4，阳光公司适用的房产税税率是________%。

（5）确定计税依据。

引导问题 6：根据 4.5.1，阳光公司从价计征房产税的计税依据是________。

小提示：

阳光公司虽有地下仓库，但地下仓库为与地上房屋相连的地下建筑，按照地上房屋建筑的有关规定计算缴纳房产税。

引导问题 7：根据 4.5.2，阳光公司从租计征房产税的计税依据是________。

（6）判断税收优惠。

引导问题 8：根据 4.6，阳光公司是否享受房产税的税收优惠？ □是 □否

（7）计算应纳税额。

引导问题 9：根据 4.7，阳光公司下半年应缴纳的房产税是______。

（8）确定纳税地点。

引导问题 10：根据 4.8，阳光公司房产税的纳税地点是__________。

（9）会计处理。

引导问题 11：根据 4.10，请完成阳光公司 12 月房产税的会计处理。

任务评价

请登录 http://cssx.rdlearning.cn 下载评价表，进行任务评价。

任务总结

通过完成上述任务，你学到了哪些知识或技能？

学习任务的相关知识点

房产税，是以房产为征税对象，按照房产的计税余值或房产租金收入向产权所有人征收的一种税。

4.1 纳税人

房产税的纳税人，是指在我国城市、县城、建制镇和工矿区内拥有房屋产权的单位和个人，具体规定如下：

（1）产权属于全民所有的，经营管理的单位为纳税人。

（2）产权属于集体和个人的，集体单位和个人为纳税人。

（3）产权出典的，承典人为纳税人。

产权出典是指产权所有人将自己的房屋的产权，在一定的期限内典当给他人使用而取得资金的一种融资业务。此时，产权所有人是出典人，对方即为承典人。

（4）产权所有人、承典人不在房屋所在地的，房产代管人或者使用人为纳税人。

（5）产权未确定以及租典（租赁、出典）纠纷未解决的，房产代管人或者使用人为纳税人。

（6）纳税单位和个人无租使用房产管理部门、免税单位及纳税单位的房产，由使用人代为缴纳房产税。

4.2 征税范围

房产税的征税范围为位于城市、县城、建制镇和工矿区的房产，不包括坐落在农村的房产。

所谓房产，是指以房屋形态表现的财产。房屋指有屋面和围护结构（有墙或两边有柱），能够遮风避雨，可供人们在其中生产、工作、学习、娱乐、居住或储藏物资的场所。

独立于房屋之外的建筑物，如围墙、烟囱、水塔、变电塔、油池油柜、酒窖菜窖、酒精池、室外游泳池、玻璃暖房、砖瓦石灰窑以及各种油气罐等，不属于房产。

房地产开发企业建造的商品房，在出售前，不征收房产税，但对出售前房地产开发企业已使用或出租、出借的商品房应按规定征收房产税。

4.3 纳税义务发生时间

房产税的纳税义务发生时间如表 4－1 所示。

表 4－1　房产税的纳税义务发生时间

情形	纳税义务发生时间
纳税人将原有房产用于生产经营	从生产经营当月起
纳税人自建房屋用于生产经营	从建成之日的次月起

续表

情形	纳税义务发生时间
纳税人委托施工企业建设的房屋	从办理验收手续之次月起
纳税人购置新建商品房	自房屋交付使用之次月起
纳税人购置存量房	自办理房屋权属转移变更、登记手续，登记机关签发房屋权属证书之次月起
纳税人出租、出借房产	交付出租、出借房产之次月起
房地产开发企业自用、出租、出借本企业建造商品房	自房屋使用或交付之次月起

纳税人因房产的实物或权利状态发生变化而依法终止房产税的纳税义务的，其应纳税款的计算应截止到房产的实物或权利发生变化的当月末。

4.4 税率

我国房产税采用的是比例税率，其税率有两种：

（1）自用的房产，按房产余值从价计征，年税率为 1.2%。

（2）出租的房产，按租金收入从租计征，税率为 12%。从 2008 年 3 月 1 日起，对个人出租住房的，不区分实际用途，均减按 4% 的税率征收房产税。企事业单位、社会团体以及其他组织按市场价格向个人出租用于居住的住房，减按 4% 的税率征收房产税。

4.5 计税依据

房产税的计税依据是房产的计税余值或房产的租金收入。

按照房产计税余值征税的，称为从价计征；按照房产租金收入计征的，称为从租计征。

4.5.1 从价计征的房产税计税依据

对于经营自用的房产，以其计税余值作为房产税的计税依据。

房产的计税余值，是指依照税法的规定按房产原值一次减除 10% ～ 30% 损耗价值以后的余值。各地具体扣除比例由当地省、自治区、直辖市人民政府确定。

4.5.1.1 *房产原值*

房产原值，是指纳税人按照会计制度的规定，在会计核算账簿“固定资产”科目中记载的房屋原价。

因此，凡按会计制度的规定在账簿中记载有房屋原价的，应以房屋原价按规定减除一定比例后作为房产余值计征房产税；没有记载房屋原价的，按照上述原则，并参照同类房屋确定房产原值，按规定计征房产税。

（1）房屋附属设备和配套设施的房产原值。

房产原值应包括与房屋不可分割的各种附属设备或一般不单独计算价值的配套

设施。主要有：暖气、卫生、通风、照明、煤气等设备；各种管线，如蒸汽、压缩空气、石油、给水排水等管道及电力、电信、电缆导线；电梯、升降机、过道、晒台等。

为了维持和增加房屋的使用功能或使房屋满足设计要求，凡以房屋为载体，不可随意移动的附属设备和配套设施，如给排水、采暖、消防、中央空调、电气及智能化楼宇设备等，无论在会计核算中是否单独记账与核算，都应计入房产原值，计征房产税。

对于更换房屋附属设备和配套设施的，在将其价值计入房产原值时，可扣减原来相应设备和设施的价值。

对附属设备和配套设施中易损坏、需要经常更换的零配件，更新后不再计入房产原值。

（2）纳税人对原有房屋进行改建、扩建的，要相应增加房屋的原值。

4.5.1.2 自用的地下建筑的房产原值

自用的地下建筑的房产原值确定方法，如表 4－2 所示。

表 4－2 自用的地下建筑的房产原值

情形	房产原值
工业用途房产	以房屋原价的 50% ～ 60% 作为应税房产原值
商业和其他用途房产	以房屋原价的 70% ～ 80% 作为应税房产原值

房屋原价折算为应税房产原值的具体比例，由各省、自治区、直辖市和计划单列市财政和地方税务部门在上述幅度内自行确定。

对于与地上房屋相连的地下建筑，如房屋的地下室、地下停车场、商场的地下部分等，应将地下部分与地上房屋视为一个整体，按照地上房屋建筑的有关规定计算征收房产税。

4.5.2 从租计征的房产税计税依据

对于出租的房产，以租金收入（不含增值税）为房产税的计税依据。

所谓房产的租金收入，是房屋产权所有人出租房产使用权所得的报酬，包括货币收入和实物收入。

如果是以劳务或者其他形式为报酬抵付房租收入的，应根据当地同类房产的租金水平，确定一个标准租金额从租计征。

对出租房产，租赁双方签订的租赁合同约定有免收租金期限的，免收租金期间由产权所有人按照房产原值缴纳房产税。

4.5.3 投资联营的房产

对投资联营的房产，在计征房产税时应根据情况予以区别对待。

（1）对以房产投资联营、投资者参与投资利润分红、共担风险的，按房产余值作为计税依据计征房产税，也即从价计征。

（2）对以房产投资收取固定收入、不承担联营风险的，实际是以联营名义取得房产租金，应由出租方按租金收入计缴房产税，也即从租计征。

4.6 税收优惠

（1）国家机关、人民团体、军队自用的房产免征房产税。但上述免税单位的出租房产不属于免税范围。

（2）由国家财政部门拨付事业经费的单位自用的房产免征房产税。对于其所属的附属工厂、商店、招待所等不属于单位公务、业务的用房，应照章纳税。

（3）宗教寺庙、公园、名胜古迹自用的房产免征房产税。但宗教寺庙、公园、名胜古迹中附设的营业单位（如影剧院、饮食部、茶社、照相馆等）所使用的房产及出租的房产，不属于免税范围。

（4）个人所有非营业用的房产免征房产税。个人拥有的营业用房或出租的房产，不属于免税范围。

（5）经财政部批准免税的其他房产。

1）经有关部门鉴定，对毁损不堪居住的房屋和危险房屋，在停止使用后，可免征房产税。

2）纳税人因房屋大修导致连续停用半年以上的，在房屋大修期间免征房产税。

3）企业办的各类学校、医院、托儿所、幼儿园自用的房产免税。

4）对为高校学生提供住宿服务，按照国家规定的收费标准收取住宿费的高校学生公寓免征房产税。

5）老年服务机构自用的房产暂免征收房产税。

6）军队空余房产租赁收入暂免征收房产税。

7）纳税单位与免税单位共同使用的房屋，按照各自使用的部分划分，分别征收或者免征房产税。

8）按政府规定价格出租的公有住房和廉租住房，暂免征收房产税。

9）自 2023 年 1 月 1 日至 2027 年 12 月 31 日，对增值税小规模纳税人、小型微利企业和个体工商户减半征收房产税。

4.7 应纳税额的计算

4.7.1 从价计征

从价计征的房产税应纳税额的计算公式为：

$$\text{应纳税额} = \text{应税房产原值} \times (1-\text{扣除比例}) \times 1.2\%$$

具体扣除比例由当地省、自治区、直辖市人民政府规定。

4.7.2 从租计征

从租计征的房产税应纳税额的计算公式为：

应纳税额 = 租金收入 ×12%（或 4%）

4.8 纳税地点

房产税在房产所在地缴纳。

房产不在同一地方的纳税人，应按房产的坐落地点分别向房产所在地的税务机关申报纳税。

4.9 纳税期限

房产税实行按年计算、分期缴纳的征收方法，具体纳税期限由省、自治区、直辖市人民政府确定。

一般可采取按季或半年缴纳，按季缴纳的可在 1 月、4 月、7 月、10 月缴纳；按半年缴纳的可在 1 月、7 月缴纳。税额比较大的，可按月缴纳；个人出租房产的，可按次缴纳。

4.10 会计核算

4.10.1 会计科目设置

企业缴纳的房产税，通过“应交税费——应交房产税”科目核算。

4.10.2 账务处理

（1）计提时的账务处理：

借：税金及附加

　贷：应交税费——应交房产税

（2）上缴时的账务处理：

借：应交税费——应交房产税

　贷：银行存款

即测即评

扫一扫 练一练

5 学习任务五

城镇土地使用税会计核算

学习任务描述

根据1988年9月27日国务院发布的《中华人民共和国城镇土地使用税暂行条例》(历经四次修订，最新修订时间为2019年3月)相关规定和2006年10月30日财政部发布的《企业会计准则应用指南》中关于城镇土地使用税会计核算的相关规定，进行城镇土地使用税应纳税额的计算与会计核算。

教学目标

能力目标

1. 能正确判断城镇土地使用税的征收范围；
2. 能正确判断纳税人是否享受城镇土地使用税的税收优惠；
3. 能进行城镇土地使用税应纳税额的计算；
4. 能进行城镇土地使用税的会计核算。

知识目标

1. 掌握城镇土地使用税纳税人的定义；
2. 掌握城镇土地使用税的征税范围；
3. 掌握城镇土地使用税的税率；
4. 掌握城镇土地使用税的计税依据；
5. 掌握城镇土地使用税的税收优惠；
6. 掌握城镇土地使用税应纳税额的计算；
7. 熟悉城镇土地使用税的征收管理；
8. 掌握城镇土地使用税的会计核算。

素养目标

培养学生的创新精神，提升依法纳税意识。

思政园地

大数据时代的小税种与大风险

大数据时代，借力于云计算、物联网和大数据等新一代信息技术发展，税务部门的税收监管日渐严格。企业更多的数据将被税务局掌握，税务局借助大数据可以对企业的经营进行全过程、全环节的监控。

此外，“互联网 +”税收大数据在识别税收风险点、识别税收征管漏洞方面也存在明显的优势。迈入大数据时代，税务机关将会以全新的大数据思维方式和先进的技术手段突破传统征管模式，建立现代税收治理体系。比如，各区（县）国土资源局门户网站一般会定期公布辖区内闲置土地处置情况，主管税务局可以根据此类信息，从税务系统中查询这些企业是否已申报缴纳城镇土地使用税，如两项比对有较大差异，将会进行进一步的核实和稽查。

很多企业对小税种不重视，认为其金额小，不会被监管，这样想就大错特错了，小税种也会引起大风险。一些上市公司因不重视对小税种的日常管理，不仅引发了税务风险，而且影响了企业形象。分析近年来上市公司发布的补税公告，经企业自查或主管税务机关检查，有数十家上市公司需要补缴税款并缴纳滞纳金。值得注意的是，这些上市公司需要补缴的税款，基本不涉及增值税、所得税等大税种，只涉及房产税、城镇土地使用税、耕地占用税、资源税和印花税等小税种。

大数据时代，税收监管手段多元且精准。所以，对于小税种，企业也必须准确掌握相关税法规定，及时、准确申报纳税，这样才能避免给企业带来税务风险。

任务书

1. 请分析判断城镇土地使用税的纳税人、计税依据、税率以及税收优惠，计算城镇土地使用税的应纳税额。

2. 请进行城镇土地使用税的会计核算。

任务分组

请登录 http://cssx.rdlearning.cn 下载学生任务分配表，进行任务分组。

准备工作

微课视频
扫一扫

1. 阅读工作任务书。

2. 收集《中华人民共和国城镇土地使用税暂行条例》和《企业会计准则应用指南》等相关法规，观看微课视频。

3. 结合任务书分析城镇土地使用税计算与会计核算的难点和常见问题。

思维导图

- **城镇土地使用税会计核算**
  - 纳税人
    - 拥有土地使用权的单位和个人
    - 土地实际使用人和代管人
    - 土地使用权未确定或有纠纷的，实际使用人
    - 土地使用权共有的，各方都是纳税人
  - 征税范围
    - 城市、县城、建制镇和工矿区的土地
  - 纳税义务发生时间
    - 次月：房屋交付使用，签发房屋权属证书，交付出租、出借房产，出让或转让合同约定交付时间或合同签订，批准新征用非耕地
    - 满1年：批准新征用耕地
    - 当月末：土地权利发生变化，终止纳税义务
  - 税率
    - 定额税率
  - 计税依据
    - 以测定的土地面积为准
    - 未测定，以土地使用证书确认的为准
    - 无证书，以纳税人申报为准
    - 单独的地下建筑用地暂按50%征收
      - 有证，按证书确认面积
      - 无证，按地下建筑垂直投影面积
  - 税收优惠
    - 法定减免：国家机关等自用；事业单位自用；宗教寺庙、公园、名胜古迹自用；市政街道、广场、绿化地带；农、林、牧、渔生产用地；开山填海和改造的废弃用地，免5年至10年
    - 税务局自行确定优惠
      - 个人的房屋
      - 改革前经租房屋
      - 免税单位职工家属宿舍用地
      - 集体和个人办的学校、医院等
  - 应纳税额的计算
    - 全年应纳税额=实际占用应税土地面积（平方米）×适用税额
  - 纳税地点
    - 土地所在地
      - 不同省、自治区、直辖市，分别缴纳
      - 同省、自治区、直辖市，跨区使用，省级税局确定
  - 纳税期限
    - 按年计算，分期缴纳
  - 会计核算
    - 计提
      - 借：税金及附加
      - 贷：应交税费——应交城镇土地使用税
    - 上缴
      - 借：应交税费——应交城镇土地使用税
      - 贷：银行存款

小规模纳税人工作任务：城镇土地使用税会计核算

情境导航：

根据小规模纳税人综合案例 A 中的“二、2023 年第 1—3 季度相关涉税信息”和“四、2023 年第 4 季度具体业务情况”，筛选出与城镇土地使用税相关的情境。

（1）辨析纳税人。

引导问题 1：根据 5.1，吉祥公司是否是城镇土地使用税的纳税人？ □是 □否

（2）识别征税范围。

引导问题 2：根据 5.2，吉祥公司拥有的土地使用权是否属于城镇土地使用税的征税范围？ □是 □否

（3）确定纳税义务发生时间。

引导问题 3：根据 5.3，吉祥公司城镇土地使用税的纳税义务发生时间为________。

（4）确定税率。

引导问题 4：根据 5.4，吉祥公司适用的城镇土地使用税定额税率是____元 / 平方米。

（5）确定计税依据。

引导问题 5：根据 5.5，吉祥公司城镇土地使用税的计税依据是______。

（6）判断税收优惠。

引导问题 6：根据 5.6，吉祥公司是否享受城镇土地使用税的税收优惠？

□是 □否

（7）计算应纳税额。

引导问题 7：根据 5.7，吉祥公司下半年应缴纳的城镇土地使用税是________。

（8）确定纳税地点。

引导问题 8：根据 5.8，吉祥公司城镇土地使用税的纳税地点是________。

（9）会计处理。

引导问题 9：根据 5.10，请完成吉祥公司第 4 季度城镇土地使用税的会计处理。

一般纳税人工作任务：城镇土地使用税会计核算

情境导航：

根据一般纳税人综合案例 B 中的“二、2023 年 1—11 月相关涉税信息”和“三、2023 年 12 月具体业务情况”，筛选出与城镇土地使用税相关的情境。

（1）辨析纳税人。

引导问题 1：根据 5.1，阳光公司是否是城镇土地使用税的纳税人？　□是　□否

（2）识别征税范围。

引导问题 2：根据 5.2，阳光公司拥有的土地使用权是否属于城镇土地使用税的征税范围？　□是　□否

（3）确定纳税义务发生时间。

引导问题 3：根据 5.3，阳光公司 12 月新购置房屋城镇土地使用税的纳税义务发生时间为________。

引导问题 4：根据 5.3，阳光公司原购置房屋城镇土地使用税的纳税义务发生时间为________。

（4）确定税率。

引导问题 5：根据 5.4，阳光公司适用的城镇土地使用税定额税率是____元 / 平方米。

（5）确定计税依据。

引导问题 6：根据 5.5，阳光公司城镇土地使用税的计税依据是____________。

（6）判断税收优惠。

引导问题 7：根据 5.6，阳光公司是否享受城镇土地使用税的税收优惠？□是　□否

（7）计算应纳税额。

引导问题 8：根据 5.7，阳光公司下半年应缴纳的城镇土地使用税是________。

（8）确定纳税地点。

引导问题 9：根据 5.8，阳光公司城镇土地使用税的纳税地点是________。

（9）会计处理。

引导问题 10：根据 5.10，请完成阳光公司 12 月城镇土地使用税的会计处理。

任务评价

请登录 http://cssx.rdlearning.cn 下载评价表，进行任务评价。

任务总结

通过完成上述任务，你学到了哪些知识或技能？

城镇土地使用税是以国有土地为征税对象，对拥有土地使用权的单位和个人征收的一种税。

5.1 纳税人

城镇土地使用税的纳税人，是指在城市、县城、建制镇、工矿区范围内使用土地的单位和个人。

单位，包括国有企业、集体企业、私营企业、股份制企业、外商投资企业、外国企业以及其他企业和事业单位、社会团体、国家机关、军队以及其他单位。个人，包括个体工商户以及其他个人。

城镇土地使用税的纳税人通常包括以下几类：

（1）拥有土地使用权的单位和个人。

（2）拥有土地使用权的单位和个人不在土地所在地的，其土地的实际使用人和代管人为纳税人。

（3）土地使用权未确定或权属纠纷未解决的，其实际使用人为纳税人。

（4）土地使用权共有的，共有各方都是纳税人，由共有各方分别纳税。

5.2 征税范围

城镇土地使用税的征税范围，包括在城市、县城、建制镇和工矿区内的国家所有和集体所有的土地。

其中，城市的土地包括市区和郊区的土地，县城的土地是指县人民政府所在地的城镇的土地，建制镇的土地是指镇人民政府所在地的土地。

建立在城市、县城、建制镇和工矿区以外的工矿企业不需要缴纳城镇土地使用税。

5.3 纳税义务发生时间

（1）纳税人购置新建商品房，自房屋交付使用之次月起，缴纳城镇土地使用税。

（2）纳税人购置存量房，自办理房屋权属转移、变更登记手续，房地产权属登记机关签发房屋权属证书之次月起，缴纳城镇土地使用税。

（3）纳税人出租、出借房产，自交付出租、出借房产之次月起，缴纳城镇土地使用税。

（4）以出让或转让方式有偿取得土地使用权的，应由受让方从合同约定交付土地时间之次月起缴纳城镇土地使用税；合同未约定交付土地时间的，由受让方从合同签订之次月起缴纳城镇土地使用税。

（5）纳税人新征用的耕地，自批准征用之日起满 1 年时开始缴纳城镇土地使用用税。

（6）纳税人新征用的非耕地，自批准征用次月起缴纳城镇土地使用税。

（7）自 2009 年 1 月 1 日起，纳税人因土地的权利发生变化而依法终止城镇土地使用税纳税义务的，其应纳税款的计算应截止到土地权利发生变化的当月末。

5.4 税率

城镇土地使用税采用定额税率，即采用有幅度的差别税额，按大、中、小城市和县城、建制镇、工矿区分别规定每平方米城镇土地使用税年应纳税额。具体规定如表 5－1 所示。

表 5－1 城镇土地使用税税率

级别	每平方米税额（元）
大城市	1.5 ～ 30
中等城市	1.2 ～ 24
小城市	0.9 ～ 18
县城、建制镇、工矿区	0.6 ～ 12

各省、自治区、直辖市人民政府可根据市政建设情况和经济繁荣程度在规定税额幅度内，确定所辖地区的适用税额幅度。经济落后地区，城镇土地使用税的适用税额标准可适当降低，但降低额不得超过上述规定最低税额的 30%。经济发达地区的适用税额标准可以适当提高，但须报财政部批准。

5.5 计税依据

城镇土地使用税以纳税人实际占用的土地面积为计税依据，土地面积计量标准为每平方米。即税务机关根据纳税人实际占用的土地面积，按照规定的税额计算应纳税额，向纳税人征收城镇土地使用税。

纳税人实际占用的土地面积按下列办法确定：

（1）由省、自治区、直辖市人民政府确定的单位组织测定土地面积的，以测定的面积为准。

（2）尚未组织测定，但纳税人持有政府部门核发的土地使用证书的，以证书确认的土地面积为准。

（3）尚未核发土地使用证书的，应由纳税人申报土地面积，并据以纳税，待核发土地使用证书以后再作调整。

（4）对在城镇土地使用税征税范围内单独建造的地下建筑用地，按规定征收城镇土地使用税。其中，已取得地下土地使用权证的，按土地使用权证确认的土地面积计算应征税款；未取得地下土地使用权证或地下土地使用权证上未标明土地面积的，按地下建筑垂直投影面积计算应征税款。

对上述地下建筑用地暂按应征税款的 50% 征收城镇土地使用税。

5.6 税收优惠

5.6.1 法定免征城镇土地使用税的优惠

（1）国家机关、人民团体、军队自用的土地。

（2）由国家财政部门拨付事业经费的单位自用的土地。

（3）宗教寺庙、公园、名胜古迹自用的土地。

（4）市政街道、广场、绿化地带等公共用地。

（5）直接用于农、林、牧、渔业的生产用地。

（6）经批准开山填海整治的土地和改造的废弃土地，从使用的月份起免缴土地使用税 5 年至 10 年。

5.6.2 省、自治区、直辖市税务局确定的城镇土地使用税减免优惠

（1）个人所有的居住房屋及院落用地。

（2）房产管理部门在房租调整改革前经租的居民住房用地。

（3）免税单位职工家属的宿舍用地。

（4）集体和个人办的各类学校、医院、托儿所、幼儿园用地。

5.6.3 税收优惠的特殊规定

（1）自 2023 年 1 月 1 日至 2027 年 12 月 31 日，对增值税小规模纳税人、小型微利企业和个体工商户减半征收城镇土地使用税。

（2）自 2019 年 1 月 1 日至 2027 年 12 月 31 日，对国家级、省级科技企业孵化器、大学科技园和国家备案众创空间自用以及无偿或通过出租等方式提供给在孵对象使用的土地，免征城镇土地使用税。

（3）自 2019 年 1 月 1 日至 2027 年 12 月 31 日，对城市公交站场、道路客运站场、城市轨道交通系统运营用地，免征城镇土地使用税。

（4）自 2019 年 1 月 1 日至 2027 年 12 月 31 日，对农产品批发市场、农贸市场（包括自有和承租，下同）专门用于经营农产品的土地，暂免征收城镇土地使用税。对同时经营其他产品的农产品批发市场和农贸市场使用的土地，按其他产品与农产品交易场地面积的比例确定征免城镇土地使用税。

5.7 应纳税额的计算

城镇土地使用税的应纳税额按纳税人实际占用的土地面积和规定的税额标准计算。其计算公式为：

全年应纳税额 = 实际占用应税土地面积（平方米）× 适用税额

5.8 纳税地点

城镇土地使用税在土地所在地缴纳。

纳税人使用的土地不属于同一省、自治区、直辖市管辖的，由纳税人分别向土地所在地的税务机关缴纳城镇土地使用税；在同一省、自治区、直辖市管辖范围内，纳税人跨地区使用的土地，其纳税地点由各省、自治区、直辖市税务局确定。

5.9 纳税期限

城镇土地使用税实行按年计算、分期缴纳的征收方法，具体纳税期限由省、自治区、直辖市人民政府确定。

5.10 会计核算

5.10.1 会计科目设置

企业缴纳的城镇土地使用税，通过“应交税费——应交城镇土地使用税”科目核算。

5.10.2 账务处理

（1）计提时的账务处理：

借：税金及附加

　　贷：应交税费——应交城镇土地使用税

（2）上缴时的账务处理：

借：应交税费——应交城镇土地使用税

　　贷：银行存款

即测即评

扫一扫 练一练

6 学习任务六

印花税会计核算

学习任务描述

根据2021年6月10日中华人民共和国第十三届全国人民代表大会常务委员会第二十九次会议表决通过的《中华人民共和国印花税法》和2006年10月30日财政部发布的《企业会计准则应用指南》中关于印花税的相关法律规定，进行印花税应纳税额的计算与会计核算。

教学目标

能力目标

1. 能正确判断印花税的征收范围；
2. 能正确判断纳税人是否享受印花税的税收优惠；
3. 能进行印花税应纳税额的计算；
4. 能进行印花税的会计核算。

知识目标

1. 掌握印花税纳税人的定义；
2. 掌握印花税的征税范围；
3. 掌握印花税的计税依据；
4. 掌握印花税的税率；
5. 掌握印花税的税收优惠；
6. 掌握印花税应纳税额的计算；
7. 熟悉印花税的征收管理；
8. 掌握印花税的会计核算。

素养目标

提升学生的依法治国意识。

思政园地

印花税由小见大，法治进程中少不了它

《中华人民共和国印花税法》由全国人大常委会于2021年6月10日通过，2022年7月1日起开始实施。

党的十八大以来，落实税收法定原则进程加快，一些条例相继上升为法律。目前，现行18个税种中有12个完成立法，增值税、消费税、土地增值税等税收立法也在稳步推进。虽然印花税在我国税收体系中属于收入占比较小的税种，但是由于其主要对在经营交易或证券交易中书立的应税凭证征税，因此影响面较广，涉及企业、个人在日常经营交易中的各个方面。因此，完善印花税立法对于促进我国市场法制环境的完善具有积极意义。

印花税立法是落实税收法定原则的重要一步，有利于推动完善税收法律制度，提高税收制度规范化、法治化水平，减少自由裁量权，稳定市场预期，促进税收征管更加科学规范。此次印花税立法基本采取保持税负平移或适当降低税收负担的做法，以减轻市场主体负担、促进市场主体交易。同时，在计税依据的设计上，进一步规范了计税依据，避免重复征税，促进专业化分工。

总体而言，印花税由小见大。从印花税法的颁布和实施可以看出，我国加速推进税收立法，优化税收营商环境，创造更有利的投资、交易条件，增强了市场主体信心，形成了良好的市场预期，促进宏观经济稳定运行。

资料来源：佚名．印花税法7月1日实施，这些税目税率降了．光明网，2022－07－01.

任务书

1. 请分析判断印花税的纳税人、税率、计税依据、税收优惠，计算印花税的应纳税额。

2. 请进行印花税的会计核算。

任务分组

请登录 http://cssx.rdlearning.cn 下载学生任务分配表，进行任务分组。

准备工作

微课视频
扫一扫

1. 阅读工作任务书。

2. 收集《中华人民共和国印花税法》和《企业会计准则应用指南》等相关法规，观看微课视频。

3. 结合任务书分析印花税计算与会计核算的难点和常见问题。

思维导图

印花税会计核算

- 纳税人
  - 境内书立应税凭证、进行证券交易的单位和个人
  - 境外书立在境内使用的应税凭证的单位和个人
- 征税范围
  - 合同
    - 买卖合同
    - 借款合同
    - 融资租赁合同
    - 租赁合同
    - 承揽合同
    - 建筑工程合同
    - 运输合同
    - 技术合同
    - 保管合同
    - 仓储合同
    - 财产保险合同
  - 产权转移书据
  - 营业账簿
  - 证券交易
- 纳税义务发生时间
  - 书立应税凭证或者完成证券交易的当日
  - 证券交易印花税扣缴义务发生时间：证券交易完成的当日
- 税率
  - 借款合同、融资租赁合同：0.5‱
  - 营业账簿：2.5‱
  - 买卖合同、承揽合同、建筑工程合同、运输合同、技术合同：3‱
  - 无形资产（土地使用权除外）转让书据：3‱
  - 土地使用权出让和转让书据；房屋等建筑物和构筑物所有权、股权(不包括应缴纳证券交易印花税的)转让书据：5‱
  - 租赁合同、保管合同、仓储合同、财产保险合同、证券交易：1‰
- 计税依据
  - 合同、产权转移书据：价款或报酬的金额，不包括增值税
  - 借款合同：借款金额
  - 租赁合同、融资租赁合同：租金金额
  - 营业账簿：实收资本与资本公积之和
  - 证券交易：成交金额
- 税收优惠
  - 应税凭证的副本或抄本免税
  - 外国驻华使馆、领事馆和国际组织驻华代表机构为获得馆舍书立的应税凭证免税
  - 解放军、中国人民警察部队书立的应税凭证免税
  - 农民、家庭农场、农民专业合作社、农村集体经济组织、村民委员会购买农业生产资料或者销售自产农产品书立的买卖合同和农业保险合同免税
  - 无息和贴息借款合同、国际金融组织向我国提供优惠贷款书立的借款合同免税
  - 财产所有人将财产赠予政府、社会福利机构、学校、慈善组织书立的产权转移书据免税
  - 非营利性医疗卫生机构采购药品或者卫生材料书立的买卖合同免税
  - 个人与电子商务经营者订立的电子订单免税
- 应纳税额的计算
  - 应纳税额＝计税依据×适用税率
- 纳税地点
  - 单位：机构所在地
  - 个人：凭证书立地或者居住地
  - 不动产产权转移：不动产所在地
  - 代扣代缴：扣缴义务人所在地
- 纳税期限
  - 按季计征：季度终了之日起15日内
  - 按年计征：年度终了之日起15日内
  - 按次计征：纳税义务发生之日起15日内申报缴纳税款
  - 证券交易印花税按周解缴：每周终了之日起5日内
- 会计核算
  - 计提
    - 借：税金及附加
    - 贷：应交税费——应交印花税
  - 上缴
    - 借：应交税费——应交印花税
    - 贷：银行存款

任务实施

小规模纳税人工作任务：印花税会计核算

情境导航：

根据小规模纳税人综合案例 A 中的“二、2023 年第 1—3 季度相关涉税信息”和“四、2023 年第 4 季度具体业务情况”，筛选出与印花税相关的情境。

（1）辨析纳税人。

引导问题 1：根据 6.1，吉祥公司是否是印花税的纳税人？ □是 □否

（2）识别征税范围。

引导问题 2：根据 6.2，吉祥公司订立的合同是否属于印花税的征税范围？ □是 □否

（3）确定纳税义务发生时间。

引导问题 3：根据 6.3，吉祥公司印花税的纳税义务发生时间为________。

（4）确定税率。

引导问题 4：根据 6.4，吉祥公司适用的印花税税率是________%。

（5）确定计税依据。

引导问题 5：根据 6.5，吉祥公司印花税的计税依据是________。

（6）判断税收优惠。

引导问题 6：根据 6.6，吉祥公司是否享受印花税的税收优惠？ □是 □否

（7）计算应纳税额。

引导问题 7：根据 6.7，吉祥公司第 4 季度应缴纳的印花税是__________。

（8）确定纳税地点。

引导问题 8：根据 6.8，吉祥公司印花税的纳税地点是__________。

（9）会计处理。

引导问题 9：根据 6.10，请完成吉祥公司第 4 季度印花税的会计处理。

一般纳税人工作任务：印花税会计核算

情境导航：

根据一般纳税人综合案例 B 中的“二、2023 年 1—11 月相关涉税信息”和“三、2023 年 12 月具体业务情况”，筛选出与印花税相关的情境。

（1）辨析纳税人。

引导问题 1：根据 **6.1**，阳光公司是否是印花税的纳税人？ □是 □否

（2）识别征税范围。

引导问题 2：根据 **6.2**，阳光公司订立的合同是否属于印花税的征税范围？

□是 □否

（3）确定纳税义务发生时间。

引导问题 3：根据 **6.3**，阳光公司印花税的纳税义务发生时间为________。

（4）确定税率。

引导问题 4：根据 **6.4**，阳光公司适用的印花税税率是________%。

（5）确定计税依据。

引导问题 5：根据 **6.5**，阳光公司印花税的计税依据是__________。

（6）判断税收优惠。

引导问题 6：根据 **6.6**，阳光公司是否享受印花税的税收优惠？ □是 □否

（7）计算应纳税额。

引导问题 7：根据 **6.7**，阳光公司 12 月应缴纳的印花税是________。

（8）确定纳税地点。

引导问题 8：根据 **6.8**，阳光公司印花税的纳税地点是________。

（9）会计处理。

引导问题 9：根据 **6.10**，请完成阳光公司 12 月印花税的会计处理。

任务评价

请登录 http://cssx.rdlearning.cn 下载评价表，进行任务评价。

任务总结

通过完成上述任务，你学到了哪些知识或技能？

学习任务的相关知识点

印花税是对经济活动和经济交往中书立、领受、使用的应税凭证征收的一种税。因纳税人主要是通过在应税凭证上粘贴印花税票来完成纳税义务，故名印花税。

6.1 纳税人

印花税的纳税人是指在中华人民共和国境内书立应税凭证、进行证券交易的单位和个人。

在中华人民共和国境外书立、在境内使用的应税凭证的单位和个人，也是印花税的纳税人。

单位是指企业、行政单位、事业单位、军事单位、社会团体及其他单位；个人是指个体工商户和其他个人。

如果一份合同或应税凭证由两方或两方以上当事人共同签订，签订合同或应税凭证的各方都是纳税人（证券交易除外），应各就其所持合同或应税凭证的计税金额履行纳税义务。

根据书立、使用凭证的不同，纳税人可分为立合同人、立账簿人、立据人和使用人等。

印花税纳税人的具体划分如表 6－1 所示。

表 6－1 印花税纳税人

纳税人	具体含义	备注
立合同人	是指合同的当事人，即对凭证有直接权利义务关系的单位和个人	不包括合同的担保人、证人、鉴定人
立账簿人	是指开立并使用营业账簿的单位和个人	
立据人	是指书立产权转移书据的单位和个人	
使用人	是指在国外书立，但在国内使用应税凭证的单位和个人	

证券登记结算机构为证券交易印花税的扣缴义务人。

6.2 征税范围

印花税的征税范围包括四类凭证，即合同（指书面合同）类、产权转移书据类、营业账簿类和证券交易类，如表 6－2 所示。

6.3 纳税义务发生时间

印花税纳税义务发生时间为纳税人书立应税凭证或者完成证券交易的当日。证券交易印花税扣缴义务发生时间为证券交易完成的当日。

6.4 税率

印花税实行比例税率，具体如表 6－2 所示。

表 6－2　印花税税目税率表

税目			税率	备注
合同（指书面合同）	买卖合同	包括供应、预购、采购、购销结合及协作、调剂、补偿、易货等合同，还包括各出版单位与发行单位之间订立的图书、报刊、音像征订凭证	价款的 3‰	指动产买卖合同（不包括个人书立的买卖合同）
	借款合同	指银行业金融机构、经国务院银行业监督管理机构批准设立的其他金融组织与借款人所签订的借款合同	借款金额的 0.5‰	不包括银行间同业拆借
	融资租赁合同		租金的 0.5‰	
	租赁合同	包括租赁房屋、船舶、飞机、机动车辆、机器、器具、设备等合同；还包括企业、个人出租门店、柜台等所签订的合同	租金的 1‰	
	承揽合同	包括加工、定做、修缮、修理、印刷、广告、测绘、测试等合同	报酬的 3‰	
	建筑工程合同	包括勘察、设计、建筑、安装工程合同的总包合同、分包合同和转包合同	价款的 3‰	
	运输合同	指货运合同和多式联运合同	运费的 3‰	不包括管道运输合同
	技术合同	包括技术开发、转让、咨询、服务等合同	价款、报酬或使用费的 3‰	不包括专利权、专有技术使用权转让书据
	保管合同	包括保管合同或作为合同使用的仓单、栈单等	保管费的 1‰	
	仓储合同		仓储费的 1‰	
	财产保险合同	包括财产、责任、保证、信用等保险合同	保险费的 1‰	不包括再保险合同
产权转移书据		包括土地使用权出让和转让（不包括土地承包经营权和土地经营权转移）书据；房屋等建筑物和构筑物所有权、股权（不包括应缴纳证券交易印花税的）转让书据	价款的 5‰	转让包括买卖（出售）、继承、赠予、互换、分割
		商标专用权、著作权、专利权、专有技术使用权转让书据	价款的 3‰	
营业账簿			实收资本（股本）、资本公积合计金额的 2.5‰	
证券交易		是指转让在依法设立的证券交易所、国务院批准的其他全国性证券交易场所交易的股票和以股票为基础发行的存托凭证	成交金额的 1‰	仅对证券交易的出让方征收，不对受让方征收

6.5 计税依据

印花税计税依据的确定如表 6－3 所示。

表 6－3 印花税计税依据

应税项目	计税依据	备注
合同	合同列明的金额（价款或报酬），不包括列明的增值税税款	应税合同、产权转移书据未列明金额的，按实际结算的金额确定，按实际结算的金额仍不能确定的，按照书立合同、产权转移书据时的市场价格确定；依法应当执行政府定价或者政府指导价的，按照国家有关规定确定
产权转移书据	产权转移书据列明的金额，不包括列明的增值税税款	
营业账簿	营业账簿记载的实收资本（股本）、资本公积合计金额	
证券交易	证券成交金额	证券交易无转让价格的，按照办理过户登记手续时该证券前一个交易日收盘价计算确定计税依据；无收盘价的，按照证券面值计算确定计税依据

6.6 税收优惠

下列凭证免征印花税：

（1）应税凭证的副本或抄本免税。

（2）农民、家庭农场、农民专业合作社、农村集体经济组织、村民委员会购买农业生产资料或者销售自产农产品书立的买卖合同和农业保险合同，免征印花税。

（3）对无息和贴息借款合同、国际金融组织向我国提供优惠贷款书立的借款合同免税。

（4）财产所有人将财产赠予政府、社会福利机构、学校、慈善组织书立的产权转移书据，免征印花税。

（5）中国人民解放军、中国人民警察部队书立的应税凭证，免征印花税。

（6）依照法律规定应当予以免税的外国驻华使馆、领事馆和国际组织驻华代表机构为获得馆舍书立的应税凭证，免征印花税。

（7）非营利性医疗卫生机构采购药品或者卫生材料书立的买卖合同，免征印花税。

（8）个人与电子商务经营者订立的电子订单，免征印花税。

（9）自 2023 年 1 月 1 日至 2027 年 12 月 31 日，对增值税小规模纳税人、小型微利企业和个体工商户减半征收印花税（不含证券交易印花税）。

（10）根据国民经济和社会发展的需要，国务院对居民住房需求保障、企业改制重组、破产、支持小型微型企业发展等情形可以规定减征或者免征印花税，报全国人民代表大会常务委员会备案。

6.7 应纳税额的计算

印花税应纳税额的计算如表 6－4 所示。

表 6－4 印花税应纳税额的计算

应税项目	应纳税额
合同	合同所列金额 × 适用税率
产权转移书据	产权转移书据所列金额 × 适用税率
营业账簿	实收资本（股本）、资本公积合计金额 × 适用税率
证券交易	成交金额 × 适用税率

同一应税凭证载有两个以上税目事项并分别列明金额的，按照各自适用的税目税率分别计算应纳税额；未分别列明金额的，从高适用税率。

同一应税凭证由两方以上当事人书立的，按照各自涉及的金额分别计算应纳税额。

已缴纳印花税的营业账簿，以后年度记载的实收资本（股本）、资本公积合计金额与已缴纳印花税的实收资本（股本）、资本公积合计金额相比增加的，按照增加部分计算应纳税额。

6.8 纳税地点

（1）单位纳税人应当向其机构所在地的主管税务机关申报缴纳印花税。

（2）个人纳税人应当向应税凭证书立地或者居住地的主管税务机关申报缴纳印花税。

（3）纳税人出让或者转让不动产产权的，应当向不动产所在地的主管税务机关申报缴纳印花税。

（4）证券交易印花税的扣缴义务人应当向其机构所在地的主管税务机关申报解缴税款以及银行结算的利息。

（5）纳税人为境外单位或者个人，在境内有代理人的，以其境内代理人为扣缴义务人；在境内没有代理人的，由纳税人自行申报缴纳印花税，具体办法由国务院税务主管部门规定。

6.9 纳税期限

（1）印花税按季、按年或者按次计征。实行按季、按年计征的，纳税人应当自季度、年度终了之日起 15 日内申报缴纳税款；实行按次计征的，纳税人应当自纳税义务发生之日起 15 日内申报缴纳税款。

（2）证券交易印花税按周解缴。证券交易印花税扣缴义务人应当自每周终了之日起 5 日内申报解缴税款以及银行结算的利息。

6.10 会计核算

6.10.1 会计科目设置

企业缴纳的印花税通过“应交税费——应交印花税”科目进行核算，但是如果是通过购买印花税票加以完税的话，则通过银行存款进行核算。

6.10.2 账务处理

（1）计提时的账务处理：

借：税金及附加

　贷：应交税费——应交印花税

（2）上缴时的账务处理：

借：应交税费——应交印花税

　贷：银行存款

即测即评

扫一扫 练一练

7 学习任务七

车船税会计核算

学习任务描述

根据2011年2月25日第十一届全国人民代表大会常务委员会第十九次会议通过、2019年4月23日第十三届全国人民代表大会常务委员会第十次会议修正的《中华人民共和国车船税法》的相关条款，2011年12月5日国务院公布、2019年3月2日修订的《中华人民共和国车船税法实施条例》中关于车船税的相关规定，2006年10月30日财政部发布的《企业会计准则应用指南》中关于车船税会计核算的相关规定，进行车船税应纳税额的计算与会计核算。

教学目标

能力目标

1. 能正确判断车船税的征收范围；
2. 能正确判断纳税人是否享受车船税的税收优惠；
3. 能进行车船税应纳税额的计算；
4. 能进行车船税的会计核算。

知识目标

1. 掌握车船税纳税人的定义；
2. 掌握车船税的征税范围；
3. 掌握车船税的税率；
4. 掌握车船税的计税依据；
5. 掌握车船税的税收优惠；
6. 掌握车船税应纳税额的计算；
7. 熟悉车船税的征收管理；
8. 掌握车船税的会计核算。

素养目标

增强制度自信，提升环保责任感。

思政园地

小小车船税，助力碳达峰

车船税虽然是个小税种，但是通过调整车船税相关的征收政策，也可以为我们2030年实现“碳达峰”目标做出贡献。

从2011年2月开始，国家为提倡绿色出行方式、带动新能源汽车产业发展，对车船税进行了有针对性的调整，对不同排放量和能源消耗方式的汽车，征收不同金额的车船税，最大税率差距接近90倍。

从2012年1月1日开始，国家在车船税的税收优惠政策中，继续提升对新能源汽车的优惠力度，对符合标准的新能源汽车免征车船税，对符合标准的节约能源类汽车减半征收车船税。

2015年至2018年，我国多次对免征车船税的新能源汽车类别进行补充完善，更新符合要求的车辆类型。

虽然车船税的优惠政策相较于其他税种优惠力度较小，但是可以给市场传递出信号，积极引导生产传统汽车的企业加速转型，鼓励消费者购买新能源汽车，促进绿色出行风尚的形成，助力节能减排和“碳达峰”目标的实现。

任务书

1. 请分析判断车船税的纳税人、计税依据、税率以及税收优惠，计算车船税的应纳税额。
2. 请进行车船税的会计核算。

任务分组

请登录 http://cssx.rdlearning.cn 下载学生任务分配表，进行任务分组。

准备工作

微课视频
扫一扫

1. 阅读工作任务书。
2. 收集《中华人民共和国车船税法》、《中华人民共和国车船税法实施条例》和《企业会计准则应用指南》等相关法规，观看微课视频。
3. 结合任务书分析车船税计算与会计核算的难点和常见问题。

思维导图

- 车船税会计核算
  - 纳税人
    - 我国境内车船的所有人或者管理人
  - 征税范围
    - 依法应当在车船管理部门登记的机动车辆和船舶
    - 依法不需要登记，在单位内部场所行驶或者作业的机动车辆和船舶
    - 境内单位和个人将船舶出租到境外
  - 纳税义务发生时间
    - 取得车船所有权或者管理权的当月
  - 税率
    - 定额税率
  - 计税依据
    - 辆数：乘用车、商用客车和摩托车
    - 整备质量吨位数：商用货车、挂车、专用作业车和轮式专用机械车
    - 净吨位数：机动船舶
    - 艇身长度：游艇
  - 税收优惠
    - 法定减免
      - 捕捞、养殖渔船，军队、武警车船，警用车船，消防救援车辆、外国驻华人员车船
      - 节能汽车减半，新能源免征
      - 公交车船、农村地区摩托车、三轮车和低速载货汽车定期减征或免征
    - 特定减免
      - 经批准临时入境的车船
      - 缴纳船舶吨税的机动船舶，5年内免征
      - 依法不需要登记的机场、港口、铁路站场内部行驶或者作业的车船，5年内免征
  - 应纳税额的计算
    - 车船税年应纳税额＝计税依据×年基准税额
    - 新车船应纳税额=（年应纳税额÷12）×应纳税月份数
    - 已完税车船被盗、报废、灭失，可退剩余月份税款
    - 已完税车船转让，不另纳、不退税
    - 已完税车船退货，可退剩余月份税款
  - 纳税地点
    - 车船的登记地或者扣缴义务人所在地
      - 自行申报缴纳：车船登记地
      - 扣缴义务人代扣代缴：扣缴义务人所在地
    - 依法不需要登记，车船的所有人或者管理人所在地
  - 纳税期限
    - 按年申报，分月计算，一次性缴纳
  - 会计核算
    - 计提
      - 借：税金及附加
      - 贷：应交税费——应交车船税
    - 上缴
      - 借：应交税费——应交车船税
      - 贷：银行存款

任务实施

一般纳税人工作任务：车船税会计核算

情境导航：

根据一般纳税人综合案例 B 中的“二、2023 年 1—11 月相关涉税信息”和“三、2023 年 12 月具体业务情况”，筛选出与车船税相关的情境。

（1）辨析纳税人。

引导问题 1：根据 **7.1**，阳光公司是否是车船税的纳税人？ □是 □否

（2）识别征税范围。

引导问题 2：根据 **7.2**，阳光公司的车辆是否属于车船税的征税范围？ □是 □否

（3）确定纳税义务发生时间。

引导问题 3：根据 **7.3**，阳光公司车船税的纳税义务发生时间为__________。

（4）确定税率。

引导问题 4：根据 **7.4**，阳光公司适用的车船税定额税率是________。

（5）确定计税依据。

引导问题 5：根据 **7.5**，阳光公司车船税的计税依据是__________。

（6）判断税收优惠。

引导问题 6：根据 **7.6**，阳光公司是否享受车船税的税收优惠？ □是 □否

（7）计算应纳税额。

引导问题 7：根据 **7.7**，阳光公司应缴纳的车船税是__________。

（8）确定纳税地点。

引导问题 8：根据 **7.8**，阳光公司车船税的纳税地点是__________。

（9）会计处理。

引导问题 9：根据 **7.10**，请完成阳光公司 12 月车船税的会计处理。

任务评价

请登录 http://cssx.rdlearning.cn 下载评价表，进行任务评价。

任务总结

通过完成上述任务，你学到了哪些知识或技能？

车船税是以属于《中华人民共和国车船税法》(以下简称《车船税法》) 所附《车船税税目税额表》规定的车辆、船舶 (以下简称车船) 为征税对象，向拥有车船的单位和个人征收的一种税。

7.1 纳税人

在中华人民共和国境内，车船的所有人或者管理人，为车船税的纳税人。

管理人是指对车船具有管理使用权，不具有所有权的单位。

从事机动车第三者责任强制保险业务的保险机构为机动车车船税的扣缴义务人。

7.2 征税范围

车船税的征税范围是在中华人民共和国境内属于《车船税法》所附《车船税税目税额表》规定的车辆、船舶。

具体包括：

(1) 依法应当在车船管理部门登记的机动车辆和船舶。

(2) 依法不需要在车船管理部门登记、在单位内部场所行驶或者作业的机动车辆和船舶。

车船管理部门，是指公安、交通运输、农业、渔业、军队、武装警察部队等依法具有车船登记管理职能的部门；单位，是指依照中国法律、行政法规的规定，在中国境内成立的行政机关、企业、事业单位、社会团体以及其他组织。

(3) 境内单位和个人租入外国籍船舶的，不征收车船税。境内单位和个人将船舶出租到境外的，应依法征收车船税。

(4) 纯电动乘用车和燃料电池乘用车不属于车船税征税范围。

7.3 纳税义务发生时间

车船税纳税义务发生时间为取得车船所有权或者管理权的当月。以购买车船的发票或其他证明文件所载日期的当月为准。

7.4 税率

车船税实行定额税率，即对征税的车船规定单位固定税额。

车船税的适用税额，依照《车船税法》所附的《车船税税目税额表》执行，具体如表 7-1 所示。

表 7-1　车船税税目税额表

税目		计税单位	年基准税额（元）	备注
乘用车〔按发动机汽缸容量（排气量分档）〕	1.0 升（含）以下的	每辆	60 至 360	核定载客人数 9 人（含）以下
	1.0 升以上至 1.6 升（含）的		300 至 540	
	1.6 升以上至 2.0 升（含）的		360 至 660	
	2.0 升以上至 2.5 升（含）的		660 至 1 200	
	2.5 升以上至 3.0 升（含）的		1 200 至 2 400	
	3.0 升以上至 4.0 升（含）的		2 400 至 3 600	
	4.0 升以上的		3 600 至 5 400	
商用车	客车		480 至 1 440	核定载客人数 9 人以上，包括电车
	货车	整备质量每吨	16 至 120	包括半挂牵引车、三轮汽车和低速载货汽车等
挂车			16 至 120	按照货车税额的 50% 计算
其他车辆	专用作业车		16 至 120	不包括拖拉机
	轮式专用机械车		16 至 120	
摩托车		每辆	36 至 180	
机动船舶	净吨位不超过 200 吨的	净吨位每吨	3	拖船、非机动驳船分别按照机动船舶税额的 50% 计算
	净吨位 201 至 2 000 吨的		4	
	净吨位 2 001 至 10 000 吨的		5	
	净吨位 10 001 吨及以上的		6	
游艇	艇身长度不超过 10 米的	艇身长度每米	600	
	艇身长度 10 至 18 米的		900	
	艇身长度 18 至 30 米的		1 300	
	艇身长度超过 30 米的		2 000	
	辅助动力帆艇		600	

车辆具体适用税额由省、自治区、直辖市人民政府根据《车船税法》所附《车船税税目税额表》确定，并报国务院备案。

拖船按照发动机功率每 1 千瓦折合净吨位 0.67 吨计算征收车船税。

7.5 计税依据

车船税以车船的计税单位数量为计税依据。《车船税法》按照车船的种类和性能，分别确定每辆、整备质量每吨、净吨位每吨和艇身长度每米为计税单位。具体如表 7-2 所示。

表 7-2　车船税各税目计税依据

税目	计税依据
乘用车、商用客车和摩托车	辆数
商用货车、挂车、专用作业车和轮式专用机械车	整备质量吨位数
机动船舶	净吨位数
游艇	艇身长度

7.6 税收优惠

7.6.1 法定减免

（1）捕捞、养殖渔船免征车船税。

（2）军队、武装警察部队专用的车船免征车船税。

（3）警用车船免征车船税。

（4）悬挂应急救援专用号牌的国家综合性消防救援车辆和国家综合性消防救援专用船舶免征车船税。

（5）依照法律规定应当予以免税的外国驻华使领馆、国际组织驻华代表机构及其有关人员的车船免征车船税。

（6）节能汽车，减半征收车船税。

（7）新能源车船，免征车船税。

（8）省、自治区、直辖市人民政府根据当地实际情况，可以对公共交通车船，农村居民拥有并主要在农村地区使用的摩托车、三轮汽车和低速载货汽车定期减征或免征车船税。

7.6.2 特定减免

（1）经批准临时入境的外国车船和香港特别行政区、澳门特别行政区、台湾地区的车船，不征收车船税。

（2）按照规定缴纳船舶吨税的机动船舶，自《车船税法》实施之日起 5 年内免征车船税。

（3）依法不需要在车船登记管理部门登记的机场、港口、铁路站场内部行驶或者作业的车船，自《车船税法》实施之日起 5 年内免征车船税。

7.7 应纳税额的计算

（1）车船税年应纳税额的计算公式为：

车船税年应纳税额 = 计税依据 × 年基准税额

（2）购置的新车船，购置当年的应纳税额自纳税义务发生的当月起按月计算。应纳税额为年应纳税额除以 12 再乘以应纳税月份数。计算公式为：

应纳税额 =（年应纳税额 ÷ 12）× 应纳税月份数

（3）在一个纳税年度内，已完税的车船被盗抢、报废、灭失的，纳税人可以凭有关管理机关出具的证明和完税凭证，向纳税所在地的主管税务机关申请退还自被盗抢、报废、灭失月份起至该纳税年度终了期间的税款。

已办理退税的被盗抢车船失而复得的，纳税人应当从公安机关出具相关证明的当月起计算缴纳车船税。

（4）已缴纳车船税的车船在同一纳税年度内办理转让过户的，不另纳税，也不退税。

（5）已经缴纳车船税的车船，因质量原因，车船被退回生产企业或者经销商的，纳税人可以向纳税所在地的主管税务机关申请退还自退货月份起至该纳税年度终了期间的税款。退货月份以退货发票所载日期的当月为准。

7.8 纳税地点

车船税的纳税地点为车船的登记地或者车船税扣缴义务人所在地。

纳税人自行申报缴纳车船税的，纳税地点为车船登记地的主管税务机关所在地。

扣缴义务人代收代缴车船税的，纳税地点为扣缴义务人所在地。

依法不需要办理登记的车船，其车船税的纳税地点为车船的所有人或者管理人所在地。

7.9 纳税期限

车船税按年申报，分月计算，一次性缴纳。纳税年度为公历 1 月 1 日至 12 月 31 日。具体申报纳税期限由省、自治区、直辖市人民政府确定。

7.10 会计核算

7.10.1 会计科目设置

企业缴纳的车船税，通过“应交税费——应交车船税”科目核算。

7.10.2 账务处理

（1）计提时的账务处理：

借：税金及附加

　贷：应交税费——应交车船税

（2）上缴时的账务处理：

借：应交税费——应交车船税

　贷：银行存款

即测即评

扫一扫 练一练

8 学习任务八

契税会计核算

学习任务描述

根据2020年8月11日中华人民共和国第十三届全国人民代表大会常务委员会第二十一次会议通过的《中华人民共和国契税法》和2006年10月30日财政部发布的《企业会计准则应用指南》中关于契税的法律法规规定，进行契税应纳税额的计算与会计核算。

教学目标

能力目标

1. 能正确判断契税的征收范围；
2. 能正确判断纳税人是否享受契税的税收优惠；
3. 能进行契税应纳税额的计算；
4. 能进行契税的会计核算。

知识目标

1. 掌握契税纳税人的定义；
2. 掌握契税的征税范围；
3. 掌握契税的计税依据；
4. 掌握契税的税率；
5. 掌握契税的税收优惠；
6. 掌握契税应纳税额的计算；
7. 熟悉契税的征收管理；
8. 掌握契税的会计核算。

素养目标

提升学生依法治国意识。

思政园地

契税立法推进税收法定

2020年8月11日第十三届全国人民代表大会常务委员会第二十一次会议通过了《中华人民共和国契税法》，同时废止1997年7月7日国务院发布的《中华人民共和国契税暂行条例》。《中华人民共和国契税法》于2021年9月1日施行。由《中华人民共和国契税暂行条例》到《中华人民共和国契税法》，是从国务院规章提升到国家法律，这是一个质的飞跃，体现了现代立法精神要求，推进了建立现代财政制度的进程。这一变化也反映出我国国家治理体系与治理能力现代化的进程不断加快，“依法治国”不是一句口号，而是实实在在地一步一步推进。

任务书

1. 请分析判断契税的纳税人、征税范围、计税依据、税率、税收优惠，计算契税的应纳税额。

2. 请进行契税的会计核算。

任务分组

请登录 http://cssx.rdlearning.cn 下载学生任务分配表，进行任务分组。

准备工作

微课视频

扫一扫

1. 阅读工作任务书。

2. 收集《中华人民共和国契税法》和《企业会计准则应用指南》等相关法规，观看微课视频。

3. 结合任务书分析契税计算与会计核算的难点和常见问题。

思维导图

- **契税会计核算**
  - 纳税人
    - 承受土地、房屋权属的单位和个人
  - 征税范围
    - 土地使用权的出让
    - 土地使用权的转让
    - 房屋买卖
    - 房屋赠予
    - 房屋互换
  - 纳税义务发生时间
    - 纳税人签订土地、房屋权属转移合同的当日
  - 税率
    - 3%~5%的幅度税率
    - 家庭唯一住房
      - 90平方米及以下：1%
      - 90平方米以上：1.5%
    - 第二套改善性住房
      - 90平方米及以下：1%
      - 90平方米以上：2%
  - 计税依据
    - 国有土地使用权出让、土地使用权出售、房屋买卖：不含税成交价格
    - 土地使用权赠予、房屋赠予：税务机关参照市场价格
    - 交换：差额（支付差额方纳税）
    - 以划拨方式取得土地使用权：补缴的土地出让价款
  - 税收优惠
    - 国家机关、事业单位、社会团体、军事单位承受土地、房屋用于办公、教学等，免征
    - 法定继承人通过继承承受土地、房屋权属，免征
    - 因土地、房屋被县级以上人民政府征收、征用，重新承受土地、房屋权属，酌情减免
    - 因不可抗力灭失住房，重新承受住房权属，酌情减免
  - 应纳税额的计算
    - 应纳税额＝计税依据×税率
  - 纳税地点
    - 土地、房屋所在地主管税务机关
  - 会计核算
    - 取得房屋
      - 借：固定资产
      - 贷：银行存款
    - 取得土地权属
      - 借：无形资产
      - 贷：银行存款

任务实施

一般纳税人工作任务：契税会计核算

情境导航：

根据一般纳税人综合案例 B 中的“二、2023 年 1—11 月相关涉税信息”和“三、2023 年 12 月具体业务情况”，筛选出与契税相关的情境。

（1）辨析纳税人。

引导问题 1：根据 **8.1**，阳光公司是否是契税的纳税人？ □是 □否

（2）识别征税范围。

引导问题 2：根据 **8.2**，阳光公司购置商品房是否属于契税的征收范围？

□是 □否

（3）确定纳税义务发生时间。

引导问题 3：根据 **8.3**，阳光公司契税的纳税义务发生时间为________。

（4）确定税率。

引导问题 4：根据 **8.4**，阳光公司适用的契税税率是________%（法定最低档）。

（5）确定计税依据。

引导问题 5：根据 **8.5**，阳光公司契税的计税依据是________。

（6）判断税收优惠。

引导问题 6：根据 **8.6**，阳光公司是否享受契税的税收优惠？ □是 □否

（7）计算应纳税额。

引导问题 7：根据 **8.7**，阳光公司应缴纳的契税是__________。

（8）确定纳税地点。

引导问题 8：根据 **8.8**，阳光公司契税的纳税地点是__________。

（9）会计处理。

引导问题 9：根据 **8.9**，请完成阳光公司 12 月契税的会计处理。

任务评价

请登录 http://cssx.rdlearning.cn 下载评价表，进行任务评价。

任务总结

通过完成上述任务，你学到了哪些知识或技能？

契税是指以中国境内土地、房屋权属转移为征税对象，向权属承受人征收的一种税。

8.1 纳税人

在中华人民共和国境内转移土地、房屋权属，承受的单位和个人为契税的纳税人。

8.2 征税范围

在中华人民共和国境内转移土地、房屋权属属于契税征税范围，具体包括：

（1）土地使用权的出让。国有土地使用权的出让是指土地使用者向国家交付土地使用权出让费，国家将国有土地使用权在一定年限内让与土地使用者的行为。

（2）土地使用权的转让。土地使用权的转让是指土地使用者以出售、赠予、互换方式将土地使用权转移给其他单位和个人的行为。土地使用权的转让不包括土地承包经营权和土地经营权的转移。

（3）房屋买卖。即以货币为媒介，出卖者向购买者过渡房产所有权的交易行为。以下几种特殊情况，视同买卖房屋：

1）以作价投资（入股）、偿还债务等应交付经济利益的方式转移土地、房屋权属的，参照土地使用权出让、出售或房屋买卖确定契税适用税率、计税依据等。

2）以划转、奖励等没有价格的方式转移土地、房屋权属的，参照土地使用权或房屋赠予确定契税适用税率、计税依据等。

税务机关依法核定计税价格，应参照市场价格，采用房地产价格评估等方法合理确定。

以自有房产作股投入本人独资经营的企业，免纳契税。因为以自有的房产投入本人独资经营的企业，产权所有人和使用权使用人未发生变化，不需要办理房产变更手续，也不办理契税手续。

3）买房拆料或翻建新房，应照章征收契税。

（4）房屋赠予。房屋赠予是指房屋所有人将房屋无偿转让给他人所有。其中，将自己的房屋转交给他人的法人和自然人，称作房屋赠予人；接受他人房屋的法人和自然人，称为受赠人。房屋赠予的前提必须是产权无纠纷，赠予人和受赠人双方自愿。

由于房屋是不动产，价值较高，故法律要求赠予房屋应有书面合同（契约），并到房地产管理机关或农村基层政权机关办理登机过户手续，才能生效。如果房屋赠予行为涉及涉外关系，还需公证处证明和外事部门认证，才能生效。

房屋的受赠人原则上要按规定缴纳契税。对于《中华人民共和国继承法》规定的法定继承人（包括配偶、子女、父母、兄弟姐妹、祖父母、外祖父母）继承土地、房屋权属的，不征收契税；非法定继承人根据遗嘱承受死者生前的土地房屋权属，属于赠予行为，应征收契税。

以获奖方式取得房屋产权，实质上是接受赠予房产的行为，也应缴纳契税。

（5）房屋互换。房屋互换是指房屋所有者之间互相交换房屋的行为。

（6）下列情形发生土地、房屋权属转移的，承受方应当依法缴纳契税：

1）因共有不动产份额变化的；

2）因共有人增加或者减少的；

3）因人民法院、仲裁委员会的生效法律文书或者监察机关出具的监察文书等因素，发生土地、房屋权属转移的。

8.3 纳税义务发生时间

契税的纳税义务发生时间如表 8－1 所示。

表 8－1　契税的纳税义务发生时间

适用情形	纳税义务发生时间
一般情况	纳税人签订土地、房屋权属转移合同的当日，或纳税人取得其他具有土地、房屋权属转移合同性质凭证的当日
根据人民法院、仲裁委员会的生效法律文书或者监察机关出具的监察文书等发生土地、房屋权属转移	法律文书生效当日
改变土地、房屋用途等情形应当缴纳已经减征、免征契税	改变有关土地、房屋用途等情形的当日
因改变土地性质、容积率等土地使用条件需补缴土地出让价款	改变土地使用条件当日

纳税人办理纳税事宜后，税务机关应当开具契税完税凭证。纳税人办理土地、房屋权属登记，不动产登记机构应当查验契税完税、减免税凭证或者有关信息。未按照规定缴纳契税的，不动产登记机构不予办理土地、房屋权属登记。

按规定不再需要办理土地、房屋权属登记的，纳税人应自纳税义务发生之日起 90 日内申报缴纳契税。

8.4 税率

契税实行 3% ～ 5% 的幅度税率。具体执行税率由各省、自治区、直辖市人民政府在 3% ～ 5% 的幅度内提出，报同级人民代表大会常务委员会决定，并报全国人民代表大会常务委员会和国务院备案。

省、自治区、直辖市可以依照上述程序对不同主体、不同地区、不同类型的住房权属转移确定差别税率。

对个人购买家庭唯一住房（家庭成员范围包括购房人、配偶以及未成年子女，下同)，面积为 90 平方米及以下的，减按 1% 的税率征收契税；面积为 90 平方米以上的，减按 1.5% 的税率征收契税。对个人购买家庭第二套改善性住房，面积为 90 平方米及以下的，减按 1% 的税率征收契税；面积为 90 平方米以上的，减按 2% 的税率征收契税。

8.5 计税依据

如果实际取得增值税发票，契税的计税依据以发票上注明的不含税价格确定。如果税务机关核定的，契税计税价格为不含增值税价格。契税计税依据具体规定如表 8－2 所示。

表 8－2　契税计税依据具体规定

<table>
<tr><th colspan="2">类型</th><th>计税依据规定</th></tr>
<tr><td colspan="2">土地使用权出让、出售、房屋买卖</td><td>为土地、房屋权属转移合同确定的价格，包括承受者应交付的货币、实物、其他经济利益对应的价款</td></tr>
<tr><td colspan="2">土地使用权赠予、房屋赠予，以及其他没有价格的转移土地、房屋权属行为</td><td>税务机关参照土地使用权出售、房屋买卖的市场价格依法核定的不含增值税的价格</td></tr>
<tr><td colspan="2">以划拨方式取得土地使用权，经批准改为出让方式重新取得土地使用权</td><td>该土地使用权人补缴的土地出让价款</td></tr>
<tr><td colspan="2" rowspan="2">先以划拨方式取得土地使用权，后经批准转让房产</td><td>划拨土地性质改为出让：承受方应分别以补缴的土地出让价款和房地产权属转移合同确定的成交价格为计税依据</td></tr>
<tr><td>划拨土地性质未发生改变：承受方应以房地产权属转移合同确定的成交价格为计税依据</td></tr>
<tr><td colspan="2">土地使用权及所附建筑物、构筑物等（包括在建的房屋、其他建筑物、构筑物和其他附着物）转让</td><td>承受方应交付的总价款</td></tr>
<tr><td colspan="2">土地使用权出让</td><td>计税依据包括土地出让金、土地补偿费、安置补助费、地上附着物和青苗补偿费、征收补偿费、城市基础设施配套费、实物配建房屋等应交付的货币、实物、无形资产及其他经济利益对应的价款</td></tr>
<tr><td rowspan="2">房屋附属设施（包括停车位、机动车库、非机动车库、顶层阁楼、储藏室及其他房屋附属设施）</td><td>与房屋为同一不动产单元的</td><td>承受方应交付的总价款，并适用与房屋相同的税率</td></tr>
<tr><td>与房屋为不同不动产单元的</td><td>转移合同确定的成交价格，并按当地确定的适用税率计税</td></tr>
<tr><td colspan="2">承受已装修房屋</td><td>将包括装修费用在内的费用计入承受方应交付总价款</td></tr>
<tr><td colspan="2" rowspan="2">土地使用权互换、房屋互换</td><td>交换价格相等：互换双方的计税依据均为零</td></tr>
<tr><td>交换价格不等：以其差额为计税依据，由支付差额的一方缴纳契税</td></tr>
</table>

8.6 税收优惠

8.6.1 免征契税情形

（1）国家机关、事业单位、社会团体、军事单位承受土地、房屋用于办公、教学、医疗、科研和军事设施的。

（2）非营利性的学校、医疗机构、社会福利机构承受土地、房屋权属用于办公、教学、医疗、科研、养老、救助。

（3）承受荒山、荒地、荒滩土地使用权，并用于农、林、牧、渔业生产。

（4）婚姻关系存续期间夫妻之间变更土地、房屋权属。

（5）夫妻因离婚分割共同财产发生土地、房屋权属变更。

（6）法定继承人通过继承承受土地、房屋权属。

（7）依照法律规定应当予以免税的外国驻华使馆、领事馆和国际组织驻华代表机构承受土地、房屋权属。

（8）城镇职工按规定第一次购买公有住房。

（9）外国银行分行按规定改制为外商独资银行（或其分行），改制后的外商独资银行（或其分行）承受原外国银行分行的房屋权属。

（10）军队离退休干部住房由国家投资建设，军队和地方共同承担建房任务，其中军队承建部分完工后应逐步移交给地方政府管理，免征军建离退休干部住房及附属用房移交地方政府管理所涉及的契税。

（11）廉租住房经营管理单位购买住房作为廉租住房、经济适用住房经营管理单位回购经济适用住房继续作为经济适用住房房源。

（12）金融租赁公司开展售后回租业务，承受承租人房屋、土地权属的，照章征税。对售后回租合同期满，承租人回购原房屋、土地权属的，免征契税。

（13）棚户区改造中，经营管理单位回购已分配的改造安置住房继续作为改造安置房源。

（14）进行股份合作制改革后的农村集体经济组织承受集体经济组织的土地、房屋权属。

（15）易地扶贫搬迁贫困人口按规定取得的安置住房。易地扶贫搬迁项目实施主体取得用于建设安置住房的土地；易地扶贫搬迁项目实施主体购买商品住房或者回购保障性住房作为安置住房房源。

（16）2021 年 1 月 1 日至 2023 年 12 月 31 日，公租房经营管理单位购买住房作为公租房。

（17）2021 年 1 月 1 日至 2023 年 12 月 31 日，饮水工程运营管理单位为建设饮水工程而承受土地使用权。

（18）2019 年 6 月 1 日至 2025 年 12 月 31 日，为社区提供养老、托育、家政等服务的机构，承受房屋、土地用于提供社区养老、托育、家政服务。

8.6.2 省、自治区、直辖市决定免征或者减征契税情形

（1）因土地、房屋被县级以上人民政府征收、征用，重新承受土地、房屋权属。

（2）因不可抗力灭失住房，重新承受住房权属。免征或者减征契税的具体办法，由省、自治区、直辖市人民政府提出，报同级人民代表大会常务委员会决定，并报全国人民代表大会常务委员会和国务院备案。

（3）企业、事业单位改制重组。自 2021 年 1 月 1 日起至 2023 年 12 月 31 日，企业、事业单位改制重组的契税优惠政策如表 8－3 所示。

表 8－3　企业、事业单位改制重组的契税优惠政策

<table>
<tr><th colspan="2">适用情形</th><th colspan="2">满足条件</th><th>契税政策</th></tr>
<tr><td rowspan="2">改制</td><td>企业</td><td colspan="2">原企业投资主体存续并在改制后的公司中持股比例 >75%，且改制后公司承继原企业权利、义务</td><td rowspan="2">免征契税</td></tr>
<tr><td>事业单位</td><td colspan="2">原投资主体存续并在改制后企业中持股比例 >50%</td></tr>
<tr><td colspan="2">公司合并</td><td colspan="2">原投资主体存续的</td><td>免征契税</td></tr>
<tr><td colspan="2">公司分立</td><td colspan="2">分立后的公司与原公司投资主体相同</td><td>免征契税</td></tr>
<tr><td colspan="2" rowspan="3">企业破产</td><td colspan="2">（1）债权人（包括破产企业职工）承受破产企业抵偿债务的土地、房屋权属</td><td>免征契税</td></tr>
<tr><td rowspan="2">（2）非债权人承受破产企业土地、房屋权属</td><td>与原企业 100% 职工签订 ≥ 3 年的劳动合同</td><td>免征契税</td></tr>
<tr><td>与原企业 >30% 职工签订 ≥ 3 年的劳动合同</td><td>减半征收契税</td></tr>
<tr><td colspan="2" rowspan="3">资产划转</td><td colspan="2">（1）承受县级以上人民政府或国有资产管理部门按规定进行行政性调整、划转国有土地、房屋权属</td><td rowspan="3">免征契税</td></tr>
<tr><td colspan="2">（2）同一投资主体内部所属企业之间土地、房屋权属的划转</td></tr>
<tr><td colspan="2">（3）母公司以土地、房屋权属向其全资子公司增资</td></tr>
<tr><td colspan="2">债权转股权</td><td colspan="2">经国务院批准实施债转股的企业，债转股后新设公司承受原企业的土地、房屋权属</td><td>免征契税</td></tr>
<tr><td colspan="2">划拨用地出让或作价出资</td><td colspan="2">以出让方式或国家作价出资（入股）方式承受原改制重组企业、事业单位划拨用地</td><td>不免征契税</td></tr>
<tr><td colspan="2">公司股权（股份）转让</td><td colspan="2">单位、个人承受公司股权（股份）</td><td>不征契税</td></tr>
</table>

8.7 应纳税额的计算

契税应纳税额的计算公式为：

应纳税额 = 计税依据 × 税率

8.8 纳税地点

纳税人向土地、房屋所在地主管税务机关纳税申报。

8.9 会计核算

8.9.1 会计科目设置

由于契税是一次性按实际取得的房屋、土地权属的价格计税，不存在与税务机关结算或清算的问题，所以一般不需要通过“应交税费”科目核算。

8.9.2 账务处理

（1）企业取得房屋时的账务处理：

借：固定资产

　贷：银行存款

（2）企业取得土地权属时的账务处理：

借：无形资产

　贷：银行存款

即测即评

扫一扫 练一练

9 学习任务九

土地增值税会计核算

学习任务描述

根据1993年12月13日国务院颁布的《中华人民共和国土地增值税暂行条例》(2011年1月8日修订)、2009年5月12日国家税务总局颁布的《土地增值税清算管理规程》、2010年5月25日国家税务总局颁布的《关于加强土地增值税征管工作的通知》和2006年10月30日财政部发布的《企业会计准则应用指南》中关于土地增值税的规定，进行土地增值税应纳税额的计算与会计核算。

教学目标

能力目标

1. 能正确判断土地增值税的征收范围；
2. 能正确判断纳税人是否享受土地增值税的税收优惠；
3. 能进行土地增值税应纳税额的计算；
4. 能进行土地增值税的会计核算。

知识目标

1. 掌握土地增值税纳税人的定义；
2. 掌握土地增值税的征税范围；
3. 掌握土地增值税的计税依据；
4. 掌握土地增值税的税率；
5. 掌握土地增值税的税收优惠；
6. 掌握土地增值税应纳税额的计算；
7. 熟悉土地增值税的征收管理；
8. 掌握土地增值税的会计核算。

素养目标

提升学生依法治国意识。

思政园地

土地增值税法初现面容，税收法定逐步推进

2019 年 7 月 16 日，财政部、税务总局联合发布《中华人民共和国土地增值税法（征求意见稿）》，向社会公开征求意见。这一举措，体现了贯彻落实税收法定原则，提高了立法公众参与度，广泛凝聚社会共识，进一步推进科学立法、民主立法和开门立法。

《中华人民共和国土地增值税法（征求意见稿）》基本平移了现行《中华人民共和国土地增值税暂行条例》的征税范围、计税方式、税率等基本内容，但是与《中华人民共和国土地增值税暂行条例》相比新增了不少内容，比如，特别规定出让集体土地使用权等可按照转移房地产收入的一定比例征收土地增值税。另外，也对中央、地方税收优惠做出规定，列出多种情形，可减征或免征土地增值税。

土地增值税立法是贯彻落实税收法定原则的重要步骤，也是健全地方税收体系改革的重要内容，有利于完善土地增值税制度，增强权威性和执法刚性，发挥土地增值税筹集财政收入、调节土地增值收益分配、促进房地产市场健康稳定发展的作用，有利于健全我国的房地产税收体系、推进国家治理体系和治理能力现代化。

土地，千百年来一直是国家最重要的基础资源，也是人民最重要的生产资料。土地问题涉及面广，牵扯关系多，土地增值税立法必须征集各方意见，倾听人民心声。解决好土地问题，有助于国家的长治久安和社会稳定。

任务书

1. 请分析判断土地增值税的纳税人、征税范围、计税依据、税率、税收优惠，计算土地增值税的应纳税额。

2. 请进行土地增值税的会计核算。

任务分组

请登录 http://cssx.rdlearning.cn 下载学生任务分配表，进行任务分组。

准备工作

微课视频

扫一扫

1. 阅读工作任务书。

2. 收集《中华人民共和国土地增值税暂行条例》、《土地增值税清算管理规程》、《关于加强土地增值税征管工作的通知》和《企业会计准则应用指南》等相关法规，观看微课视频。

3. 结合任务书分析土地增值税计算与会计核算的难点和常见问题。

思维导图

- 土地增值税会计核算
  - 纳税人
    - 境内转移房地产并取得收入的单位和个人
  - 征税范围
    - 转让国有土地使用权、转让地上建筑物及其他附着物产权
  - 纳税义务发生时间
    - 房地产转移合同签订的当日
  - 税率
    - 四级超率累进税率
  - 计税依据
    - 增值额
      - 应税收入
        - 货币收入、实物收入和其他收入
      - 扣除项目
        - 新建房地产项目
          - ①取得土地使用权所支付的金额=土地使用权支付的地价款+有关税费
          - ②房地产开发成本=土地征用及拆迁补偿费+前期工程费+建筑安装工程费+基础设施费+公共配套设施费+开发间接费用等
          - ③房地产开发费用
            - 能分摊利息支出，并提供金融机构证明：利息+（①+②）×5%以内
            - 不能分摊利息支出或不能提供金融机构证明：（①+②）×10%以内
          - ④与转让房地产有关的税金：城市维护建设税+教育费附加+地方教育附加+印花税+不能抵扣的增值税进项税（房地产企业不包括印花税）
          - ⑤房地产开发企业加计扣除：（①+②）×20%
        - 旧房及建筑物
          - 房屋建筑物的评估价格
          - 转让环节的税金
          - 取得土地使用权所支付的地价款和国家统一规定缴纳的有关费用
  - 税收优惠
  - 应纳税额的计算
    - 应纳税额＝增值额×适用税率－扣除项目×速算扣除系数
  - 纳税地点
    - 房地产所在地
  - 会计核算
    - 房地产开发企业转让其开发的房地产
      - 计提
        - 借：税金及附加
        - 贷：应交税费——应交土地增值税
      - 上缴
        - 借：应交税费——应交土地增值税
        - 贷：银行存款
    - 非房地产开发企业转让“固定资产”“在建工程”科目核算的房地产
      - 计提
        - 借：固定资产清理
        - 贷：应交税费——应交土地增值税
      - 上缴
        - 借：应交税费——应交土地增值税
        - 贷：银行存款

任务实施

一般纳税人工作任务：土地增值税会计核算

情境导航：

根据一般纳税人综合案例 B 中的“二、2023 年 1—11 月相关涉税信息”和“三、2023 年 12 月具体业务情况”，筛选出与土地增值税相关的情境。

（1）辨析纳税人。

引导问题 1：根据 **9.1**，阳光公司是否是土地增值税的纳税人？ □是 □否

（2）识别征税范围。

引导问题 2：根据 **9.2**，阳光公司销售购置的商品房是否属于土地增值税的征税范围？ □是 □否

（3）确定纳税义务发生时间。

引导问题 3：根据 **9.3**，阳光公司土地增值税的纳税义务发生时间为________。

（4）确定计税依据。

引导问题 4：根据 **9.5**，阳光公司土地增值税的计税依据是__________。

小提示：

根据《国家税务总局关于土地增值税清算有关问题的通知》（国税函〔2010〕220 号）的规定，计算扣除项目时，“每年”按购房发票所载日期起至售房发票开具之日止，每满 12 个月计 1 年；超过 1 年，未满 12 个月但超过 6 个月的，可以视同为 1 年。

（5）确定税率。

引导问题 5：根据 **9.4**，阳光公司适用的土地增值税税率是______%。

（6）判断税收优惠。

引导问题 6：根据 **9.6**，阳光公司是否享受土地增值税的税收优惠？ □是 □否

（7）计算应纳税额。

引导问题 7：根据 **9.7**，阳光公司应缴纳的土地增值税是__________。

（8）确定纳税地点。

引导问题 8：根据 **9.9**，阳光公司土地增值税的纳税地点是______。

（9）会计处理。

引导问题 9：根据 **9.10**，请完成阳光公司 12 月土地增值税的会计处理。

任务评价

请登录 http://cssx.rdlearning.cn 下载评价表，进行任务评价。

任务总结

通过完成上述任务，你学到了哪些知识或技能？

土地增值税是对转让国有土地使用权、地上建筑物及其附着物并取得收入的单位和个人，就其转让房地产所取得的增值额征收的一种税。

9.1 纳税人

在中华人民共和国境内转移房地产并取得收入的单位和个人，为土地增值税的纳税人。

9.2 征税范围

9.2.1 一般征税范围

（1）土地增值税只对转让国有土地使用权的行为征税，对出让国有土地的行为不征税。

国有土地使用权，是指土地使用人根据国家法律、合同等规定，对国家所有的土地享有的使用权利。土地增值税只对企业、单位和个人转让国有土地使用权的行为征税。

国有土地出让，是指国家以土地所有者的身份将土地使用权在一定年限内让与土地使用者，并由土地使用者向国家支付土地出让金的行为。因为土地使用权的出让方是国家，出让收入在性质上属于政府凭借所有权在土地一级市场上收取的租金，所以，政府出让土地的行为及取得的收入也不在土地增值税的征税之列。

（2）对“转让”行为征税时，既对转让国有土地使用权的行为征税，也对转让地上建筑物及其他附着物产权的行为征税。

地上建筑物，是指建于土地上的一切建筑物，包括地上地下的各种附属设施，如厂房、仓库、商店、医院、住宅、地下室、围墙、烟囱、电梯、中央空调、管道等。附着物是指附着于土地上、不能移动、一经移动即遭损坏的种植物、养植物及其他物品。上述建筑物和附着物的所有者对自己的财产依法享有占有、使用、收益和处置的权利，即拥有排他性的全部产权。

税法规定，纳税人转让地上建筑物及其他附着物的产权，取得的增值额，也应计算缴纳增值税。换言之，纳入土地增值税征税范围的增值额，是纳税人转让房地产所取得的全部增值额，而非仅仅是转让土地使用权的增值额。

（3）土地增值税只对有偿转让的房地产征税，对以继承、赠予等方式无偿转让的房地产不予征税。

不征土地增值税的房地产赠予行为包括以下两种情况：

1）房产所有人、土地使用权所有人将房屋产权、土地使用权赠予直系亲属或承担直接赡养义务人的行为。

2）房产所有人、土地使用权所有人通过中国境内非营利的社会团体、国家机关将房屋产权、土地使用权赠予教育、民政和其他社会福利、公益事业的行为。社会团体是指中国青少年发展基金会、希望工程基金会、宋庆龄基金会、减灾委员会、中国红十字会、中国残疾人联合会、全国老年基金会、老区促进会，以及经民政部门批准成立的其他非营利的公益性组织。

9.2.2 特殊征税范围

（1）房地产转为自用或出租。房地产开发企业将开发的部分房地产转为企业自用或用于出租等商业用途时，如果产权未发生转移，不征收土地增值税。

（2）房地产的交换。房地产的交换，是指一方以房地产与另一方的房地产进行交换的行为。由于这种行为既发生了房产产权、土地使用权的转移，交换双方又取得了实物形态的收入，因此属于土地增值税的征税范围，但对个人之间交换自有居住用房地产的，经当地税务机关核实，可以免征土地增值税。

（3）合作建房。对于一方出地，另一方出资金，双方合作建房，建成后按比例分房自用的，暂免征收土地增值税；建成后转让的，应征收土地增值税。

（4）房地产的出租。房地产的出租，是指房产所有者或土地使用者将房产或土地使用权租赁给承租人使用，由承租人向出租人支付租金的行为。房地产出租，出租人虽取得了收入，但没有发生房屋产权的转让，所以不属于土地增值税的征税范围。

（5）房地产评估增值。房地产评估增值，因为没有发生房地产权属的转让，评估增值的部分没有实现转让，所以不属于土地增值税的征税范围。

（6）土地使用者置换土地。无论土地使用者是否取得了该土地的使用权属证书，无论其在转让、抵押或置换土地过程中是否与对方当事人办理了土地使用权属证书变更登记手续，只要土地使用者享有占有、使用、收益或处分该土地的权利，且有合同等证据表明其实质转让、抵押或置换了土地并取得了相应的经济利益，土地使用者及其对方当事人应当依照税法规定缴纳土地增值税等相关税收。

（7）房地产的抵押。房地产的抵押，是指房产所有者或者土地使用者作为债务人或第三人向债权人提供不动产作为清偿债务的担保而不转移权属的法律行为。这种情况下，房产的产权、土地使用权在抵押期间并没有发生权属的变更，所以对房产的抵押，在抵押期间不征收土地增值税。抵押期满后，视该房地产的权属是否转移而确定是否征收土地增值税。对于以房地产抵债而发生房地产权属转让的，应列入土地增值税的征税范围。

9.3 纳税义务发生时间

土地增值税纳税义务发生时间为房地产转移合同签订的当日。

9.4 税率

土地增值税实行四级超率累进税率，如表 9－1 所示。

表 9-1　土地增值税税率表

级数	增值额与扣除项目金额的比率（增值率）	税率（%）	速算扣除系数（%）
1	不超过 50% 的部分	30	0
2	超过 50% ～ 100% 的部分	40	5
3	超过 100% ～ 200% 的部分	50	15
4	超过 200% 的部分	60	35

9.5 计税依据

土地增值税的计税依据为纳税人转移房地产所取得的收入减除税法规定扣除项目金额后的余额，即增值额。

9.5.1　应税收入

企业转让房地产取得的应税收入，应包括转让房地产的全部价款及有关的经济收益。从收入的形式来看，包括货币收入、实物收入和其他收入。纳税人转让房地产取得的收入为不含增值税收入。

（1）货币收入。货币收入，是指纳税人转让房地产而取得的现金、银行存款和国库券、金融债券、企业债券、股票等有价证券。

（2）实物收入。实物收入，是指纳税人转让房地产而取得的各种实物形态的收入，如钢筋水泥、金属、混凝土等建材，房屋、土地等不动产，等等。对于这些实物收入，一般按照公允价值确认应税收入。

（3）其他收入。其他收入，是指纳税人转让房地产而取得的无形资产收入或具有财产价值的权利，如专利权、商标权、著作权、专有技术使用权、土地使用权、商誉权等。对这些无形资产收入一般要进行专门的评估，按照评估价确认应税收入。

纳税人取得的收入为外国货币的，应当以取得收入当天或当月 1 日国家公布的市场汇价折合成人民币，据以计算土地增值税税额。当月以分期收款方式取得的外币收入，也应按实际收款日或收款当月 1 日国家公布的市场汇价折合成人民币。

9.5.2　扣除项目及金额

9.5.2.1　新建房地产项目扣除项目及金额

新建房地产项目扣除项目及金额如表 9-2 所示。

表 9-2　新建房地产项目的扣除项目及金额

项目	具体内容	
取得土地使用权所支付的金额	土地使用权支付的地价款	出让方式为土地出让金
		行政划拨方式为补交的土地出让金
		转让方式为实际支付的地价款
	缴纳的有关税费，如契税、登记、过户手续费	

续表

项目	具体内容	
房地产开发成本	是指纳税人房地产开发项目实际发生的成本，包括土地征用及拆迁补偿费（含耕地占用税）、前期工程费、建筑安装工程费、基础设施费、公共配套设施费、开发间接费用等	
房地产开发费用	指与房地产开发项目有关的销售费用、管理费用和财务费用	
	能分摊利息支出，并提供金融机构证明	利息据实扣除，其他按地价款和开发成本之和的一定比例扣除： 利息+（取得土地使用权所支付的金额+房地产开发成本）×5%以内（省政府确定的比例）
	不能分摊利息支出或不能提供金融机构证明	全部费用按地价款和开发成本之和的一定比例扣除： （取得土地使用权所支付的金额+房地产开发成本）×10%以内（省政府确定的比例）
	注意：利息的上浮幅度按国家的有关规定执行，超过上浮幅度的部分不允许扣除；超过贷款期限的利息部分和加罚的利息不允许扣除	
与转让房地产有关的税金	房地产开发企业	城市维护建设税+教育费附加+地方教育附加+不能抵扣的增值税进项税
	非房地产开发企业	城市维护建设税+教育费附加+地方教育附加+印花税+不能抵扣的增值税进项税
房地产开发企业加计扣除	（取得土地使用权所支付的金额+房地产开发成本）×20%	

9.5.2.2 旧房及建筑物扣除项目及金额

旧房及建筑物扣除项目及金额如表9-3所示。

表9-3 旧房及建筑物扣除项目及金额

扣除项目	扣除金额	
	有评估价格	无评估价格但有发票
房屋建筑物的评估价格	评估价格=重置成本价×成新度折扣率	可按发票所载金额并从购买年度起至转让年度止每年加计5%计算 购房时能够提供契税完税凭证的，准予作为“与转让房地产有关的税金”予以扣除，但不作为加计5%的基数
转让环节的税金	城市维护建设税+教育费附加+地方教育附加+印花税	城市维护建设税+教育费附加+地方教育附加+印花税+购入时的契税
取得土地使用权所支付的地价款和国家统一规定缴纳的有关费用	取得土地使用权所支付的地价款和缴纳的有关费用	

9.6 税收优惠

（1）下列情形，可减征或免征土地增值税：

1）纳税人建造保障性住房出售，增值额未超过扣除项目金额20%的，免征土地增值税；

2）因国家建设需要依法征收、收回的房地产，免征土地增值税；

3）自 2008 年 11 月 1 日起，对个人销售住房暂免征收土地增值税；

4）国务院可以根据国民经济和社会发展的需要规定其他减征或免征土地增值税情形，并报全国人民代表大会常务委员会备案。

（2）省、自治区、直辖市人民政府可以决定对下列情形减征或者免征土地增值税，并报同级人民代表大会常务委员会备案：

1）纳税人建造普通标准住宅出售，增值额未超过扣除项目金额 20% 的；

2）房地产市场较不发达、地价水平较低地区的纳税人出让集体土地使用权、地上的建筑物及其附着物，或以集体土地使用权、地上的建筑物及其附着物作价出资、入股的。

（3）对企事业单位、社会团体以及其他组织转让旧房作为公租房房源，且增值额未超过扣除项目金额 20% 的，免征土地增值税。

9.7 应纳税额的计算

第一步，计算转让房地产取得的应税收入金额。

第二步，计算扣除项目金额。

第三步，计算增值额：

增值额 = 应税收入 − 扣除项目

第四步，计算增值额占扣除项目金额的比例，确定适用税率和速算扣除系数。

第五步，计算应纳税额。

应纳税额 = 增值额 × 适用税率 − 扣除项目 × 速算扣除系数

9.8 土地增值税清算

9.8.1 土地增值税的清算单位

土地增值税以国家有关部门审批的房地产开发项目为单位进行清算，对于分期开发的项目，以分期项目为单位清算。

开发项目中同时包含普通住宅和非普通住宅的，应分别计算增值额。

9.8.2 土地增值税的清算条件

（1）纳税人符合下列条件之一的，应进行土地增值税的清算：

1）房地产开发项目全部竣工、完成销售的；

2）整体转让未竣工决算房地产开发项目的；

3）直接转让土地使用权的。

纳税人应当在满足条件之日起 90 日内到主管税务机关办理清算手续。

（2）对符合以下条件之一的，主管税务机关可要求纳税人进行土地增值税清算：

1）已竣工验收的房地产开发项目，已转让的房地产建筑面积占整个项目可售建筑面积的比例在85%以上，或该比例虽未超过85%，但剩余的可售建筑面积已经出租或自用的；

2）取得销售（预售）许可证满3年仍未销售完毕的；

3）纳税人申请注销税务登记但未办理土地增值税清算手续的；

4）省税务机关规定的其他情况。

税务机关可要求纳税人进行土地增值税清算的项目，由主管税务机关确定是否进行清算；对于确定需要进行清算的项目，由主管税务机关下达清算通知，纳税人应当在收到清算通知之日起90日内办理清算手续。

9.8.3 土地增值税清算应报送的资料

纳税人办理土地增值税清算应报送以下资料：

（1）房地产开发企业清算土地增值税书面申请、土地增值税纳税申报表。

（2）项目竣工决算报表、取得土地使用权所支付的地价款凭证、国有土地使用权出让合同、银行贷款利息结算通知单、项目工程合同结算单、商品房购销合同统计表等与转让房地产的收入、成本和费用有关的证明资料。

（3）主管税务机关要求报送的其他与土地增值税清算有关的证明资料等。

纳税人委托税务中介机构审核鉴证的清算项目，还应报送中介机构出具的《土地增值税清算税款鉴证报告》。

9.8.4 清算后再转让房地产的处理

在土地增值税清算时未转让的房地产，清算后销售或有偿转让的，纳税人应按规定进行土地增值税的纳税申报，扣除项目金额按清算时的单位建筑面积成本费用乘以销售或转让面积计算。

单位建筑面积成本费用＝清算时的扣除项目总金额÷清算的总建筑面积

9.8.5 土地增值税的核定征收

房地产开发企业有下列情形之一的，税务机关可以参照与其开发规模和收入水平相近的当地企业的土地增值税税负情况，按不低于预征率的征收率核定征收土地增值税：

（1）依照法律、行政法规的规定应当设置但未设置账簿的。

（2）擅自销毁账簿或者拒不提供纳税资料的。

（3）虽设置账簿，但账目混乱或者成本资料、收入凭证、费用凭证残缺不全，难以确定转让收入或扣除项目金额的。

（4）符合土地增值税清算条件，未按照规定的期限办理清算手续，经税务机关责令限期清算，逾期仍不清算的。

（5）申报的计税依据明显偏低，又无正当理由的。

9.8.6 清算环节补缴土地增值税相关滞纳金的税法规定

纳税人按规定预缴土地增值税后，清算补缴的土地增值税，在主管税务机关规定的期限内补缴的，不加收滞纳金。

9.9 纳税地点

土地增值税纳税人发生应税行为应向房地产所在地主管税务机关缴纳税款。这里所称的房地产所在地，是指房地产的坐落地。纳税人转让的房地产坐落在两个或两个以上地区的，应按房地产所在地分别申报纳税。

9.10 会计核算

9.10.1 会计科目设置

企业缴纳的土地增值税，通过“应交税费——应交土地增值税”科目核算。

9.10.2 账务处理

9.10.2.1 房地产开发企业转让其开发的房地产

（1）计提时的账务处理：

借：税金及附加

　贷：应交税费——应交土地增值税

（2）上缴时的账务处理：

借：应交税费——应交土地增值税

　贷：银行存款

9.10.2.2 非房地产开发企业转让“固定资产”“在建工程”科目核算的房地产

（1）计提时的账务处理：

借：固定资产清理

　贷：应交税费——应交土地增值税

（2）上缴时的账务处理：

借：应交税费——应交土地增值税

　贷：银行存款

即测即评

扫一扫 练一练

10 学习任务十

车辆购置税会计核算

学习任务描述

根据2018年12月29日中华人民共和国第十三届全国人民代表大会常务委员会第七次会议通过的《中华人民共和国车辆购置税法》和2006年10月30日财政部公布的《企业会计准则应用指南》中关于车辆购置税的法律法规规定，进行车辆购置税应纳税额的计算与会计核算。

教学目标

能力目标

1. 能正确判断车辆购置税的征收范围；
2. 能正确判断纳税人是否享受车辆购置税的税收优惠；
3. 能进行车辆购置税应纳税额的计算；
4. 能进行车辆购置税的会计核算。

知识目标

1. 掌握车辆购置税纳税人的定义；
2. 掌握车辆购置税的征税范围；
3. 掌握车辆购置税的计税依据；
4. 掌握车辆购置税的税率；
5. 掌握车辆购置税的税收优惠；
6. 掌握车辆购置税应纳税额的计算；
7. 熟悉车辆购置税的征收管理；
8. 掌握车辆购置税的会计核算。

素养目标

培养学生诚信纳税的品质。

思政园地

最低计税价的取消与诚信纳税

2018 年 12 月 29 日第十三届全国人民代表大会常务委员会第七次会议通过《中华人民共和国车辆购置税法》(以下简称《车辆购置税法》)，于 2019 年 7 月 1 日起实施，《中华人民共和国车辆购置税暂行条例》(以下简称《车辆购置税暂行条例》) 同时废止。

党的二十大与税收

制定《车辆购置税法》，是贯彻落实税收法定原则的迫切要求和重要体现，有利于完善车辆购置税法律制度，增强其稳定性和权威性，有利于构建适应社会主义市场经济需要的现代财税制度，有利于推进国家治理体系和治理能力现代化。

将《车辆购置税暂行条例》上升为法律，基本上是按照税制平移的思路，保持现行税制框架和税负水平总体不变。与《车辆购置税暂行条例》相比，《车辆购置税法》除了对征税范围、免税项目以及计税依据做了适当的调整外，最大的亮点就是取消了最低计税价格，不再以最低计税价格与有效价格凭证价格比对二者孰高来核定应纳税额，而是以有效价格凭证价格确定应纳税额。

最低计税价格的取消，代表着征管水平提高、发票管理规范、技术监管到位、交易公开透明、部门协作良好、难以虚假申报，是一种进步，但同时人们不禁会有所担心，取消了最低计税价格，那么买卖双方会不会低开发票，进行不实申报，从而偷逃税款，侵蚀国家的税收收入呢？

实际上，车辆购置税最低计税价格取消后，税务机关会进一步加强监管，《车辆购置税法》第七条规定，"纳税人申报的应税车辆计税价格明显偏低，又无正当理由的，由税务机关依照《中华人民共和国税收征收管理法》的规定核定其应纳税额"。同时，税务机关可以对车辆经销企业进行增值税、消费税、车辆购置税多税种联动评估检查，通过车辆生产、出厂、流通、终端销售等各环节增值税、消费税、企业所得税、车辆购置税的协同管理，实现相关税种的税源管控，有效防止车辆销售企业通过低开发票来达到偷逃税款目的。对查实低开发票的车辆销售企业，严格按照黑名单制度的规定，列入黑名单，联合惩戒，并按相关规定进行处罚。而且，依照《中华人民共和国税收征收管理法》和《车辆购置税法》的规定，未按照法律规定的购买应税车辆"实际支付给销售者的全部价款（不含增值税)"如实申报缴纳车辆购置税的，属于"编造虚假计税依据"的违法行为。机动车经销企业也涉嫌逃避增值税、企业所得税以及附加税，税务机关有权无限期追征并依法对其进行处罚。

可见，国家取消了最低计税价格，有利于降低纳税人的负担，那么广大纳税人也要依法纳税，诚信纳税；否则，将会受到法律的制裁。

任务书

1. 请分析判断车辆购置税的纳税人、税率、计税依据、税收优惠，计算车辆购置税的应纳税额。

2. 请进行车辆购置税的会计核算。

任务分组

请登录 http://cssx.rdlearning.cn 下载学生任务分配表，进行任务分组。

准备工作

微课视频
扫一扫

1. 阅读工作任务书。

2. 收集《中华人民共和国车辆购置税法》和《企业会计准则应用指南》等相关法规，观看微课视频。

3. 结合任务书分析车辆购置税计算与会计核算的难点和常见问题。

思维导图

- 车辆购置税会计核算
  - 纳税人
    - 购置应税车辆的单位和个人
  - 征税范围
    - 汽车
    - 有轨电车
    - 汽车挂车
    - 摩托车（排气量超过150毫升）
  - 纳税义务发生时间
    - 纳税人购置应税车辆的当日
  - 税率
    - 10%
  - 计税依据
    - 购买：实际支付的全部价款，不包括增值税和价外费用
    - 进口：关税完税价格+关税+消费税
    - 自产自用：纳税人生产的同类车辆的销售价格，不含增值税
    - 以受赠、获奖或其他方式取得：相关凭证上载明的价格，不含增值税
  - 税收优惠
    - 外购驻华使馆、领事馆及国际组织驻华机构及人员自用车辆免税
    - 解放军和警察部队列入装备订货计划的车辆免税
    - 悬挂应急救援专用车牌的国家综合性消防救援车辆免税
    - 设有固定装备的非运输专用作业车辆免税
    - 城市公交企业购置的公共汽电车辆免税
  - 应纳税额的计算
    - 应纳税额＝计税依据×税率
  - 纳税地点
    - 需要登记的车辆：车辆登记地
    - 不需要登记车辆：纳税人所在地
  - 会计核算
    - 借：固定资产
　贷：银行存款

任务实施

一般纳税人工作任务：车辆购置税会计核算

情境导航：

根据一般纳税人综合案例 B 中的“二、2023 年 1—11 月相关涉税信息”和“三、2023 年 12 月具体业务情况”，筛选出与车辆购置税相关的情境。

（1）辨析纳税人。

引导问题 1：根据 **10.1**，阳光公司是否是车辆购置税的纳税人？ □是 □否

（2）识别征税范围。

引导问题 2：根据 **10.2**，阳光公司购置的汽车是否属于车辆购置税的征税范围？ □是 □否

（3）确定纳税义务发生时间。

引导问题 3：根据 **10.3**，阳光公司 12 月车辆购置税的纳税义务发生时间为____。

（4）确定税率。

引导问题 4：根据 **10.4**，阳光公司适用的车辆购置税税率是__________。

（5）确定计税依据。

引导问题 5：根据 **10.5**，阳光公司 12 月车辆购置税的计税依据是________。

（6）判断税收优惠。

引导问题 6：根据 **10.6**，阳光公司是否享受车辆购置税的税收优惠？ □是 □否

（7）计算应纳税额。

引导问题 7：根据 **10.7**，阳光公司 12 月应缴纳的车辆购置税是________。

（8）确定纳税地点。

引导问题 8：根据 **10.8**，阳光公司 12 月车辆购置税的纳税地点是________。

（9）会计处理。

引导问题 9：根据 **10.9**，请完成阳光公司 12 月车辆购置税的会计处理。

任务评价

请登录 http://cssx.rdlearning.cn 下载评价表，进行任务评价。

任务总结

通过完成上述任务，你学到了哪些知识或技能？

学习任务的相关知识点

车辆购置税是对在中国境内购置应税车辆的单位和个人征收的一种税。

10.1 纳税义务人

在中华人民共和国境内购置汽车、有轨电车、汽车挂车、排气量超过 150 毫升的摩托车（以下统称应税车辆）的单位和个人，为车辆购置税的纳税人。

购置，是指以购买、进口、自产、受赠、获奖或者其他方式取得并自用应税车辆的行为。

10.2 征税范围

车辆购置税的征税范围包括汽车、有轨电车、汽车挂车、排气量超过 150 毫升的摩托车。

10.3 纳税义务发生时间

车辆购置税的纳税义务发生时间为纳税人购置应税车辆的当日。

10.4 税率

车辆购置税采用 10% 的比例税率。

10.5 计税依据

车辆购置税的计税依据为应税车辆的计税价格。根据不同情况，计税价格的确定方式有所不同，具体如表 10－1 所示。

表 10－1　车辆购置税计税依据

情形	计税依据	备注
购买应税车辆	实际支付的全部价款	不包括增值税
进口应税车辆	关税完税价格＋关税＋消费税	
自产应税车辆	纳税人生产的同类应税车辆的销售价格	不包括增值税
受赠、获奖或者其他方式取得应税车辆	购置凭证载明的价格	不包括增值税
申报价格明显偏低又无正当理由的	税务机关核定	

10.6 税收优惠

下列车辆免征车辆购置税：

（1）依照法律规定应当予以免税的外国驻华使馆、领事馆和国际组织驻华机构及其有关人员自用的车辆。

（2）中国人民解放军和中国人民警察部队列入装备订货计划的车辆。
（3）悬挂应急救援专用号牌的国家综合性消防救援车辆。
（4）设有固定装置的非运输专用作业车辆。
（5）城市公交企业购置的公共汽电车辆。
（6）购置日期在 2023 年 1 月 1 日至 2023 年 12 月 31 日期间内的新能源汽车。

10.7 应纳税额的计算

车辆购置税应纳税额按照下列公式计算：

应纳税额 = 计税依据 × 税率

进口应税车辆应纳税额 =（关税完税价格 + 关税 + 消费税）× 税率

10.8 纳税地点

纳税人购置应税车辆，应当向车辆登记地的主管税务机关申报缴纳车辆购置税。

纳税人购置不需要办理车辆登记的应税车辆的，应当向纳税人所在地的主管税务机关申报缴纳车辆购置税。

10.9 会计核算

10.9.1 会计科目设置

由于车辆购置税是在购买环节一次性征收，计入车辆的固定资产原值，所以一般不需要通过“应交税费”科目核算。

10.9.2 账务处理

企业在购置应税车辆，按规定计算缴纳车辆购置税时的账务处理为：

借：固定资产

　贷：银行存款

即测即评

扫一扫 练一练

11 学习任务十一

个人所得税会计核算

学习任务描述

根据2018年8月31日中华人民共和国第十三届全国人民代表大会常务委员会第五次会议《关于修改〈中华人民共和国个人所得税法〉的决定》（第七次修正）、国务院颁布的《中华人民共和国个人所得税法实施条例》（中华人民共和国国务院令第707号）和2006年10月30日财政部发布的《企业会计准则应用指南》中关于个人所得税的法律法规规定，进行个人所得税应纳税额的计算与会计核算。

教学目标

能力目标

1. 能正确判断纳税人是否享受个人所得税的税收优惠；
2. 能准确核算不同所得类别的计税依据与应纳税额；
3. 能进行个人所得税的会计核算。

知识目标

1. 掌握个人所得税纳税人的定义；
2. 掌握个人所得税的征税范围；
3. 掌握个人所得税的计税依据；
4. 掌握个人所得税的税率；
5. 掌握个人所得税的税收优惠；
6. 掌握个人所得税应纳税额的计算；
7. 熟悉个人所得税的征收管理；
8. 掌握个人所得税的会计核算。

素养目标

培养学生的制度自信。

思政园地

婴幼儿照护费用纳入个人所得税专项附加扣除

在党的二十大报告中，习近平同志指出为民造福是立党为公、执政为民的本质要求。必须坚持在发展中保障和改善民生，鼓励共同奋斗创造美好生活，不断实现人民对美好生活的向往。我们要实现好、维护好、发展好最广大人民根本利益，紧紧抓住人民最关心最直接最现实的利益问题。

随着我国步入老龄化社会进程的加快，国家为了促进人口长期均衡发展，调整了人口生育政策。但是不少人感到子女养育费用高，会降低生活质量，降低幸福感。如何既能生得起又能养得起就成为老百姓关心的一个问题，关系到百姓的切身利益，与百姓的生活息息相关。

近年来，国家一直在积极致力于促进优生优育、减轻家庭养育负担。2021 年 6 月，中共中央、国务院印发《关于优化生育政策促进人口长期均衡发展的决定》，提出“研究推动将 3 岁以下婴幼儿照护费用纳入个人所得税专项附加扣除”。

2022 年 3 月 5 日，十三届全国人大五次会议在北京开幕，时任国务院总理李克强做政府工作报告，在“加强社会保障和服务”中特别指出，“完善三孩生育政策配套措施，将 3 岁以下婴幼儿照护费用纳入个人所得税专项附加扣除，多渠道发展普惠托育服务，减轻家庭生育、养育、教育负担。”3 月 28 日，中国政府网公布《国务院关于设立 3 岁以下婴幼儿照护个人所得税专项附加扣除的通知》（国发〔2022〕8 号），该通知指出，为贯彻落实《中共中央国务院关于优化生育政策促进人口长期均衡发展的决定》，依据《中华人民共和国个人所得税法》有关规定，国务院决定，设立 3 岁以下婴幼儿照护个人所得税专项附加扣除。

该项政策规定，自 2022 年 1 月 1 日起，纳税人照护 3 岁以下婴幼儿子女的相关支出，在计算缴纳个人所得税前按照每名婴幼儿每月 1 000 元的标准定额扣除。具体扣除方式上，可选择由夫妻一方按扣除标准的 100% 扣除，也可选择由夫妻双方分别按扣除标准的 50% 扣除。监护人不是父母的，也可以按上述政策规定扣除。将婴幼儿照护支出纳入个人所得税的专项附加扣除，是党中央、国务院根据我国人口发展变化形势做出的重大决策，是促进人口长期均衡发展、推动高质量发展的重大举措。

2023 年 8 月，国务院发布《关于提高个人所得税有关专项附加扣除标准的通知》（国发〔2023〕13 号）。该项政策规定，3 岁以下婴幼儿照护专项附加扣除标准，由每个婴幼儿每月 1 000 元提高到 2 000 元。国发〔2023〕13 号的出台进一步减轻了家庭的养育负担，鼓励人们生育并照顾好下一代。

3 岁以下婴幼儿照护个人所得税专项附加扣除政策作为优化生育政策的配套支持措施之一，是惠及千家万户的实实在在的福利，体现了国家对人民群众生育、养育的鼓励和照顾，有利于减轻人民群众抚养子女负担，有利于促进人口长期均衡发展；同时，这也体现了国家对人民生活的关怀和重视，向实现全面建设社会主义现代化国家的目标迈出了坚实的一步。

任务书

1. 请分析判断个人所得税的纳税人、征税范围、计税依据、税率、税收优惠，计算个人所得税的应纳税额。

2. 请进行个人所得税的会计核算。

任务分组

请登录 http://cssx.rdlearning.cn 下载学生任务分配表，进行任务分组。

准备工作

微课视频
扫一扫

1. 阅读工作任务书。

2. 收集《中华人民共和国个人所得税法》和《企业会计准则应用指南》等相关法规，观看微课视频。

3. 结合任务书分析个人所得税计算与会计核算的难点和常见问题。

思维导图

- 个人所得税会计核算
  - 纳税人
    - 居民个人
    - 非居民个人
  - 征税范围
    - 工资、薪金所得
    - 劳务报酬所得
    - 稿酬所得
    - 特许权使用费所得
    - 经营所得
    - 利息、股息、红利所得
    - 财产租赁所得
    - 财产转让所得
    - 偶然所得
  - 纳税义务发生时间
    - 按次计征：取得所得的当日
    - 按月次计征：取得所得月份的最后一日
    - 按年计征：取得所得年度的最后一日
  - 税率
    - 超额累进税率
      - 综合所得：七级
      - 经营所得：五级
    - 比例税率
      - 财产租赁所得
      - 财产转让所得
      - 利息、股息、红利所得
      - 偶然所得
  - 计税依据
    - 综合所得：收入-费用-专项扣除-专项附加扣除-其他
    - 经营所得：收入总额-成本、费用、税金及损失
    - 财产租赁所得
      - 4 000元以下：每次收入–800
      - 4 000元以上：每次收入×（1–20%）
    - 财产转让所得：财产转让收入–财产原值–合理费用
    - 利息、股息、红利所得：每次收入额
    - 偶然所得：每次收入额
  - 税收优惠
    - 税法规定的免税项目
    - 税法规定的减税项目
    - 其他免税和暂免征税项目
  - 应纳税额的计算
    - 综合所得、经营所得：应纳税所得额×适用税率-速算扣除数
    - 其他所得：应纳税所得额×20%
  - 纳税地点
    - 经营所得：经营管理所在地
    - 经营所得之外的其他所得：扣缴义务人所在地
  - 会计核算
    - 代扣代缴
      - 计提
        - 借：应付职工薪酬——短期薪酬——职工工资/生产成本/管理费用/销售费用等
        - 贷：应交税费——应交个人所得税
      - 上缴
        - 借：应交税费——应交个人所得税
        - 贷：银行存款
    - 自行申报
      - 预缴税款
        - 计提
          - 借：留存利润
          - 贷：应交税费——应交个人所得税
        - 上缴
          - 借：应交税费——应交个人所得税
          - 贷：银行存款
      - 汇算清缴
        - 计提
          - 借：以前年度损益调整
          - 贷：应交税费——应交个人所得税
        - 上缴
          - 借：应交税费——应交个人所得税
          - 贷：银行存款

小规模纳税人工作任务：个人所得税会计核算

情境导航：

根据小规模纳税人综合案例 A 中的“二、2023 年第 1—3 季度相关涉税信息”和“四、2023 年第 4 季度具体业务情况”，筛选出与个人所得税相关的情境。

（1）辨析纳税人。

引导问题 1：根据 **11.1**，吉祥公司的员工是否是个人所得税的纳税人？ □是 □否

（2）识别征税范围。

引导问题 2：根据 **11.2**，吉祥公司员工所得是否属于个人所得税的征税范围？

□是 □否

（3）确定纳税义务发生时间。

引导问题 3：根据 **11.3**，吉祥公司员工个人所得税的纳税义务发生时间为______。

（4）确定计税依据。

引导问题 4：根据 **11.5**，吉祥公司 2023 年度预扣预缴个人所得税的计税依据为________。

（5）确定税率。

引导问题 5：根据 **11.4**，吉祥公司预扣预缴员工个人所得税适用的税率是__________。

（6）判断税收优惠。

引导问题 6：根据 **11.6**，吉祥公司员工是否享受个人所得税的税收优惠？□是 □否

（7）计算 2023 年度预扣预缴个人所得税额。

引导问题 7：根据 **11.7**，吉祥公司 2023 年度预扣预缴员工全年的个人所得税是______，12 月应缴纳的个人所得税是________。

引导问题 8：根据 **11.7**，吉祥公司员工个人所得税汇算清缴时需补缴的个人所得税是________。

（8）确定纳税地点。

引导问题 9：根据 **11.9**，吉祥公司代扣代缴员工个人所得税的纳税地点是__________。

（9）会计处理。

引导问题 10：根据 **11.10**，请完成吉祥公司第 4 季度代扣代缴个人所得税的会计处理。

一般纳税人工作任务：个人所得税会计核算

情境导航：

根据一般纳税人综合案例 B 中的“二、2023 年 1—11 月相关涉税信息”和“三、2023 年 12 月具体业务情况”，筛选出与个人所得税相关的情境。

（1）辨析纳税人。

引导问题 1：根据 **11.1**，阳光公司的员工是否是个人所得税的纳税人？□是 □否

（2）识别征税范围。

引导问题 2：根据 **11.2**，阳光公司员工所得是否属于个人所得税的征税范围？

□是 □否

（3）确定纳税义务发生时间。

引导问题 3：根据 **11.3**，阳光公司员工个人所得税的纳税义务发生时间为______。

（4）确定计税依据。

引导问题 4：根据 **11.5**，阳光公司 2023 年度预扣预缴个人所得税的计税依据是_____。

（5）确定税率。

引导问题 5：根据 **11.4**，阳光公司预扣预缴员工个人所得税适用的税率是______。

（6）判断税收优惠。

引导问题 6：根据 **11.6**，阳光公司员工是否享受个人所得税的税收优惠？

□是 □否

（7）计算 2023 年度预扣预缴个人所得税额。

引导问题 7：根据 **11.7**，阳光公司 2023 年预扣预缴员工全年的个人所得税是__________，12 月应缴纳的个人所得税是________。

引导问题 8：根据 **11.7**，阳光公司员工是否需要办理个人所得税汇算清缴？

□是 □否

（8）确定纳税地点。

引导问题 9：根据 **11.9**，阳光公司代扣代缴员工个人所得税的纳税地点是______。

（9）会计处理。

引导问题 10：根据 **11.10**，请完成阳光公司 12 月个人所得税的会计处理。

任务评价

请登录 http://cssx.rdlearning.cn 下载评价表，进行任务评价。

任务总结

通过完成上述任务，你学到了哪些知识或技能？

个人所得税是对个人（即自然人）取得的各项应税所得征收的一种所得税。

11.1 纳税人

个人所得税纳税人，包括中国公民、个体工商户、个人独资企业投资人和合伙企业的个人合伙人以及在中国有所得的外籍人员（包括无国籍人员，下同）和香港、澳门、台湾同胞。

11.1.1 居民个人和非居民个人

按照住所标准和居住时间标准，个人所得税纳税人分为居民个人和非居民个人，具体判定标准如表 11－1 所示。

表 11－1 居民个人和非居民个人判定标准

纳税人类别	判定标准
居民个人	住所标准和居住时间标准只要符合一个就成为居民个人： （1）住所标准："在中国境内有住所"是指因户籍、家庭、经济利益关系而在中国境内习惯性居住； （2）居住时间标准："无住所而一个纳税年度内在中国境内居住累计满 183 天"是指在一个纳税年度（公历 1 月 1 日起至 12 月 31 日止）内，在中国境内居住累计满 183 天
非居民个人	在中国境内无住所又不居住或者无住所而一个纳税年度内在境内居住累计不满 183 天的个人。所以，非居民个人的判定标准是以下两条必须同时符合： （1）在中国境内无住所； （2）在中国境内不居住或在一个纳税年度内在境内居住累计不满 183 天

无住所个人一个纳税年度内在中国境内累计居住天数，按照个人在中国境内累计停留的天数计算。在中国境内停留的当天满 24 小时的，计入中国境内居住天数，在中国境内停留的当天不足 24 小时的，不计入中国境内居住天数。

11.1.2 个人所得税纳税人的纳税义务

居民个人从中国境内和境外取得的所得，依照法律规定缴纳个人所得税。

非居民个人从中国境内取得的所得，依照法律规定缴纳个人所得税。

11.1.3 所得来源的确定

除国务院财政、税务主管部门另有规定外，下列所得，不论支付地点是否在中国境内，均为来源于中国境内的所得：

（1）因任职、受雇、履约等在中国境内提供劳务取得的所得。

（2）将财产出租给承租人在中国境内使用而取得的所得。

（3）许可各种特许权在中国境内使用而取得的所得。

（4）转让中国境内的不动产等财产或者在中国境内转让其他财产取得的所得。

（5）从中国境内企业、事业单位、其他组织以及居民个人取得的利息、股息、红利所得。

11.2 征税范围

按照应税所得的来源划分，现行个人所得税共分为9个应税项目，分别是工资、薪金所得；劳务报酬所得；稿酬所得；特许权使用费所得；经营所得；利息、股息、红利所得；财产租赁所得；财产转让所得和偶然所得。其中工资、薪金所得，劳务报酬所得，稿酬所得和特许权使用费所得统称为综合所得。居民个人取得综合所得，按纳税年度合并计算个人所得税；非居民个人取得综合所得，按月或者按次分项计算个人所得税。纳税人取得综合所得之外的其他各项所得，依照规定分别计算个人所得税。

11.2.1 工资、薪金所得

工资、薪金所得，是指个人因任职或者受雇而取得的工资、薪金、奖金、年终加薪、劳动分红、津贴、补贴以及与任职或者受雇有关的其他所得。

下列项目不属于工资、薪金性质的补贴、津贴，不予征收个人所得税：独生子女补贴；执行公务员工资制度未纳入基本工资总额的补贴、津贴差额和家属成员的副食品补贴；托儿补助费；差旅费津贴、误餐补助。其中，误餐补助是指按照财政部规定，个人因公在城区、郊区工作，不能在工作单位或返回就餐的，根据实际误餐顿数，按规定的标准领取的误餐费。单位以误餐补助名义发给职工的补助、津贴不能包括在内，应当并入当月工资、薪金所得计征个人所得税。

11.2.2 劳务报酬所得

劳务报酬所得，是指个人从事劳务取得的所得，包括从事设计、装潢、安装、制图、化验、测试、医疗、法律、会计、咨询、讲学、翻译、审稿、书画、雕刻、影视、录音、录像、演出、表演、广告、展览、技术服务、介绍服务、经纪服务、代办服务以及其他劳务取得的所得。

区分“劳务报酬所得”和“工资、薪金所得”，主要看是否存在雇佣与被雇佣的关系。“工资、薪金所得”是个人从事非独立劳动，从所在单位（雇主）领取的报酬，存在雇佣与被雇佣的关系，即在机关、团体、学校、部队、企事业单位及其他组织中任职、受雇而得到的报酬。而“劳务报酬所得”则是个人独立从事某种技艺，独立提供某种劳务而取得的报酬，一般不存在雇佣关系。

需要特别说明的是，个人兼职取得的收入应按照“劳务报酬所得”项目缴纳个人所得税，律师以个人名义再聘请其他个人为其工作而支付的报酬，应按“劳务报酬所得”项目缴纳个人所得税。个人由于担任董事、监事职务且不在公司任职、受雇所取得的收入，属于劳务报酬所得性质，按照“劳务报酬所得”项目征收个人所得税。

11.2.3 稿酬所得

稿酬所得，是指个人因其作品以图书、报刊形式出版、发表而取得的所得。作品包括文学作品、书画作品、摄影作品以及其他作品。作者去世后，财产继承人取得的遗作稿酬，也应按“稿酬所得”征收个人所得税。

11.2.4 特许权使用费所得

特许权使用费所得，是指个人提供专利权、商标权、著作权、非专利技术以及其他特许权的使用权取得的所得；提供著作权的使用权取得的所得，不包括稿酬所得。

（1）作者将自己的文字作品手稿原件或复印件拍卖取得的所得，按照“特许权使用费所得”项目缴纳个人所得税。

（2）个人取得专利赔偿所得，应按“特许权使用费所得”项目缴纳个人所得税。

（3）对于剧本作者从电影、电视剧的制作单位取得的剧本使用费，不再区分剧本的使用方是否为其任职单位，统一按“特许权使用费所得”项目计征个人所得税。

11.2.5 经营所得

经营所得，是指：

（1）个体工商户从事生产、经营活动取得的所得，个人独资企业投资人、合伙企业的个人合伙人来源于境内注册的个人独资企业、合伙企业生产、经营的所得。

（2）个人依法从事办学、医疗、咨询以及其他有偿服务活动取得的所得。

（3）个人对企业、事业单位承包经营、承租经营以及转包、转租取得的所得。

（4）个人从事其他生产、经营活动取得的所得。

11.2.6 利息、股息、红利所得

利息、股息、红利所得，是指个人拥有债权、股权等而取得的利息、股息、红利所得。利息，是指个人拥有债权而取得的利息，包括存款利息、贷款利息和各种债券的利息。按税法规定，个人取得的利息所得，除国债和国家发行的金融债券利息外，应当依法缴纳个人所得税。股息、红利，是指个人拥有股权取得的股息、红利。按照一定的比率派发的每股股息金称为股息；根据公司、企业应分配的超过股息部分的利润，按股份分配的称为红利。股息、红利所得，除另有规定外，都应当缴纳个人所得税。

11.2.7 财产租赁所得

财产租赁所得，是指个人出租不动产、机器设备、车船以及其他财产取得的

所得。

个人取得的财产转租收入，属于“财产租赁所得”项目。

11.2.8 财产转让所得

财产转让所得，是指个人转让有价证券、股权、合伙企业中的财产份额、不动产、机器设备、车船以及其他财产取得的所得。

个人将投资于在中国境内成立的企业或组织（不包括个人独资企业和合伙企业）的股权或股份，转让给其他个人或法人的行为，按照“财产转让所得”项目，依法计算缴纳个人所得税。

个人通过网络收购玩家的虚拟货币，加价后向他人出售取得的收入，应按照“财产转让所得”项目计算缴纳个人所得税。

11.2.9 偶然所得

偶然所得，是指个人得奖、中奖、中彩以及其他偶然性质的所得。得奖是指参加各种有奖竞赛活动，取得名次得到的奖金；中奖、中彩是指参加各种有奖活动，如有奖储蓄、购买彩票，经过规定程序，抽中、摇中号码而取得的奖金。

（1）企业对累积消费达到一定额度的顾客，给予额外抽奖机会，个人的获奖所得，按照“偶然所得”项目，全额缴纳个人所得税。

（2）个人取得单张有奖发票奖金所得超过 800 元的，应全额按照“偶然所得”项目征收个人所得税。

（3）个人为单位或他人提供担保获得收入，按照“偶然所得”项目计算缴纳个人所得税。

（4）房屋产权所有人将房屋产权无偿赠予他人的，受赠人因无偿受赠房屋取得的受赠收入，按照“偶然所得”项目计算缴纳个人所得税。

（5）企业在业务宣传、广告等活动中，随机向本单位以外的个人赠送礼品（包括网络红包），以及企业在年会、座谈会、庆典以及其他活动中向本单位以外的个人赠送礼品，个人取得的礼品收入，按照“偶然所得”项目计算缴纳个人所得税，但企业赠送的具有价格折扣或折让性质的消费券、代金券、抵用券、优惠券等礼品除外。

11.3 纳税义务发生时间

由于个人所得税的应税项目比较多，因此个人所得税的纳税义务发生时间也比较复杂，根据应税项目的不同，以按次计征、按月计征和按年计征三种方式确定纳税义务发生时间。

（1）按次计征个人所得税。

当实行按次计征时，每次取得所得的时间为纳税义务发生时间；实行按次计征的所得有：劳务报酬所得，稿酬所得，特许权使用费所得，利息、股息、红利所得，偶然所得。

（2）按月计征个人所得税。

当实行分月预缴时，每一月份的最后一日为纳税义务发生时间；按月计征个人所得税的有：工资、薪金所得，财产租赁所得，属于同一项目连续性收入的，以一个月内取得的收入为一次的劳务报酬所得。

（3）按年计征个人所得税。

当实行按年计征时，纳税年度的最后一日为纳税义务发生时间。实行按年计征个人所得税的项目是经营所得。

11.4 税率

个人所得税的税率有两种形式：超额累进税率和比例税率。

11.4.1 超额累进税率

适用超额累进税率的个人所得税应税项目有两种：综合所得和经营所得。

（1）综合所得的税率。综合所得适用 3% ～ 45% 七级超额累进税率，如表 11－2 所示。

表 11－2 个人所得税税率表

（综合所得适用）

级数	全年应纳税所得额	税率（%）	速算扣除数
1	不超过 36 000 元的部分	3	0
2	超过 36 000 元至 144 000 元的部分	10	2 520
3	超过 144 000 元至 300 000 元的部分	20	16 920
4	超过 300 000 元至 420 000 元的部分	25	31 920
5	超过 420 000 元至 660 000 元的部分	30	52 920
6	超过 660 000 元至 960 000 元的部分	35	85 920
7	超过 960 000 元的部分	45	181 920

（2）经营所得的税率。经营所得适用 5% ～ 35% 的超额累进税率，如表 11－3 所示。

表 11－3 个人所得税税率表

（经营所得适用）

级数	全年应纳税所得额	税率（%）	速算扣除数
1	不超过 30 000 元的部分	5	0
2	超过 30 000 元至 90 000 元的部分	10	1 500
3	超过 90 000 元至 300 000 元的部分	20	10 500
4	超过 300 000 元至 500 000 元的部分	30	40 500
5	超过 500 000 元的部分	35	65 500

11.4.2 比例税率

利息、股息、红利所得，财产租赁所得，财产转让所得和偶然所得适用比例税率，为 20%。

11.5 计税依据

个人所得税的计税依据是纳税人取得的应纳税所得额。应纳税所得额为个人取得的各项收入减去税法规定的费用扣除金额和减免税收入后的余额。不同类别的所得，扣除的标准不同。

11.5.1 综合所得应纳税所得额

11.5.1.1 居民个人综合所得应纳税所得额的确定

居民个人综合所得以每一纳税年度的收入额减除费用 60 000 元以及专项扣除、专项附加扣除和依法确定的其他扣除后的余额，为应纳税所得额。

注意：综合所得中的劳务报酬所得、稿酬所得、特许权使用费所得以收入减除 20% 的费用后的余额为收入额。稿酬所得的收入额减按 70% 计算。

综合所得扣除项目包括费用、专项扣除、专项附加扣除和其他扣除。

（1）费用。综合所得减除的费用为每月 5 000 元，全年共计 60 000 元。

（2）专项扣除。专项扣除包括居民个人按照国家规定的范围和标准缴纳的基本养老保险、基本医疗保险、失业保险等社会保险费和住房公积金等。

（3）专项附加扣除。专项附加扣除包括子女教育、继续教育、大病医疗、住房贷款利息或者住房租金、赡养老人、3 岁以下婴幼儿照护等支出。

子女教育支出扣除规定如表 11－4 所示。

表 11－4　子女教育支出扣除规定

扣除主体	法定监护人，包括生父母、继父母、养父母以及父母之外的担任未成年人法定监护人的其他人。
适用范围	（1）年满 3 周岁的子女接受学前教育； （2）子女的境内和境外的全日制义务教育、高中阶段教育和高等教育（学历教育）； （3）拥有义务教育学籍的特殊教育。
扣除标准	按照每个子女每月 2 000 元（每年 24 000 元）的标准定额扣除。
扣除方式	父母可以选择由其中一方按扣除标准的 100% 扣除，也可以选择由双方分别按扣除标准的 50% 扣除，具体扣除方式在一个纳税年度内不能变更。
资料留存	纳税人子女在中国境外接受教育的，纳税人应当留存境外学校录取通知书、留学签证等相关的教育证明资料备查。

继续教育支出扣除规定如表 11－5 所示。

表 11－5　继续教育支出扣除规定

<table>
<tr><td>扣除主体</td><td colspan="2">可选择由其父母扣除，也可由本人扣除。</td></tr>
<tr><td>适用范围</td><td>个人接受境内本科及以下学历（学位）继续教育（参加教育部认可学籍的夜大、函授、现代远程教育、广播电视大学等非全日制教育）。</td><td>（1）境内在职研究生教育。
（2）纳税人接受人社部发布的国家职业资格目录列明的技能人员职业资格继续教育。
（3）纳税人接受人社部发布的国家职业资格目录列明的专业技术人员职业资格继续教育。</td></tr>
<tr><td>扣除标准</td><td>纳税人在中国境内接受学历（学位）继续教育的支出，在学历（学位）教育期间按照每月 400 元（即每年 4 800 元）定额扣除。同一学历（学位）继续教育的扣除期限不能超过 48 个月（即 4 年）。</td><td>纳税人接受技能人员职业资格继续教育、专业技术人员职业资格继续教育支出，在取得相关证书的当年，按照 3 600 元定额扣除。</td></tr>
<tr><td>扣除方式</td><td colspan="2">个人接受本科及以下学历（学位）继续教育，符合税法规定扣除条件的，可以选择由其父母扣除，也可以选择由本人扣除。</td></tr>
<tr><td>资料留存</td><td colspan="2">纳税人接受技能人员职业资格继续教育、专业技术人员职业资格继续教育的，应当留存相关证书等资料备查。</td></tr>
</table>

大病医疗支出扣除规定如表 11－6 所示。

表 11－6　大病医疗支出扣除规定

扣除主体	本人或配偶，未成年子女选择父母任一方。
适用范围	纳税人或配偶、未成年子女分别在一个纳税年度内医保目录范围内的自付部分累计超过 15 000 元的部分（在 80 000 元限额内据实扣除）。
扣除标准	在一个纳税年度内，纳税人发生的与基本医保相关的医药费用支出，扣除医保报销后个人负担（指医保目录范围内的自付部分）累计超过 15 000 元的部分，由纳税人在办理年度汇算清缴时，在 80 000 元限额内据实扣除。纳税人及其配偶、未成年子女发生的医药费用支出，应按前述规定分别计算扣除额。
扣除方式	纳税人发生的医药费用支出可以选择由本人或者其配偶扣除；未成年子女发生的医药费用支出可以选择由其父母一方扣除。
资料留存	留存医药服务收费及医保报销相关票据原件（或复印件）等资料备查。

住房贷款利息支出扣除规定如表 11－7 所示。

表 11－7　住房贷款利息支出扣除规定

扣除主体	纳税人及其配偶。
适用范围	本人或者配偶购买中国境内住房，贷款来源于商业银行或者住房公积金的首套住房贷款利息支出。
扣除标准	发生的首套住房贷款利息支出，在实际发生贷款利息的年度，按照每月 1 000 元的标准定额扣除，扣除期限最长不超过 240 个月。纳税人只能享受一次首套住房贷款的利息扣除。

续表

扣除方式	（1）经夫妻双方约定，可以选择由其中一方扣除，具体扣除方式在一个纳税年度内不得变更。 （2）夫妻双方婚前分别购买住房发生的首套住房贷款，其贷款利息支出，婚后可以选择其中一套购买的住房，由购买方按扣除标准的 100% 扣除，也可以双方对各自购买的住房分别按扣除标准的 50% 扣除，具体扣除方式在一个纳税年度内不得变更。
资料留存	纳税人应当留存住房贷款合同、贷款还款支出凭证备查。

住房租金支出扣除规定如表 11－8 所示。

表 11－8　住房租金支出扣除规定

<table>
<tr><td>扣除主体</td><td colspan="2">住房租赁合同的承租人，具体为：
（1）未婚的，由本人扣除。
（2）已婚且夫妻双方主要工作城市相同的，由承租人扣除。
（3）已婚且夫妻双方主要工作城市不同的，分别扣除。</td></tr>
<tr><td>适用范围</td><td colspan="2">在主要工作城市没有自有住房但签订住房租赁合同租房的。</td></tr>
<tr><td rowspan="5">扣除标准</td><td>扣除范围</td><td>定额扣除标准</td></tr>
<tr><td>直辖市、省会（首府）城市、计划单列市以及国务院确定的其他城市</td><td>1 500 元 / 月</td></tr>
<tr><td>除第一项所列城市以外，市辖区户籍人口超过 100 万的城市</td><td>1 100 元 / 月</td></tr>
<tr><td>除第一项所列城市以外，市辖区户籍人口不超过 100 万的城市</td><td>800 元 / 月</td></tr>
<tr><td colspan="2">说明：
（1）市辖区户籍人口，以国家统计局公布的数据为准。
（2）纳税人及其配偶在一个纳税年度内不能同时分别享受住房贷款利息和住房租金专项附加扣除。</td></tr>
<tr><td>资料留存</td><td colspan="2">纳税人应当留存住房租赁合同、协议等有关资料备查。</td></tr>
</table>

赡养老人支出扣除规定如表 11－9 所示。

表 11－9　赡养老人支出扣除规定

<table>
<tr><td>扣除主体</td><td colspan="4">独生子女或赡养人。</td></tr>
<tr><td>适用范围</td><td colspan="4">被赡养人是指年满 60 周岁的父母，以及子女均已去世的年满 60 周岁的祖父母、外祖父母</td></tr>
<tr><td rowspan="5">扣除标准</td><td>纳税人</td><td>扣除标准</td><td>扣除方式</td><td>其他要求</td></tr>
<tr><td>独生子女</td><td>3 000 元 / 月</td><td>纳税人独自扣除</td><td></td></tr>
<tr><td rowspan="3">非独生子女</td><td rowspan="3">与兄弟姐妹分摊每月 3 000 元的扣除额度且具体分摊方式和额度在一个纳税年度内不能变更</td><td>平均分摊</td><td></td></tr>
<tr><td>约定分摊，每人分摊的额度不能超过每月 1 500 元</td><td>须签订书面分摊协议</td></tr>
<tr><td>指定分摊，每人分摊的额度不能超过每月 1 500 元</td><td>须签订书面分摊协议</td></tr>
</table>

3 岁以下婴幼儿的照护支出如表 11－10 所示。

表 11－10 婴幼儿照护支出扣除规定

扣除主体	法定监护人，包括生父母、继父母、养父母以及父母之外的担任未成年人法定监护人的其他人。
适用范围	年满 3 周岁之前的婴幼儿，包括婚生子女、非婚生子女、养子女、继子女。
扣除标准	按照每个子女每月 2 000 元（每年 24 000 元）的标准定额扣除。
扣除方式	父母可以选择由其中一方按扣除标准的 100% 扣除，也可以选择由双方分别按扣除标准的 50% 扣除，具体扣除方式在一个纳税年度内不能变更。
婴幼儿可选身份证件类型	《出生医学证明》信息、居民身份证、婴幼儿名下的中国护照、外国护照、港澳居民来往内地通行证、其他个人证件。

（4）其他扣除。其他扣除，包括个人缴付符合国家规定的企业年金、职业年金，个人购买符合国家规定的商业健康保险、税收递延型商业养老保险的支出，以及国务院规定可以扣除的其他项目。

注意：上述专项扣除、专项附加扣除和依法确定的其他扣除，以居民个人一个纳税年度的应纳税所得额为限额；一个纳税年度扣除不完的，不结转以后年度扣除。

11.5.1.2 非居民个人综合所得应纳税所得额的确定

非居民个人的工资、薪金所得，以每月收入额减除费用 5 000 元后的余额为应纳税所得额；劳务报酬所得、稿酬所得、特许权使用费所得，以每次收入额为应纳税所得额。

11.5.2 经营所得应纳税所得额

经营所得，以每一纳税年度的收入总额减除成本、费用以及损失后的余额，为应纳税所得额。

成本、费用，是指生产、经营活动中发生的各项直接支出和分配计入成本的间接费用以及销售费用、管理费用、财务费用；损失，是指生产、经营活动中发生的固定资产和存货的盘亏、毁损、报废损失，转让财产损失，坏账损失，自然灾害等不可抗力因素造成的损失以及其他损失。

取得经营所得的个人，没有综合所得的，计算其每一纳税年度的应纳税所得额时，应当减除费用 6 万元、专项扣除、专项附加扣除以及依法确定的其他扣除。专项附加扣除在办理汇算清缴时减除。

从事生产、经营活动，未提供完整、准确的纳税资料，不能正确计算应纳税所得额的，由主管税务机关核定应纳税所得额或者应纳税额。

11.5.2.1 个体工商户的生产、经营所得应纳税所得额的确定

个体工商户的生产、经营所得，以每一纳税年度的收入总额，减除成本、费用、税金、损失、其他支出以及允许弥补的以前年度亏损后的余额，为应纳税所得额。

成本是指个体工商户在生产经营活动中发生的销售成本、销货成本、业务支出以及其他耗费。

费用是指个体工商户在生产经营活动中发生的销售费用、管理费用和财务费用，

已经计入成本的有关费用除外。

税金是指个体工商户在生产经营活动中发生的除个人所得税和允许抵扣的增值税以外的各项税金及其附加。

损失是指个体工商户在生产经营活动中发生的固定资产和存货的盘亏、毁损、报废损失，转让财产损失，坏账损失，自然灾害等不可抗力因素造成的损失以及其他损失。

个体工商户发生的损失，减除责任人赔偿和保险赔款后的余额，参照财政部、国家税务总局有关企业资产损失税前扣除的规定扣除。

其他支出是指除成本、费用、税金、损失外，个体工商户在生产经营活动中发生的与生产经营活动有关的、合理的支出。

允许弥补的以前年度亏损，是指个体工商户依照规定计算的应纳税所得额小于零的数额。

（1）个体工商户下列支出不得扣除：

1）个人所得税税款；

2）税收滞纳金；

3）罚金、罚款和被没收财物的损失；

4）不符合扣除规定的捐赠支出；

5）赞助支出；

6）用于个人和家庭的支出；

7）与取得生产经营收入无关的其他支出；

8）国家税务总局规定不准扣除的支出。

（2）个体工商户生产经营活动中，应当分别核算生产经营费用和个人、家庭费用。对于生产经营与个人、家庭生活混用难以分清的费用，其40%视为与生产经营有关费用，准予扣除。

（3）工资薪金支出。

1）个体工商户实际支付给从业人员的、合理的工资薪金支出，准予扣除。

2）个体工商户业主的工资薪金支出不得税前扣除。

（4）保险费支出。

1）“四险一金”。个体工商户按照国务院有关主管部门或者省级人民政府规定的范围和标准为其业主和从业人员缴纳的基本养老保险费、基本医疗保险费、失业保险费、工伤保险费和住房公积金，准予扣除。

2）补充养老保险、补充医疗保险。个体工商户为从业人员缴纳的补充养老保险费、补充医疗保险费，分别在不超过从业人员工资总额5%标准内的部分据实扣除；超过部分，不得扣除。

3）商业保险。除个体工商户依照国家有关规定为特殊工种从业人员支付的人身安全保险费和财政部、国家税务总局规定可以扣除的其他商业保险费外，个体工商户业主本人或者为从业人员支付的商业保险费，不得扣除。

4）财产保险。个体工商户参加财产保险，按照规定缴纳的保险费，准予扣除。

（5）借款费用。个体工商户在生产经营活动中发生的合理的不需要资本化的借款费用，准予扣除。

（6）利息支出。个体工商户在生产经营活动中发生的下列利息支出，准予扣除：

1）向金融企业借款的利息支出；

2）向非金融企业和个人借款的利息支出，不超过按照金融企业同期同类贷款利率计算的数额的部分。

（7）三项经费。

个体工商户向当地工会组织拨缴的工会经费、实际发生的职工福利费支出、职工教育经费支出分别在工资薪金总额的 2%、14%、8% 的标准内据实扣除。

职工教育经费的实际发生数额超出规定比例当期不能扣除的数额，准予在以后纳税年度结转扣除。

（8）业务招待费。

个体工商户发生的与生产经营活动有关的业务招待费，按照实际发生额的 60% 扣除，但最高不得超过当年销售（营业）收入的 5‰。

（9）广告费和业务宣传费。

个体工商户每一纳税年度发生的与其生产经营活动直接相关的广告费和业务宣传费，不超过当年销售（营业）收入 15% 的部分，可以据实扣除；超过部分，准予在以后纳税年度结转扣除。

（10）个体工商户按照规定缴纳的摊位费、行政性收费、协会会费等，按实际发生数额扣除。

（11）个体工商户发生的合理的劳动保护支出，准予扣除。

（12）税金。

1）个体工商户在生产经营活动中发生的除“个人所得税和允许抵扣的增值税以外”的各项税金及其附加，准予在税前扣除。

2）个体工商户代其从业人员或者他人负担的税款，不得税前扣除。

（13）捐赠支出。

1）个体工商户直接对受益人的捐赠不得扣除。

2）个体工商户通过公益性社会团体或者县级以上人民政府及其部门，用于《公益事业捐赠法》规定的公益事业的捐赠，捐赠额不超过其应纳税所得额 30% 的部分，可以据实扣除。

3）财政部、国家税务总局规定可以全额在税前扣除的捐赠支出项目，按有关规定执行。

（14）研发费用。

个体工商户研究开发新产品、新技术、新工艺所发生的开发费用，以及研究开发新产品、新技术而购置单台价值在 10 万元以下的测试仪器和试验性装置的购置费准予直接扣除；单台价值在 10 万元以上（含 10 万元）的测试仪器和试验性装置，按固定资产管理，不得在当期直接扣除。

（15）亏损。

个体工商户纳税年度发生的亏损，准予向以后年度结转，用以后年度的生产经营所得弥补，但结转年限最长不得超过 5 年。

11.5.2.2 个人独资企业和合伙企业的经营所得应纳税所得额的确定

个人独资企业的投资者以全部生产经营所得为应纳税所得额；合伙企业的投资者按照合伙企业的全部生产经营所得和合伙协议约定的分配比例，确定应纳税所得额，合伙协议没有约定分配比例的，以全部生产经营所得和合伙人数量为标准平均计算每个投资者的应纳税所得额。上述所称生产经营所得，包括企业分配给投资者个人的所得和企业当年留存的所得（利润）。

11.5.2.3 对企业、事业单位的承包经营、承租经营所得应纳税所得额的确定

对企业、事业单位的承包经营、承租经营所得，以每一纳税年度的收入总额，减除必要费用后的余额，为应纳税所得额。这里的每一纳税年度的收入总额，是指纳税义务人按照承包经营、承租经营合同规定分得的经营利润和工资薪金性质的所得；这里的减除必要费用，是指按年减除 60 000 元。

11.5.3 财产租赁所得应纳税所得额

财产租赁所得实行定额扣除和定率扣除相结合的扣除方式。

财产租赁所得每次收入不超过 4 000 元的，减除费用 800 元；4 000 元以上的，减除 20% 的费用，其余额为应纳税所得额。

11.5.4 财产转让所得应纳税所得额

财产转让所得，以转让财产的收入额减除财产原值和合理费用后的余额，为应纳税所得额。

（1）财产原值，按照下列方法计算：

1）有价证券，为买入价以及买入时按照规定缴纳的有关费用；

2）建筑物，为建造费或者购进价格以及其他有关费用；

3）土地使用权，为取得土地使用权所支付的金额、开发土地的费用以及其他有关费用；

4）机器设备、车船，为购进价格、运输费、安装费以及其他有关费用。

纳税人未提供完整、准确的财产原值凭证，不能按照规定的方法确定财产原值的，由主管税务机关核定财产原值。

（2）合理费用，是指卖出财产时按照规定支付的有关税费。

11.5.5 利息、股息、红利所得应纳税所得额

利息、股息、红利所得以每次收入额为应纳税所得额。

11.5.6 偶然所得应纳税所得额

偶然所得，以每次收入额为应纳税所得额。

11.5.7 应纳税所得额确定中的特别说明

11.5.7.1 公益捐赠税前扣除政策

（1）个人将其所得对教育、扶贫、济困等公益慈善事业进行捐赠，捐赠额未超过纳税人申报的应纳税所得额 30% 的部分，可以从其应纳税所得额中扣除；国务院规定对公益慈善事业捐赠实行全额税前扣除的，从其规定。

（2）个人通过非营利性的社会团体和国家机关向红十字事业、教育事业、农村义务教育和公益性青少年活动场所（包括新建），以及福利性、非营利性老年服务机构的捐赠，在计算缴纳个人所得税时，准予在税前的所得额中全额扣除。

（3）根据财政部、国家税务总局的有关规定，个人通过宋庆龄基金会、中国福利会、中国残疾人福利基金会等 6 家单位，中国医药卫生事业发展基金会、中国教育发展基金会、中国老龄事业发展基金会等 8 家单位，中华健康快车基金会、孙冶方经济科学基金会等 5 家单位用于公益救济性的捐赠，符合相关条件的，准予在缴纳个人所得税前全额扣除。

11.5.7.2 每次收入的确定

（1）财产租赁所得，以一个月内取得的收入为一次。

（2）利息、股息、红利所得，以支付利息、股息、红利时取得的收入为一次。

（3）偶然所得，以每次取得该项收入为一次。

（4）非居民个人取得的劳务报酬所得、稿酬所得、特许权使用费所得，属于一次性收入的，以取得该项收入为一次；属于同一项目连续性收入的，以一个月内取得的收入为一次。

11.6 税收优惠

11.6.1 税法规定的免税项目

（1）省级人民政府、国务院部委和中国人民解放军军以上单位，以及外国组织、国际组织颁发的科学、教育、技术、文化、卫生、体育、环境保护等方面的奖金。

（2）国债和国家发行的金融债券利息。

（3）按照国家统一规定发给的补贴、津贴。这是指按照国务院规定发给的政府特殊津贴、院士津贴，以及国务院规定免纳个人所得税的其他补贴、津贴。

（4）福利费、抚恤金、救济金。

（5）保险赔款。

（6）军人的转业费、复员费、退役金。

（7）按照国家统一规定发给干部、职工的安家费、退职费、基本养老金或者退休费、离休费、离休生活补助费。

（8）依照有关法律规定应予以免税的各国驻华使馆、领事馆的外交代表、领事官员和其他人员的所得。

（9）中国政府参加的国际公约、签订的协议中规定免税的所得。

（10）国务院规定的其他免税所得。该项免税规定，由国务院报全国人民代表大会常务委员会备案。

11.6.2 税法规定的减税项目

（1）残疾、孤老人员和烈属的所得。

（2）因自然灾害造成重大损失的。

11.6.3 其他免税和暂免征税项目

（1）下列所得，暂免征收个人所得税：

1）外籍个人以非现金形式或实报实销形式取得的住房补贴、伙食补贴、搬迁费、洗衣费。

2）外籍个人按合理标准取得的境内、境外出差补贴。

3）外籍个人取得的探亲费、语言训练费、子女教育费等，经当地税务机关审核批准为合理的部分。

4）外籍个人从外商投资企业取得的股息、红利所得。

（2）个人在上海、深圳证券交易所转让从上市公司公开发行和转让市场取得的股票转让所得。

（3）个人举报、协查各种违法、犯罪行为而获得的奖金。

（4）个人办理代扣代缴手续，按规定取得的扣缴手续费。

（5）个人转让自用达 5 年以上，并且是唯一的家庭生活用房取得的所得。

（6）对个人购买福利彩票、体育彩票，一次中奖收入在 1 万元以下（含 1 万元）的，暂免征收个人所得税；超过 1 万元的，全额征收个人所得税。

（7）个人取得单张有奖发票奖金所得不超过 800 元（含 800 元）的。

（8）个人领取原提存的住房公积金、基本医疗保险金、基本养老保险金，以及失业保险金。

（9）企业和事业单位根据国家有关政策规定的办法和标准，为在本单位任职或者受雇的全体职工缴付的企业年金或职业年金单位缴费部分，在计入个人账户时，个人暂不缴纳个人所得税。

个人根据国家有关政策规定缴付的年金个人缴费部分，在不超过本人缴费工资计税基数的 4% 标准内的部分，暂从个人当期的应纳税所得额中扣除。

年金基金投资运营收益分配计入个人账户时，个人暂不缴纳个人所得税。

（10）企业依照国家有关法律规定宣告破产，企业职工从该破产企业取得的一次性安置费收入。

（11）自 2008 年 10 月 9 日（含）起，存款人取得的储蓄存款利息。

（12）被拆迁人按照国家有关城镇房屋拆迁管理办法规定的标准取得的拆迁补偿款。

（13）以下情形的房屋产权无偿赠予的，对当事双方不征收个人所得税：

1）房屋产权所有人将房屋产权无偿赠予配偶、父母、子女、祖父母、外祖父母、孙子女、外孙子女、兄弟姐妹；

2）房屋产权所有人将房屋产权无偿赠予对其承担直接抚养或者赡养义务的抚养人或者赡养人；

3）房屋产权所有人死亡，依法取得房屋产权的法定继承人、遗嘱继承人或者受遗赠人。

（14）企业在销售商品（产品）和提供服务过程中向个人赠送礼品，属于下列情形之一的，不征收个人所得税：

1）企业通过价格折扣、折让方式向个人销售商品（产品）和提供服务；

2）企业在向个人销售商品（产品）和提供服务的同时给予赠品，如通信企业对个人购买手机赠话费、入网费，或者购话费赠手机等；

3）企业对累积消费达到一定额度的个人按消费积分反馈礼品。

（15）自 2022 年 1 月 1 日起，对个人养老金实施递延纳税优惠政策。在缴费环节，个人向个人养老金资金账户的缴费，按照 12 000 元 / 年的限额标准，在综合所得或经营所得中据实扣除；在投资环节，计入个人养老金资金账户的投资收益暂不征收个人所得税；在领取环节，个人领取的个人养老金，不并入综合所得，单独按照 3% 的税率计算缴纳个人所得税，其缴纳的税款计入“工资、薪金所得”项目。

（16）在 2022 年 10 月 1 日至 2023 年 12 月 31 日期间，纳税人出售自有住房并在现住房出售后 1 年内，在同一城市重新购买住房的，可按规定申请退还其出售现住房已缴纳的个人所得税。

纳税人换购住房个人所得税退税额的计算公式为：

$$\text{新购住房金额大于或等于现住房转让金额的退税金额} = \text{现住房转让时缴纳的个人所得税}$$

$$\text{新购住房金额小于现住房转让金额的退税金额} = \left(\text{新购住房金额} \div \text{现住房转让金额}\right) \times \text{现住房转让时缴纳的个人所得税}$$

现住房转让金额和新购住房金额与核定计税价格不一致的，以核定计税价格为准。现住房转让金额和新购住房金额均不含增值税。

11.7 应纳税额的计算

11.7.1 综合所得应纳税额的计算

综合所得应纳税额的计算公式为：

应纳税额 = 应纳税所得额 × 适用税率 − 速算扣除数

=(每一纳税年度的收入额 − 费用 6 万元 − 专项扣除 − 专项附加扣除 − 依法确定的其他扣除)× 适用税率 − 速算扣除数

11.7.1.1 居民个人综合所得预扣预缴

（1）工资、薪金所得预扣预缴税额的计算。

扣缴义务人向居民个人支付工资、薪金所得时，应当按照累计预扣法计算预扣税款，并按月办理全员全额扣缴申报。

累计预扣法的具体计算公式如下：

本期应预扣预缴税额 =(累计预扣预缴应纳税所得额 × 预扣率 − 速算扣除数) − 累计减免税额 − 累计已预扣预缴税额

累计预扣预缴应纳税所得额 = 累计收入 − 累计免税收入 − 累计减除费用 − 累计专项扣除 − 累计专项附加扣除 − 累计依法确定的其他扣除

其中：累计减除费用，按照 5 000 元 / 月乘以纳税人当年截至本月在本单位的任职受雇月份数计算。

（2）其他综合所得项目预缴税额的计算。

扣缴义务人向居民个人支付劳务报酬所得、稿酬所得、特许权使用费所得，按次或者按月预扣预缴个人所得税。

劳务报酬所得、稿酬所得、特许权使用费所得，属于一次性收入的，以取得该项收入为一次；属于同一项目连续性收入的，以一个月内取得的收入为一次。具体预扣预缴方法如下：

劳务报酬所得、稿酬所得、特许权使用费所得以收入减除费用后的余额为收入额。其中，稿酬所得的收入额减按 70% 计算。

减除费用：劳务报酬所得、稿酬所得、特许权使用费所得每次收入不超过 4 000 元的，减除费用按 800 元计算；每次收入 4 000 元以上的，减除费用按 20% 计算。

预扣预缴税额的计算公式如下：

劳务报酬所得应预扣预缴税额 = 预扣预缴应纳税所得额 × 预扣率 − 速算扣除数

稿酬所得、特许权使用费所得应预扣预缴税额 = 预扣预缴应纳税所得额 ×20%

11.7.1.2 居民个人综合所得汇算清缴

居民个人工资、薪金所得，劳务报酬所得，稿酬所得，特许权使用费所得年度预扣预缴税额与年度应纳税额不一致的，由居民个人于次年 3 月 1 日至 6 月 30 日向主管税务机关办理综合所得年度汇算清缴，税款多退少补。

（1）综合所得汇算清缴公式。

应补（退）税额 = 全年应纳税额 − 已预缴税额

（2）取得综合所得的，并且符合下列情形之一的纳税人应当依法办理汇算清缴：

1）从两处以上取得综合所得，且综合所得年收入额减除专项扣除后的余额超过6万元；

2）取得劳务报酬所得、稿酬所得、特许权使用费所得中一项或者多项所得，且综合所得年收入额度减去专项扣除的余额超过6万元；

3）纳税年度内预缴税款低于应纳税额；

4）纳税人申请退税。

11.7.1.3　非居民个人综合所得扣缴个人所得税的计算

扣缴义务人向非居民个人支付工资、薪金所得，劳务报酬所得，稿酬所得和特许权使用费所得时，应当按以下方法按月或者按次代扣代缴个人所得税：非居民个人的工资、薪金所得，以每月收入额减除费用5 000元后的余额为应纳税所得额；劳务报酬所得、稿酬所得、特许权使用费所得，以每次收入额为应纳税所得额。其中，劳务报酬所得、稿酬所得、特许权使用费所得以收入额减除20%的费用后的余额为收入额。稿酬所得的收入额减按70%计算。

11.7.2　经营所得应纳税额的计算

经营所得应纳税额的计算公式如下：

$$
\begin{aligned}
\text{经营所得应纳税额} &= \text{应纳税所得额}\times\text{适用税率}-\text{速算扣除数}\\
&=\left(\begin{matrix}\text{全年}\\\text{收入总额}\end{matrix}-\begin{matrix}\text{成本、费用、税金、损失、}\\\text{其他支出及以前年度亏损}\end{matrix}\right)\times\begin{matrix}\text{适用}\\\text{税率}\end{matrix}-\begin{matrix}\text{速算}\\\text{扣除数}\end{matrix}
\end{aligned}
$$

11.7.3　利息、股息、红利所得应纳税额的计算

利息、股息、红利所得应纳税额的计算公式如下：

$$
\begin{matrix}\text{利息、股息、红利}\\\text{所得应纳税额}\end{matrix}=\text{应纳税所得额}\times\text{适用税率}=\text{每次收入额}\times\text{适用税率}
$$

11.7.4　财产租赁所得应纳税额的计算

（1）每次（月）收入不足4 000元的：

$$
\begin{matrix}\text{财产租赁所得}\\\text{应纳税额}\end{matrix}=\left[\begin{matrix}\text{每次（月）}\\\text{收入额}\end{matrix}-\begin{matrix}\text{财产租赁过程}\\\text{中缴纳的税费}\end{matrix}-\begin{matrix}\text{由纳税人负担的租赁财}\\\text{产实际开支的修缮费用}\\\text{（800元为限）}\end{matrix}-800\text{元}\right]\times 20\%
$$

（2）每次（月）收入在 4 000 元以上的：

$$\text{财产租赁所得应纳税额}=\left[\text{每次（月）收入额}-\text{财产租赁过程中缴纳的税费}-\text{由纳税人负担的租赁财产实际开支的修缮费用（800 元为限）}\right]\times(1-20\%)\times20\%$$

11.7.5 财产转让所得应纳税额的计算

财产转让所得应按照一次转让财产的收入额减除财产原值和合理费用后的余额计算纳税。计算公式为：

$$\text{财产转让所得应纳税额}=\text{应纳税所得额}\times\text{适用税率}=(\text{收入总额}-\text{财产原值}-\text{合理费用})\times20\%$$

11.7.6 偶然所得应纳税额的计算

偶然所得应纳税额的计算公式如下：

$$\text{应纳税额}=\text{应纳税所得额}\times\text{适用税率}=\text{每次收入额}\times20\%$$

11.7.7 应纳税额计算的其他规定

11.7.7.1 全年一次性奖金的征税规定

居民个人取得全年一次性奖金，符合相关规定的，在 2027 年 12 月 31 日前，可以选择不并入当年综合所得，以全年一次性奖金收入除以 12 个月得到的数额，按照按月换算后的综合所得税率表，确定适用税率和速算扣除数，单独计算纳税。计算公式为：

$$\text{全年一次性奖金应纳税额}=\text{全年一次性奖金收入}\times\text{适用税率}-\text{速算扣除数}$$

居民个人取得全年一次性奖金，也可以选择并入当年综合所得计算纳税。

11.7.7.2 解除劳动关系一次性补偿收入的征税规定

个人与用人单位解除劳动关系取得一次性补偿收入（包括用人单位发放的经济补偿金、生活补助费和其他补助费），在当地上年职工平均工资 3 倍数额以内的部分，免征个人所得税；超 3 倍数额的部分，不并入当年综合所得，单独适用综合所得税率表计算纳税。

11.7.7.3 退休人员再任职取得收入的征税规定

退休人员再任职取得的收入，在减除按《个人所得税法》规定的费用扣除标准后，按“工资、薪金所得”项目缴纳个人所得税。

11.8 纳税期限

个人所得税的纳税期限如表 11－11 所示。

表 11－11 个人所得税的纳税期限

情形	纳税期限
居民个人取得综合所得	按年计算个人所得税；有扣缴义务人的，由扣缴义务人按月或者按次预扣预缴税款；需要办理汇算清缴的，应当在取得所得的次年 3 月 1 日至 6 月 30 日内办理汇算清缴。预扣预缴办法由国务院税务主管部门制定。
非居民个人取得工资、薪金所得，劳务报酬所得，稿酬所得和特许权使用费所得	有扣缴义务人的，由扣缴义务人按月或者按次代扣代缴税款，不办理汇算清缴。
纳税人取得经营所得	按年计算个人所得税，由纳税人在月度或者季度终了后 15 日内向税务机关报送纳税申报表，并预缴税款；在取得所得的次年 3 月 31 日前办理汇算清缴。
纳税人取得利息、股息、红利所得，财产租赁所得，财产转让所得和偶然所得	按月或者按次计算个人所得税，有扣缴义务人的，由扣缴义务人按月或者按次代扣代缴税款。
纳税人取得应税所得，没有扣缴义务人	应当在取得所得的次月 15 日内向税务机关报送纳税申报表，并缴纳税款。
纳税人取得应税所得，扣缴义务人未扣缴税款的	纳税人应当在取得所得的次年 6 月 30 日前，缴纳税款；税务机关通知限期缴纳的，纳税人应当按照期限缴纳税款。
居民个人从中国境外取得所得的	应当在取得所得的次年 3 月 1 日至 6 月 30 日内申报纳税。
非居民个人在中国境内从两处以上取得工资、薪金所得的	应当在取得所得的次月 15 日内申报纳税。

11.9 纳税地点

（1）需要办理汇算清缴的纳税人，向任职、受雇单位所在地主管税务机关办理纳税申报。

（2）纳税人有两处以上任职、受雇单位的，选择向其中一处任职、受雇单位所在地主管税务机关纳税申报。

（3）纳税人没有任职、受雇单位的，向户籍所在地或经常居住地主管税务机关办理纳税申报。

（4）纳税人取得经营所得，向经营管理所在地主管税务机关办理预缴纳税申报和汇算清缴；从两处以上取得经营所得的，选择向其中一处经营管理所在地主管税务机关办理年度汇总申报。

11.10 会计核算

11.10.1 会计科目设置

个人所得税有代扣代缴和自行申报两种缴纳方式，根据缴纳方式不同，会计科目的设置也有所不同。

个人所得税的扣缴义务人通过“应交税费——应交个人所得税”科目核算。个体工商户、个人独资企业、合伙企业等取得的经营所得通过“应交税费——应交个人所得税”科目核算。

11.10.2 账务处理

11.10.2.1 代扣代缴个人所得税的账务处理

（1）工资、薪金所得个人所得税的账务处理。

1）企业在向职工支付工资、薪金并按规定代扣、预扣职工的个人所得税时：

借：应付职工薪酬——短期薪酬——职工工资

贷：银行存款 / 库存现金

应交税费——应交个人所得税

2）实际缴纳代扣、预扣的个人所得税时：

借：应交税费——应交个人所得税

贷：银行存款

（2）劳务报酬所得、稿酬所得、特许权使用费所得个人所得税的账务处理。

1）企业在支付劳务报酬所得、稿酬所得、特许权使用费所得并代扣代缴个人所得税时：

借：生产成本 / 管理费用 / 销售费用等

贷：银行存款 / 库存现金

应交税费——应交个人所得税

2）实际缴纳代扣的个人所得税时：

借：应交税费——应交个人所得税

贷：银行存款

（3）利息、股息、红利所得，财产租赁所得和偶然所得等个人所得税的账务处理。

1）企业向个人支付利息。

企业向个人支付利息并代扣个人所得税时：

借：财务费用

贷：银行存款 / 库存现金

应交税费——应交个人所得税

企业实际缴纳代扣的个人所得税时：

借：应交税费——应交个人所得税

贷：银行存款

2）企业向个人支付股息、红利。

股份公司向个人支付股息、红利并代扣个人所得税时：

借：应付股利

贷：银行存款 / 库存现金

应交税费——应交个人所得税

企业实际缴纳代扣的个人所得税时：

借：应交税费——应交个人所得税

贷：银行存款

3）企业支付财产租赁所得、偶然所得。

企业支付财产租赁所得、偶然所得并代扣个人所得税时：

借：生产成本 / 管理费用 / 销售费用 / 营业外支出等

贷：银行存款 / 库存现金

应交税费——应交个人所得税

企业实际缴纳代扣的个人所得税时：

借：应交税费——应交个人所得税

贷：银行存款

（4）财产转让所得个人所得税的账务处理。

1）企业向个人购买财产并代扣个人所得税时：

借：固定资产 / 无形资产 / 原材料等

贷：银行存款 / 库存现金

应交税费——应交个人所得税

2）企业实际缴纳代扣的个人所得税时：

借：应交税费——应交个人所得税

贷：银行存款

11.10.2.2 自行申报个人所得税的账务处理

纳税人取得经营所得，按年计算个人所得税，由纳税人在月度或者季度终了后 15 日内向税务机关报送个人所得税纳税申报表，并预缴税款；在取得所得的次年 3 月 31 日前办理汇算清缴。

（1）纳税人每月（季度）预缴所得税的账务处理。

1）计提预缴的个人所得税时：

借：留存利润

贷：应交税费——应交个人所得税

2）实际缴纳预缴的个人所得税时：

借：应交税费——应交个人所得税

贷：银行存款

（2）年度终了，汇算清缴个人所得税的账务处理。

1）计算出需要补缴的个人所得税时：

借：以前年度损益调整

贷：应交税费——应交个人所得税

2）实际缴纳应补缴的个人所得税时：

借：应交税费——应交个人所得税

　贷：银行存款

如果计算出的全年实际应缴纳的个人所得税超过了全年预缴的个人所得税，则需要税务机关退回多缴的个人所得税，会计分录与补缴税款的分录相反，此处不再赘述。

即测即评

扫一扫 练一练

12 学习任务十二

社会保险和住房公积金会计核算

学习任务描述

根据2010年10月28日第十一届全国人大常委会第十七次会议审议通过、2018年12月29日第十三届全国人大常委会第七次会议修正的《中华人民共和国社会保险法》，1999年1月22日国务院令第258号发布的《失业保险条例》，2003年4月27日国务院令第375号发布、2010年12月20日修订的《工伤保险条例》，2011年6月29日人力资源和社会保障部令第13号发布的《实施〈中华人民共和国社会保险法〉若干规定》等法律、法规和规定进行各项社会保险应缴纳金额的计算；根据1999年4月3日中华人民共和国国务院令第262号发布、2002年3月24日《国务院关于修改〈住房公积金管理条例〉的决定》第一次修订、2019年3月24日《国务院关于修改部分行政法规的决定》第二次修订的《住房公积金管理条例》进行应缴存住房公积金金额的计算；根据2014年财政部修订的《企业会计准则第9号——职工薪酬》及其应用指南中关于社会保险费和住房公积金会计核算的相关规定，进行社会保险和住房公积金相关的会计核算。

教学目标

能力目标

1. 能正确判断各项社会保险的征缴范围、缴纳费率、享受条件等；
2. 能正确判断住房公积金的缴存时间、缴存金额、列支方式、提取和使用方法；
3. 能进行计提和缴纳社会保险、住房公积金的会计核算。

知识目标

1. 掌握社会保险的定义和缴费基数的确定方法；
2. 掌握基本养老保险的含义、征缴范围、组成和来源、缴纳比例、享受条件和待遇；
3. 掌握基本医疗保险的含义、征缴范围、缴纳方式和比例、结算方式和金额；
4. 掌握工伤保险的含义、征缴范围、缴纳比例，工伤认定和劳动能力鉴定规定、工伤保险待遇、负担方及其他特别规定；

5. 掌握失业保险的含义、征缴范围、缴纳比例、享受条件、领取方式和期限、发放标准及停止享受失业保险待遇的情形；

6. 了解社会保险的登记、缴纳方式等征缴管理规定；

7. 掌握住房公积金的缴存时间、缴存金额、列支方式、提取和使用方法；

8. 掌握社会保险和住房公积金的会计核算。

素养目标

培养学生的制度自信和家国情怀。

思政园地

健全社会保障体系，增强人民幸福感

党的二十大报告指出，“我们建成了世界上规模最大的教育体系、社会保障体系、医疗卫生体系”，“人民群众获得感、幸福感、安全感更加充实、更有保障、更可持续，共同富裕取得新成效”。这是对我国社保事业发展取得重大历史成就的高度肯定。党的十八大以来，我国社会保险制度体系日趋完善。我国基本养老保险参保人数从 7.88 亿人增加到 10.3 亿人，失业保险参保人数从 1.52 亿人增加到 2.3 亿人，工伤保险参保人数从 1.9 亿人增加到 2.8 亿人。

党的二十大
与税收

党的二十大报告同时提出，健全社会保障体系，健全覆盖全民、统筹城乡、公平统一、安全规范、可持续的多层次社会保障体系。

社会保障体系是人民生活的安全网和社会运行的稳定器，党的二十大报告关于社会保障的表述，包含五方面的含义。

一是完善多层次、多支柱养老保险体系，促进多层次医疗保障有序衔接，建立长期护理保险制度，积极发展商业医疗保险。这是社会保障体系自身发展完善的必然要求，更好地体现了社会公平正义，满足人民群众多样化、多层次的差异化需求。

二是提高养老、医疗、失业、工伤保险的统筹层次。即完善基本养老保险全国统筹制度，推动基本医疗保险、失业保险、工伤保险省级统筹。这结合了当前我国发展的阶段性特征和要求，有利于均衡地区间养老保险基金、医保基金的失衡状况，合理缩小社会保障领域的城乡差异，同时为异地结算带来便利。

三是实施渐进式延迟法定退休年龄。这有利于应对人口老龄化趋势、匹配人均预期寿命增长、适应劳动力结构变化等问题，对我国经济的长期均衡发展具有重大意义。

四是完善公共服务平台建设，健全监管体系，加快完善全国统一的社会保险公共服务平台，全国一体的经办服务体系和信息系统有助于实现社会保险基本公共服务标准化。健全社保基金保值增值和安全监管体系，确保了各项社会保险基金收支平衡，保障制度的长期稳定运行。

五是健全分层、分类社会救助体系，坚持男女平等，保障妇女儿童、残疾人的合法权益。这体现了社会保障制度是保障基本民生、促进社会公平、维护社会稳定的兜底性、基础性制度安排。

党的二十大提出的健全社会保障体系目标，充分体现了我们党坚持以人民为中心的发展思想，体现了为中国人民谋幸福、为中华民族谋复兴的使命担当，体现了人民至上的根本价值追求。新时代新征程，推动社会保障事业高质量发展，让人民群众有更多的获得感、幸福感、安全感。

资料来源：柯锐，付佳．汪泓：二十大对促进我国社会保障事业高质量发展提出新要求．新京报，2022-10-19.

任务书

1. 请分析判断各项社会保险的征缴范围、缴纳费率、享受条件等，计算应缴纳的各项社会保险费金额。

2. 请分析判断住房公积金的缴存时间、缴存金额、列支方式、提取和使用方法。

3. 请进行计提和缴纳社会保险、住房公积金的会计核算。

任务分组

请登录 http://cssx.rdlearning.cn 下载学生任务分配表，进行任务分组。

准备工作

微课视频
扫一扫

1. 阅读工作任务书。

2. 收集《中华人民共和国社会保险法》、《失业保险条例》、《工伤保险条例》、《实施〈中华人民共和国社会保险法〉若干规定》、《住房公积金管理条例》和《企业会计准则第9号——职工薪酬》及其应用指南等相关法规，观看微课视频。

3. 结合任务书分析社会保险费和住房公积金计算、会计核算的难点和常见问题。

思维导图

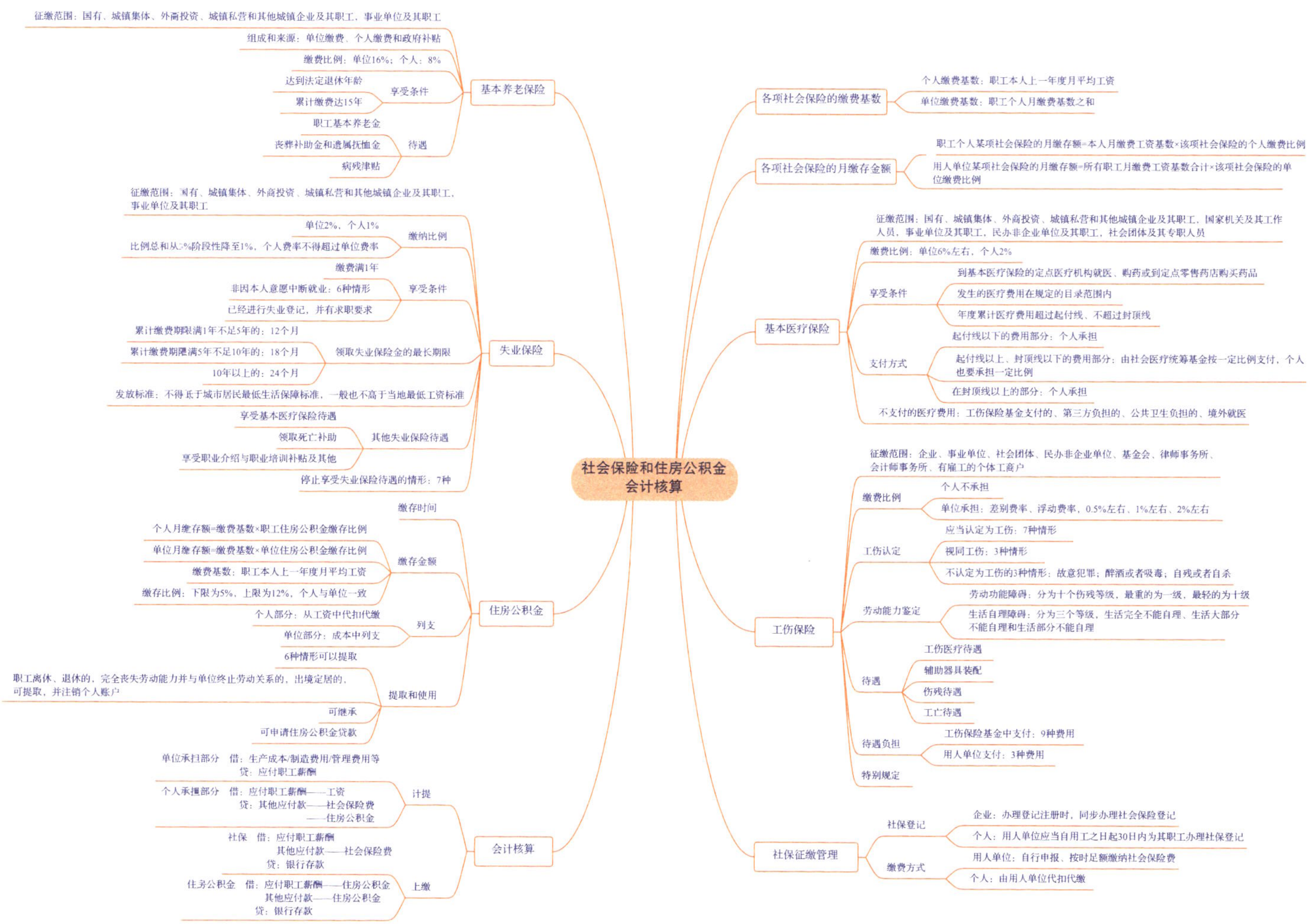
社会保险和住房公积金会计核算
基本养老保险
征缴范围：国有、城镇集体、外商投资、城镇私营和其他城镇企业及其职工，事业单位及其职工
组成和来源：单位缴费、个人缴费和政府补贴
缴费比例：单位16%；个人：8%
享受条件
达到法定退休年龄
累计缴费达15年
待遇
职工基本养老金
丧葬补助金和遗属抚恤金
病残津贴
失业保险
征缴范围：国有、城镇集体、外商投资、城镇私营和其他城镇企业及其职工，事业单位及其职工
缴纳比例
单位2%，个人1%
比例总和从3%阶段性降至1%，个人费率不得超过单位费率
享受条件
缴费满1年
非因本人意愿中断就业：6种情形
已经进行失业登记，并有求职要求
领取失业保险金的最长期限
累计缴费期限满1年不足5年的：12个月
累计缴费期限满5年不足10年的：18个月
10年以上的：24个月
发放标准：不得低于城市居民最低生活保障标准，一般也不高于当地最低工资标准
其他失业保险待遇
享受基本医疗保险待遇
领取死亡补助
享受职业介绍与职业培训补贴及其他
停止享受失业保险待遇的情形：7种
住房公积金
缴存时间
缴存金额
个人月缴存额=缴费基数×职工住房公积金缴存比例
单位月缴存额=缴费基数×单位住房公积金缴存比例
缴费基数：职工本人上一年度月平均工资
缴存比例：下限为5%，上限为12%，个人与单位一致
列支
个人部分：从工资中代扣代缴
单位部分：成本中列支
提取和使用
6种情形可以提取
职工离休、退休的，完全丧失劳动能力并与单位终止劳动关系的，出境定居的，可提取，并注销个人账户
可继承
可申请住房公积金贷款
会计核算
计提
单位承担部分　借：生产成本/制造费用/管理费用等
贷：应付职工薪酬
个人承担部分　借：应付职工薪酬——工资
贷：其他应付款——社会保险费
——住房公积金
上缴
社保　借：应付职工薪酬
其他应付款——社会保险费
贷：银行存款
住房公积金　借：应付职工薪酬——住房公积金
其他应付款——住房公积金
贷：银行存款
各项社会保险的缴费基数
个人缴费基数：职工本人上一年度月平均工资
单位缴费基数：职工个人月缴费基数之和
各项社会保险的月缴存金额
职工个人某项社会保险的月缴存额=本人月缴费工资基数×该项社会保险的个人缴费比例
用人单位某项社会保险的月缴存额=所有职工月缴费工资基数合计×该项社会保险的单位缴费比例
基本医疗保险
征缴范围：国有、城镇集体、外商投资、城镇私营和其他城镇企业及其职工，国家机关及其工作人员，事业单位及其职工，民办非企业单位及其职工，社会团体及其专职人员
缴费比例：单位6%左右，个人2%
享受条件
到基本医疗保险的定点医疗机构就医、购药或到定点零售药店购买药品
发生的医疗费用在规定的目录范围内
年度累计医疗费用超过起付线、不超过封顶线
支付方式
起付线以下的费用部分：个人承担
起付线以上、封顶线以下的费用部分：由社会医疗统筹基金按一定比例支付，个人也要承担一定比例
在封顶线以上的部分：个人承担
不支付的医疗费用：工伤保险基金支付的、第三方负担的、公共卫生负担的、境外就医
工伤保险
征缴范围：企业、事业单位、社会团体、民办非企业单位、基金会、律师事务所、会计师事务所、有雇工的个体工商户
缴费比例
个人不承担
单位承担：差别费率、浮动费率，0.5%左右，1%左右，2%左右
工伤认定
应当认定为工伤：7种情形
视同工伤：3种情形
不认定为工伤的3种情形：故意犯罪；醉酒或者吸毒；自残或者自杀
劳动能力鉴定
劳动功能障碍：分为十个伤残等级，最重的为一级，最轻的为十级
生活自理障碍：分为三个等级，生活完全不能自理、生活大部分不能自理和生活部分不能自理
待遇
工伤医疗待遇
辅助器具装配
伤残待遇
工亡待遇
待遇负担
工伤保险基金中支付：9种费用
用人单位支付：3种费用
特别规定
社保征缴管理
社保登记
企业：办理登记注册时，同步办理社会保险登记
个人：用人单位应当自用工之日起30日内为其职工办理社保登记
缴费方式
用人单位：自行申报、按时足额缴纳社会保险费
个人：由用人单位代扣代缴

小规模纳税人工作任务：社会保险和住房公积金会计核算

情境导航：

根据小规模纳税人综合案例 A 中的“二、2023 年第 1—3 季度相关涉税信息”和“四、2023 年第 4 季度具体业务情况”，筛选出与社会保险和住房公积金相关的情境。

（1）社会保险的范围。

引导问题 1：根据 **12.1.1**，目前我国社会保险项目主要有________。

（2）社会保险的缴存额和缴费基数。

引导问题 2：根据 **12.1.2**，职工个人某项社会保险的月缴存额等于______，用人单位某项社会保险的月缴存额等于________。

引导问题 3：根据 **12.1.2**，社会保险的缴费基数是________。

（3）职工基本养老保险的征缴范围。

引导问题 4：根据 **12.2.2**，吉祥公司及其职工是否属于职工基本养老保险的征缴范围？ □是 □否

（4）职工基本医疗保险的征缴范围。

引导问题 5：根据 **12.3.2**，吉祥公司及其职工是否属于职工基本医疗保险的征缴范围？ □是 □否

（5）工伤保险的征缴范围。

引导问题 6：根据 **12.4.2**，吉祥公司是否属于工伤保险的征缴范围？ □是 □否

（6）住房公积金的征缴范围。

引导问题 7：根据 **12.7**，吉祥公司及其职工是否属于住房公积金的征缴范围？ □是 □否

（7）会计处理。

引导问题 8：根据 **12.8**，请完成吉祥公司第 4 季度社会保险和住房公积金的会计处理。

一般纳税人工作任务：社会保险和住房公积金会计核算

情境导航：

根据一般纳税人综合案例 A 中的“二、2023 年第 1—3 季度相关涉税信息”和“三、2023 年第 4 季度具体业务情况”，筛选出与社会保险和住房公积金相关的情境。

（1）社会保险的范围。

引导问题 1：根据 12.1.1，目前我国社会保险项目主要有________。

（2）社会保险的缴存额和缴存基数。

引导问题 2：根据 12.1.2，职工个人某项社会保险的月缴存额等于______，用人单位某项社会保险的月缴存额等于________。

引导问题 3：根据 12.1.2，社会保险的缴费基数是________。

（3）职工基本养老保险的征缴范围。

引导问题 4：根据 12.2.2，阳光公司及其职工是否属于职工基本养老保险的征缴范围？ □是 □否

（4）职工基本医疗保险的征缴范围。

引导问题 5：根据 12.3.2，阳光公司及其职工是否属于职工基本医疗保险的征缴范围？ □是 □否

（5）工伤保险的征缴范围。

引导问题 6：根据 12.4.2，阳光公司是否属于工伤保险的征缴范围？ □是 □否

（6）住房公积金的征缴范围。

引导问题 7：根据 12.7，阳光公司及其职工是否属于住房公积金的征缴范围？

□是 □否

（7）会计处理。

引导问题 8：根据 12.8，请完成阳光公司 12 月社会保险和住房公积金的会计处理。

任务评价

请登录 http://cssx.rdlearning.cn 下载评价表，进行任务评价。

任务总结

通过完成上述任务，你学到了哪些知识或技能？

12.1 社会保险概述

12.1.1 社会保险的含义

社会保险，是指国家依法建立的，由国家、用人单位和个人共同筹集资金、建立基金，使个人在年老（退休）、患病、工伤（因工伤残或者患职业病）、失业、生育等情况下获得物质帮助和补偿的一种社会保障制度。

目前，我国的社会保险项目主要有基本养老保险、基本医疗保险、工伤保险、失业保险和生育保险。2019 年 3 月 6 日，国务院办公厅印发了《关于全面推进生育保险和职工基本医疗保险合并实施的意见》，全面推进两项保险合并实施，生育保险从此并入基本医疗保险。

本书以城镇职工社会保险和住房公积金为例进行讲解。

12.1.2 社会保险的缴存额和缴费基数

各项社会保险一般由用人单位和职工个人共同缴纳。职工个人每月应缴纳的社会保险费金额计算方法如下：

$$\text{职工个人某项社会保险的月缴存额}=\text{本人月缴费工资基数}\times\text{该项社会保险的个人缴费比例}$$

用人单位以所有职工个人月缴费基数之和作为缴费基数，即：

$$\text{用人单位某项社会保险的月缴存额}=\text{所有职工月缴费工资基数合计}\times\text{该项社会保险的单位缴费比例}$$

月缴费工资基数一般为职工本人上一年度月平均工资，有条件的地区也可以本人上月工资收入为个人缴费工资基数。月平均工资按照国家统计局的规定列入工资总额统计的项目计算，包括工资、奖金、津贴、补贴等收入，不包括用人单位承担或者支付给员工的社会保险费、劳动保护费、福利费、用人单位与员工解除劳动关系时支付的一次性补偿以及计划生育费用等其他不属于工资的费用。

新招职工（包括研究生、大学生、大中专毕业生等）以起薪当月工资收入作为缴费工资基数；从第二年起，按上一年实发工资的月平均工资作为缴费工资基数。

社会保险管理部门每年都会在固定的时间（3 月或者 7 月，各地不同）根据职工上年度的月平均工资核定职工个人的社保缴费基数。本人月平均工资低于当地职工月平均工资 60% 的，按当地职工月平均工资的 60% 作为缴费基数。本人月平均工资高于当地职工月平均工资 300% 的，按当地职工月平均工资的 300% 作为缴费基数，超过部分不计入缴费工资基数。

各省应以本省城镇非私营单位就业人员平均工资和城镇私营单位就业人员平均

工资加权计算的全口径城镇单位就业人员平均工资，核定各项社会保险的个人缴费基数上下限。

例如，2022 年 7 月 19 日，根据北京市人力资源和社会保障局的公布数据，北京市从 2022 年 7 月 1 日开始，各项社会保险缴费基数的上限确定为 31 884 元，月缴费基数下限为 5 869 元。

个人缴费不计征个人所得税，在计算个人所得税的应税收入时，应当扣除个人缴纳的社会保险费。

12.2 基本养老保险

12.2.1 基本养老保险的含义

基本养老保险制度，是指缴费达到法定期限并且个人达到法定退休年龄后，国家和社会提供物质帮助以保证因年老而退出劳动领域者稳定、可靠的生活来源的社会保险制度。

基本养老保险是社会保险体系中最重要、实施最广泛的一项制度。

12.2.2 职工基本养老保险的征缴范围

职工基本养老保险费的征缴范围包括国有企业、城镇集体企业、外商投资企业、城镇私营企业和其他城镇企业及其职工，实行企业化管理的事业单位及其职工。基本养老保险费由用人单位和职工共同缴纳。

12.2.3 基本养老保险基金的组成和来源

基本养老保险基金由用人单位缴费、个人缴费和政府补贴等组成。

基本养老保险实行社会统筹与个人账户相结合的制度，基本养老金由统筹养老金和个人账户养老金组成。养老保险社会统筹，是指统收养老保险缴费和统支养老保险金，确保收支平衡的公共财务系统。

用人单位应当按照国家规定的本单位职工工资总额的一定比例缴纳基本养老保险费，计入基本养老保险统筹基金。职工按照国家规定的本人工资的一定比例缴纳基本养老保险费，计入个人账户。当基本养老保险基金出现支付不足时，政府给予补贴。

12.2.4 职工基本养老保险的缴纳

（1）单位缴费比例。自 2019 年 5 月 1 日起，我国降低城镇职工基本养老保险（包括企业和机关事业单位基本养老保险）单位缴费比例至 16%。

各省、自治区、直辖市及新疆生产建设兵团养老保险单位缴费比例高于 16% 的，可降至 16%；目前低于 16% 的，要研究提出过渡办法。

（2）个人缴费比例。按照现行政策，职工个人按照本人缴费工资的 8% 缴费，计入个人账户。即：

个人养老账户月存储额 = 本人月缴费工资基数 ×8%

12.2.5 职工基本养老保险的享受条件

（1）法定退休年龄。参加职工基本养老保险的个人，需达到法定退休年龄才能按月领取基本养老金。

我国目前法定的企业职工退休年龄如表 12 - 1 所示。

表 12 - 1 法定的企业职工退休年龄

情形	退休年龄
一般情况	男年满 60 周岁；女工人年满 50 周岁，女干部年满 55 周岁
从事井下、高温、高空、特别繁重体力劳动或其他有害身体健康工作的	男年满 55 周岁，女年满 45 周岁
因病或非因工致残，由医院证明并经劳动鉴定委员会确认完全丧失劳动能力的	男年满 50 周岁，女年满 45 周岁

（2）累计缴费年限。参加职工基本养老保险的个人，达到法定退休年龄时，累计缴费满 15 年的，按月领取基本养老金。

参加基本养老保险的个人，达到法定退休年龄时累计缴费不足 15 年的，可以缴费至满 15 年，按月领取基本养老金；也可以转入新型农村社会养老保险或者城镇居民社会养老保险，按照国务院规定享受相应的养老保险待遇。

12.2.6 职工基本养老保险的待遇

（1）职工基本养老金。对符合基本养老保险享受条件的人员，国家按月支付基本养老金。

（2）丧葬补助金和遗属抚恤金。参加基本养老保险的个人，因病或者非因工死亡的，其遗属可以领取丧葬补助金和抚恤金，所需资金从基本养老保险基金中支付。但如果个人死亡同时符合领取基本养老保险丧葬补助金、工伤保险丧葬补助金和失业保险丧葬补助金条件的，其遗属只能选择领取其中的一项。

（3）病残津贴。参加基本养老保险的个人，在未达到法定退休年龄时因病或者非因工致残完全丧失劳动能力的，可以领取病残津贴，所需资金由基本养老保险基金支付。

12.3 基本医疗保险

12.3.1 基本医疗保险的含义

基本医疗保险制度，是指按照国家规定缴纳一定比例的医疗保险费，参保人因患病和意外伤害而就医诊疗，由医疗保险基金支付其一定医疗费用的社会保险制度。

职工应当参加职工基本医疗保险，由用人单位和职工按照国家规定共同缴纳基本医疗保险费。

12.3.2 职工基本医疗保险的征缴范围

职工基本医疗保险的征缴范围包括国有企业、城镇集体企业、外商投资企业、城镇私营企业和其他城镇企业及其职工，国家机关及其工作人员，事业单位及其职工，民办非企业单位及其职工，社会团体及其专职人员。

12.3.3 职工基本医疗保险的缴纳

基本医疗保险与基本养老保险一样，采用“统账结合”模式，即分别设立社会统筹基金和个人账户，基本医疗保险基金由统筹基金和个人账户构成。

（1）单位缴费比例。由统筹地区统一确定适合当地经济发展水平的基本医疗保险单位缴费率，一般为职工工资总额的6%左右。

用人单位缴纳的基本医疗保险费分为两部分，一部分用于建立统筹基金，另一部分划入个人账户。

（2）基本医疗保险个人账户的资金来源。

1）个人缴费部分，由统筹地区统一确定适合当地职工负担水平的基本医疗保险个人缴费率，一般为本人工资收入的2%。

2）用人单位缴费的划入部分，由统筹地区根据个人医疗账户的支付范围和职工年龄等因素确定用人单位所缴医疗保险费划入个人医疗账户的具体比例，一般为30%左右。

（3）基本医疗保险关系转移接续制度。个人跨统筹地区就业的，其基本医疗保险关系随本人转移，缴费年限累计计算。

（4）退休人员基本医疗保险费的缴纳。参加职工基本医疗保险的个人，达到法定退休年龄时累计缴费达到国家规定年限的，退休后不再缴纳基本医疗保险费，按照国家规定享受基本医疗保险待遇；未达到国家规定缴费年限的，可以缴费至国家规定年限。

目前对最低缴费年限没有全国统一的规定，由各统筹地区根据本地情况确定。

12.3.4 职工基本医疗费用的结算

参保人员医疗费用中应当由基本医疗保险基金支付的部分，由社会保险经办机构与医疗机构、药品经营单位直接结算。

参保人员要享受基本医疗保险待遇，按照国家规定从基本医疗保险基金中支付医疗费用，一般要符合以下条件：

（1）参保人员必须到基本医疗保险的定点医疗机构就医、购药或到定点零售药店购买药品。

（2）参保人员在看病就医过程中所发生的医疗费用必须在基本医疗保险药品目录、诊疗项目范围、医疗服务设施标准范围、门诊特殊病种和治疗项目目录等规定的范围内。

（3）参保人员的年度累计医疗费用超过基本医疗保险的起付标准，不超过基本医疗保险的最高支付限额。

基本医疗保险的起付标准，又称起付线，一般为当地职工年平均工资的 10% 左右。

基本医疗保险的最高支付限额，又称封顶线，一般为当地职工年平均工资的 6 倍左右。

参保人员发生的政策范围内的医疗费用，根据金额不同，其结算方式如表 12－2 所示。

表 12－2 参保人员医疗费用的结算方式

政策范围内的医疗费用金额	结算方式
起付线以下的费用部分	全部个人承担，由个人账户支付或个人自付
起付线以上、封顶线以下的费用部分	由社会医疗统筹基金按一定比例支付；个人也要承担一定比例的费用，可由个人账户支付也可自付
在封顶线以上的部分	由个人账户支付或个人自付；可以通过单位补充医疗保险或参加商业保险等途径解决

12.3.5 基本医疗保险基金不支付的医疗费用

下列医疗费用不纳入基本医疗保险基金支付范围：

（1）应当由工伤保险基金支付的。

（2）应当由第三人负担的。

（3）应当由公共卫生负担的。

（4）在境外就医的。

医疗费用应当由第三人负担，第三人不支付或者无法确定第三人的，由基本医疗保险基金先行支付。基本医疗保险基金先行支付后，有权向第三人追偿。

12.4 工伤保险

12.4.1 工伤保险的含义

工伤保险，是指劳动者在职业工作中或规定的特殊情况下遭遇意外伤害或职业病，导致暂时或永久丧失劳动能力以及死亡时，劳动者或其遗属能够从国家和社会获得物质帮助的社会保险制度。

12.4.2 工伤保险的征缴范围

中华人民共和国境内的用人单位应当依照《工伤保险条例》的规定参加工伤保

险，为本单位全部职工或者雇工（以下简称职工）缴纳工伤保险费。用人单位的职工有依照规定享受工伤保险待遇的权利。

用人单位包括企业、事业单位、社会团体、民办非企业单位、基金会、律师事务所、会计师事务所等组织和有雇工的个体工商户。

12.4.3 工伤保险的缴纳

用人单位应当按时为职工缴纳工伤保险费，职工个人不缴纳工伤保险费。

国家根据不同行业的工伤风险程度确定行业的差别费率，并根据工伤保险费使用、工伤发生率等情况在每个行业内确定若干费率档次也即浮动费率。各级统筹地区各行业的基准费率要分别控制在用人单位职工工资总额的 0.5% 左右、1% 左右、2% 左右，具体由各级统筹地区确定。

12.4.4 工伤认定与劳动能力鉴定

12.4.4.1 工伤认定

（1）应当认定工伤的情形。职工有下列情形之一的，应当认定为工伤：

1）在工作时间和工作场所内，因工作原因受到事故伤害的；

2）工作时间前后在工作场所内，从事与工作有关的预备性或收尾性工作受到事故伤害的；

3）在工作时间和工作场所内，因履行工作职责受到暴力等意外伤害的；

4）患职业病的；

5）因工外出期间，由于工作原因受到伤害或者发生事故下落不明的；

6）在上下班途中，受到非本人主要责任的交通事故或者城市轨道交通、客运轮渡、火车事故伤害的；

7）法律、行政法规规定应当认定为工伤的其他情形。

（2）视同工伤的情形。职工有下列情形之一的，视同工伤：

1）在工作时间和工作岗位，突发疾病死亡或者在 48 小时内经抢救无效死亡的；

2）在抢险救灾等维护国家利益、公共利益活动中受到伤害的；

3）原在军队服役，因战、因公负伤致残，已取得革命伤残军人证，到用人单位后旧伤复发的。

（3）不认定为工伤的情形。职工因下列情形之一导致本人在工作中伤亡的，不认定为工伤：

1）故意犯罪；

2）醉酒或者吸毒；

3）自残或者自杀。

12.4.4.2 劳动能力鉴定

职工发生工伤，经治疗伤情相对稳定后存在残疾、影响劳动能力的，应当进行劳动能力鉴定。劳动能力鉴定是指劳动功能障碍程度和生活自理障碍程度的等级鉴定。

劳动功能障碍分为十个伤残等级，最重的为一级，最轻的为十级。生活自理障碍分为三个等级：生活完全不能自理、生活大部分不能自理和生活部分不能自理。劳动能力鉴定标准由国务院社会保险行政部门会同国务院卫生行政部门等部门制定。

自劳动能力鉴定结论做出之日起 1 年后，工伤职工或者其近亲属、所在单位或者经办机构认为伤残情况发生变化的，可以申请劳动能力复查鉴定。

12.4.5 工伤保险待遇

职工因工作原因受到事故伤害或者患职业病，且经工伤认定的，享受工伤保险待遇；其中，经劳动能力鉴定丧失劳动能力的，享受伤残待遇。

12.4.5.1 工伤医疗待遇

职工因工作遭受事故伤害或者患职业病进行治疗，享受工伤医疗待遇。包括：

（1）治疗工伤的医疗费用。

治疗工伤所需的诊疗费、药费、住院费等符合工伤保险诊疗项目目录、工伤保险药品目录、工伤保险住院服务标准的医疗费用，由工伤保险基金支付。

职工治疗工伤应当在签订服务协议的医疗机构就医，情况紧急时可以先到就近的医疗机构急救。

（2）住院伙食补助费、交通食宿费。

职工住院治疗工伤的伙食补助费，以及经医疗机构出具证明，报经办机构同意，工伤职工到统筹地区以外就医所需的交通、食宿费用按标准由工伤保险基金支付。

（3）康复性治疗费。

工伤职工到签订服务协议的医疗机构进行工伤康复的费用，符合规定的，由工伤保险基金支付。

（4）停工留薪期工资福利待遇。

职工因工作遭受事故伤害或者患职业病需要暂停工作接受工伤医疗的，在停工留薪期内，原工资福利待遇不变，由所在单位按月支付。

停工留薪期一般不超过 12 个月。伤情严重或者情况特殊，经设区的市级劳动能力鉴定委员会确认，可以适当延长，但延长期不得超过 12 个月。

工伤职工评定伤残等级后，停止享受停工留薪期待遇，按照规定享受伤残待遇。工伤职工在停工留薪期满后仍需治疗的，继续享受工伤医疗待遇。生活不能自理的工伤职工在停工留薪期需要护理的，由所在单位负责。

工伤职工治疗非因工伤引发的疾病，不享受工伤医疗待遇，按照基本医疗保险办法处理。

12.4.5.2 辅助器具装配

工伤职工因日常生活或者就业需要，经劳动能力鉴定委员会确认，可以安装假肢、矫形器、假眼、假牙和配置轮椅等辅助器具，所需费用按照国家规定的标准由工伤保险基金支付。

12.4.5.3 伤残待遇

经劳动能力鉴定委员会鉴定，评定伤残等级的工伤职工，享受伤残待遇，包括：

（1）生活护理费。

工伤职工已经评定伤残等级并经劳动能力鉴定委员会确认需要生活护理的，由工伤保险基金按月支付生活护理费。

（2）一次性伤残补助金。

职工因工致残被鉴定为一级至十级伤残的，由工伤保险基金按伤残等级支付一次性伤残补助金。

（3）伤残津贴。

职工因工致残被鉴定为一级至四级伤残的，保留劳动关系，退出工作岗位，由工伤保险基金中按月支付伤残津贴，伤残津贴实际金额低于当地最低工资标准的，由工伤保险基金补足差额。

职工因工致残被鉴定为五级、六级伤残的，保留与用人单位的劳动关系，由用人单位安排适当工作。难以安排工作的，由用人单位按月发给伤残津贴。伤残津贴实际金额低于当地最低工资标准的，由用人单位补足差额。

（4）一次性工伤医疗补助金和一次性伤残就业补助金。

鉴定为五级、六级伤残，经工伤职工本人提出，可以与用人单位解除或者终止劳动关系；鉴定为七级至十级伤残，劳动、聘用合同期满终止，或者职工本人提出解除劳动、聘用合同的，由工伤保险基金支付一次性工伤医疗补助金，由用人单位支付一次性伤残就业补助金。

一次性工伤医疗补助金和一次性伤残就业补助金的具体标准由省、自治区、直辖市人民政府规定。

12.4.5.4 工亡待遇

职工因工死亡，或者伤残职工在停工留薪期内因工伤导致死亡的，其近亲属按照规定从工伤保险基金领取丧葬补助金、供养亲属抚恤金和一次性工亡补助金。

（1）丧葬补助金，为 6 个月的统筹地区上年度职工月平均工资。

（2）供养亲属抚恤金，按照职工本人工资的一定比例发给由因工死亡职工生前提供主要生活来源、无劳动能力的亲属。供养亲属的具体范围由国务院社会保险行政部门规定。本人工资，是指工伤职工因工作遭受事故伤害或者患职业病前 12 个月平均月缴费工资。本人工资高于统筹地区职工平均工资 300% 的，按照统筹地区职工平均工资的 300% 计算；本人工资低于统筹地区职工平均工资 60% 的，按照统筹地区职工平均工资的 60% 计算。

（3）一次性工亡补助金，标准为上一年度全国城镇居民人均可支配收入的 20 倍。

一级至四级伤残职工在停工留薪期满后死亡的，其近亲属可以享受丧葬补助金、供养亲属抚恤金待遇，不享受一次性工亡补助金待遇。

12.4.6 工伤保险待遇负担

（1）因工伤发生的下列费用，按照国家规定由工伤保险基金中支付：

1）治疗工伤的医疗费用和康复费用；
2）住院伙食补助费；
3）到统筹地区以外就医的交通食宿费；
4）安装配置伤残辅助器具所需费用；
5）生活不能自理的，经劳动能力鉴定委员会确认的生活护理费；
6）一次性伤残补助金和一级至四级伤残职工按月领取的伤残津贴；
7）终止或者解除劳动合同时，应当享受的一次性医疗补助金；
8）因工死亡的，其遗属领取的丧葬补助金、供养亲属抚恤金和因工死亡补助金；
9）劳动能力鉴定费。

（2）因工伤发生的下列费用，按照国家规定由用人单位支付：
1）治疗工伤期间的工资福利；
2）五级、六级伤残职工按月领取的伤残津贴；
3）终止或者解除劳动合同时，应当享受的一次性伤残就业补助金。

12.4.7 工伤保险特别规定

（1）工伤职工有下列情形之一的，停止享受工伤保险待遇：
1）丧失享受待遇条件的；
2）拒不接受劳动能力鉴定的；
3）拒绝治疗的。

（2）工伤职工符合领取基本养老金条件的，停发伤残津贴，享受基本养老保险待遇。基本养老保险待遇低于伤残津贴的，由工伤保险基金补足差额。

（3）职工所在用人单位未依法缴纳工伤保险费，发生工伤事故的，由用人单位支付工伤保险待遇。用人单位不支付的，由工伤保险基金先行支付，由用人单位偿还。用人单位不偿还的，社会保险经办机构可以追偿。

（4）由于第三人的原因造成工伤，第三人不支付工伤医疗费用或者无法确定第三人的，由工伤保险基金先行支付。工伤保险基金先行支付后，有权向第三人追偿。

（5）职工（包括非全日制从业人员）在两个或者两个以上用人单位同时就业的，各用人单位应当分别为职工缴纳工伤保险费。职工发生工伤，由职工受到伤害时工作的单位依法承担工伤保险责任。

12.5 失业保险

12.5.1 失业保险的含义

失业是指处于法定劳动年龄阶段的劳动者，有劳动能力和劳动愿望，但却没有劳动岗位的一种状态。

失业保险是指国家通过立法强制实行的，由社会集中建立基金，保障因失业而暂时中断生活来源的劳动者的基本生活，并通过职业培训、职业介绍等措施促进其再就业的社会保障制度。

12.5.2 失业保险的征缴范围

失业保险费的征缴范围包括：国有企业、城镇集体企业、外商投资企业、城镇私营企业和其他城镇企业（统称城镇企业）及其职工，事业单位及其职工。

12.5.3 失业保险的缴纳

职工应当参加失业保险，由用人单位和职工按照国家规定共同缴纳失业保险费。根据《失业保险条例》的规定，城镇企业事业单位按照本单位工资总额的 2% 缴纳失业保险费，职工按照本人工资的 1% 缴纳失业保险费。

为减轻企业负担，促进扩大就业，人力资源和社会保障部、财政部数次发文降低失业保险费率，将用人单位和职工失业保险缴费比例总和从 3% 阶段性降至 1%，个人费率不得超过单位费率。比如，北京市 2022 年本市失业保险费率为 1%。

职工跨统筹地区就业的，其失业保险关系随本人转移，缴费年限累计计算。

12.5.4 失业保险的待遇

12.5.4.1 失业保险待遇的享受条件

失业人员符合下列条件的，可以申请领取失业保险金并享受其他失业保险待遇：

（1）失业前用人单位和本人已经缴纳失业保险费满 1 年。

（2）非因本人意愿中断就业，包括以下情形：

1）终止劳动合同的；

2）被用人单位解除劳动合同的；

3）被用人单位开除、除名和辞退的；

4）用人单位以暴力、威胁或者非法限制人身自由的手段强迫劳动者劳动，劳动者解除劳动合同的；

5）用人单位未按照劳动合同约定支付劳动报酬或者提供劳动条件，劳动者解除劳动合同的；

6）法律、行政法规另有规定的。

（3）已经进行失业登记，并有求职要求。

12.5.4.2 失业保险金的领取方式和期限

用人单位应当及时为失业人员出具终止或者解除劳动关系的证明，将失业人员的名单自终止或者解除劳动关系之日起 7 日内报受理其失业保险业务的经办机构备案，并按要求提供终止或解除劳动合同证明等有关材料。

根据人力资源和社会保障部办公厅《关于进一步推进失业保险金“畅通领、安全办”的通知》，失业人员到公共就业服务机构或社会保险经办机构申领失业保险金，受理其申请的机构应一并办理失业登记和失业保险金发放。失业人员可凭社会保障卡或身份证件申领失业保险金，可不提供解除或者终止劳动关系、失业登记证明等材料。

失业保险金自办理失业登记之日起计算，根据失业人员失业保险的累计缴费期限确定领取失业保险金的最长期限，如表 12－3 所示。

表 12－3 领取失业保险金的最长期限

失业保险累计缴费期限	领取失业保险金的最长期限
满 1 年不足 5 年的	12 个月
满 5 年不足 10 年的	18 个月
10 年以上的	24 个月

劳动者重新就业后，再次失业的，缴费时间重新计算，领取失业保险金的期限与前次失业应当领取而尚未领取的失业保险金的期限合并计算，最长不超过 24 个月。失业人员当期不符合失业保险金领取条件的，原有缴费时间予以保留，重新就业并参保的，缴费时间累计计算。

根据人力资源和社会保障部、财政部发布的《关于扩大失业保险保障范围的通知》，自 2019 年 12 月起，延长大龄失业人员领取失业保险金期限，对领取失业保险金期满仍未就业且距法定退休年龄不足 1 年的失业人员，可继续发放失业保险金至法定退休年龄。

12.5.4.3 失业保险金的发放标准

失业保险金的发放标准，不得低于城市居民最低生活保障标准，一般也不高于当地最低工资标准，具体数额由省、自治区、直辖市人民政府确定。

12.5.4.4 其他失业保险待遇

（1）领取失业保险金期间享受基本医疗保险待遇。

失业人员在领取失业保险金期间，参加职工基本医疗保险，享受基本医疗保险待遇。

失业人员应当缴纳的基本医疗保险费由失业保险基金中支付，个人不缴纳基本医疗保险费。

（2）领取失业保险金期间的死亡补助。

失业人员在领取失业保险金期间死亡的，参照当地对在职职工死亡的规定，向其遗属发给一次性丧葬补助金和抚恤金，由失业保险基金支付。

个人死亡同时符合领取基本养老保险丧葬补助金、工伤保险丧葬补助金和失业保险丧葬补助金条件的，其遗属只能选择领取其中的一项。

（3）享受职业介绍与职业培训补贴。

失业人员在领取失业保险金期间，应当积极求职，接受职业介绍和职业培训。失业人员接受职业介绍、职业培训的补贴由失业保险基金按照规定支付。补贴的办法和标准由省、自治区、直辖市人民政府规定。

（4）失业保险基金支付国务院规定或者批准的与失业保险有关的其他费用。

12.5.5 停止享受失业保险待遇的情形

失业人员在领取失业保险金期间有下列情形之一的，停止领取失业保险金，并同时停止享受其他失业保险待遇：

（1）重新就业的。

（2）应征服兵役的。

（3）移居境外的。

（4）享受基本养老保险待遇的。

（5）被判刑收监执行的。

（6）无正当理由，拒不接受当地人民政府指定部门或者机构介绍的适当工作或者提供培训的。

（7）有法律、行政法规规定的其他情形的。

12.6 社会保险的征缴管理

12.6.1 社会保险登记

（1）用人单位的社会保险登记。

根据《社会保险费征缴暂行条例》的规定，企业在办理登记注册时，同步办理社会保险登记。企业以外的缴费单位应当自成立之日起 30 日内，向当地社会保险经办机构申请办理社会保险登记。

（2）个人的社会保险登记。

用人单位应当自用工之日起 30 日内为其职工向社会保险经办机构申请办理社会保险登记。

12.6.2 社会保险费缴纳方式

用人单位应当自行申报、按时足额缴纳社会保险费，非因不可抗力等法定事由不得缓缴、减免。

职工应当缴纳的社会保险费由用人单位代扣代缴，用人单位应当按月将缴纳社会保险费的明细情况告知职工本人。

根据中共中央发布的《深化党和国家机构改革方案》，为提高社会保险资金征管效率，自 2019 年 1 月 1 日起由税务部门统一征收各项社会保险费。

12.7 住房公积金

住房公积金，是指国家机关、国有企业、城镇集体企业、外商投资企业、城镇私营企业及其他城镇企业、事业单位、民办非企业单位、社会团体（以下统称单位）及其在职职工，按照国家规定的基准和比例计算，对等向住房公积金管理机构缴存的长期住房储金。

12.7.1 住房公积金的缴存

12.7.1.1 住房公积金的缴存时间

（1）新设立的单位应当自设立之日起 30 日内向住房公积金管理中心办理住房公积金缴存登记，并自登记之日起 20 日内，为本单位职工办理住房公积金账户设立手续。每个职工只能有一个住房公积金账户。

（2）单位应当于每月发放职工工资之日起 5 日内将单位缴存的和为职工代缴的住房公积金汇缴到住房公积金专户内，由受委托银行计入职工住房公积金账户。

（3）单位录用职工的，应当自录用之日起 30 日内向住房公积金管理中心办理缴存登记，并办理职工住房公积金账户的设立或者转移手续。新参加工作的职工从参加工作的第二个月开始缴存住房公积金；单位新调入的职工从调入单位发放工资之日起缴存住房公积金。

（4）单位与职工终止劳动关系的，单位应当自劳动关系终止之日起 30 日内向住房公积金管理中心办理变更登记，并办理职工住房公积金账户转移或者封存手续。

（5）单位合并、分立、撤销、解散或者破产的，应当自发生上述情况之日起 30 日内由原单位或者清算组织到住房公积金管理中心办理变更登记或者注销登记，并自办妥变更登记或者注销登记之日起 20 日内持住房公积金管理中心的审核文件，到受托银行为本单位职工办理住房公积金账户转移或者封存手续。

12.7.1.2 住房公积金的缴存金额

住房公积金分为职工个人缴存的住房公积金和职工所在单位为职工缴存的住房公积金，这些都属于职工个人所有。

职工个人住房公积金的月缴存额 = 缴费基数 × 职工住房公积金缴存比例

单位为职工缴存的月度住房公积金金额 = 缴费基数 × 单位住房公积金缴存比例

其中，缴费基数为职工本人上一年度月平均工资。各地区会根据当地的经济发展水平、工资水平确定一个住房公积金缴存基数范围，通常住房公积金最低缴存基数为当地上年度社保部门规定的职工最低工资标准，最高缴存基数为上年度社会平均工资的 3 倍。从每年的 7 月 1 日至次年的 6 月 30 日为住房公积金的一个缴存年度，每年各地会对住房公积金缴存基数范围进行调整。

职工和单位住房公积金的缴存比例下限为 5%，上限为 12%，缴存单位可根据自身经济情况在规定范围内自主确定具体缴存比例。通常，职工个人的缴存比例需要与单位选择的缴存比例一致。

12.7.2 住房公积金的列支

（1）职工个人缴存的住房公积金，由所在单位每月从其工资中代扣代缴。

（2）单位为职工缴存的住房公积金，按照下列规定列支：

1）机关在预算中列支；

2）事业单位由财政部门核定收支后，在预算或者费用中列支；

3）企业在成本中列支。

12.7.3 住房公积金的提取和使用

住房公积金应当用于职工购买、建造、翻建、大修自住住房，任何单位和个人不得挪作他用。

职工有下列情形之一的，可以提取职工住房公积金账户内的存储余额：

（1）购买、建造、翻建、大修自住住房的。

（2）离休、退休的。

（3）完全丧失劳动能力，并与单位终止劳动关系的。

（4）出境定居的。

（5）偿还购房贷款本息的。

（6）房租超出家庭工资收入的规定比例的。

职工离休、退休的，完全丧失劳动能力并与单位终止劳动关系的，出境定居的，在提取职工住房公积金的同时，应当注销职工住房公积金账户。

职工死亡或者被宣告死亡的，职工的继承人、受遗赠人可以提取职工住房公积金账户内的存储余额；无继承人也无受遗赠人的，职工住房公积金账户内的存储余额纳入住房公积金的增值收益。

缴存住房公积金的职工，在购买、建造、翻建、大修自住住房时，可以向住房公积金管理中心申请住房公积金贷款。

12.8 会计核算

12.8.1 会计科目设置

企业为职工缴纳的社会保险费和住房公积金，应当在职工为其提供服务的会计期间，根据规定的计提基础和计提比例计算确定相应的职工薪酬金额，并确认相应的负债，同时计入当期损益或相关资产成本。

其中，基本医疗保险和工伤保险属于短期薪酬，基本养老保险和失业保险属于离职后福利中的设定提存计划。相关的会计科目设置如表12－4所示。

表12－4 社会保险费和住房公积金的会计科目设置

项目	会计科目
基本养老保险	应付职工薪酬——离职后福利——设定提存计划——基本养老保险
基本医疗保险	应付职工薪酬——短期薪酬——社会保险费——医疗保险
工伤保险	应付职工薪酬——短期薪酬——社会保险费——工伤保险
失业保险	应付职工薪酬——离职后福利——设定提存计划——失业保险
住房公积金	应付职工薪酬——住房公积金

12.8.2 账务处理

（1）企业计提应支付的社会保险费和住房公积金单位承担部分时的账务处理：

借：生产成本 / 制造费用 / 管理费用 / 销售费用 / 在建工程 / 研发支出等

　贷：应付职工薪酬——短期薪酬——社会保险费——医疗保险

　　　　　　　　　——短期薪酬——社会保险费——工伤保险

　　　　　　　　　——离职后福利——设定提存计划——基本养老保险

　　　　　　　　　——离职后福利——设定提存计划——失业保险

　　　　　　　　　——住房公积金

（2）企业发放职工工资时，从应付职工薪酬中代扣个人承担的社会保险费和住房公积金的账务处理：

借：应付职工薪酬——工资

　贷：其他应付款——社会保险费

　　　　　　　　——住房公积金

（3）企业实际支付社会保险费时的账务处理：

借：应付职工薪酬——短期薪酬——社会保险费——医疗保险

　　　　　　　　——短期薪酬——社会保险费——工伤保险

　　　　　　　　——离职后福利——设定提存计划——基本养老保险

　　　　　　　　——离职后福利——设定提存计划——失业保险

　　其他应付款——社会保险费（养老、医疗和失业保险个人承担部分）

　贷：银行存款

（4）企业实际支付住房公积金时的账务处理：

借：应付职工薪酬——住房公积金

　　其他应付款——住房公积金

　贷：银行存款

即测即评

扫一扫 练一练

13 学习任务十三

企业所得税会计核算

学习任务描述

根据2018年12月29日第十三届全国人民代表大会常务委员会第七次会议修正的《中华人民共和国企业所得税法》、2019年4月23日国务院令第714号修订的《中华人民共和国企业所得税法实施条例》、2006年2月财政部发布的《企业会计准则第18号——所得税》、2006年10月30日财政部发布的《企业会计准则应用指南》和2011年10月18日财政部颁布的《小企业会计准则》中关于企业所得税的法律法规规定，进行企业所得税应纳税额的计算与会计核算。

教学目标

能力目标

1. 能正确判断企业所得税的征收范围；
2. 能正确判断纳税人是否享受企业所得税的税收优惠；
3. 能进行企业所得税应纳税额的计算；
4. 能进行企业所得税的会计核算。

知识目标

1. 掌握企业所得税纳税人的定义；
2. 掌握企业所得税的征税范围；
3. 掌握企业所得税的计税依据；
4. 掌握企业所得税的税率；
5. 掌握企业所得税的税收优惠；
6. 掌握企业所得税应纳税额的计算；
7. 熟悉企业所得税的征收管理；
8. 掌握企业所得税的会计核算。

素养目标

培养学生的创新精神。

思政园地

税收优惠政策助力企业科技创新

党的二十大与税收

在党的二十大报告中，习近平同志指出必须坚持科技是第一生产力、人才是第一资源、创新是第一动力，深入实施科教兴国战略、人才强国战略、创新驱动发展战略，开辟发展新领域新赛道，不断塑造发展新动能新优势。我国不断加快推进科技自立自强，全社会研发经费支出居世界前列，研发人员总量居世界首位。基础研究和原始创新不断加强，一些关键核心技术实现突破，战略性新兴产业发展壮大，载人航天、探月探火、深海深地探测、超级计算机、卫星导航、量子信息、核电技术、新能源技术、大飞机制造、生物医药等取得重大成果，进入创新型国家行列。

近年来，我国不断优化企业所得税制度，研发费用加计扣除政策力度不断加强。2021 年，制造业企业研发费用加计扣除比例由 75% 提高到 100%；自 2021 年 10 月起，企业预缴企业所得税时，可提前对前三季度研发费用进行加计扣除；2022 年，将科技型中小企业研发费用加计扣除比例提高至 100%，持续释放政策红利，为科技创新注入新动能。

2023 年 3 月 26 日，财政部和税务总局发布《关于进一步完善研发费用税前加计扣除政策的公告》。该公告规定，企业开展研发活动中实际发生的研发费用，未形成无形资产计入当期损益的，在按规定据实扣除的基础上，自 2023 年 1 月 1 日起，再按照实际发生额的 100% 在税前加计扣除；形成无形资产的，自 2023 年 1 月 1 日起，按照无形资产成本的 200% 在税前摊销。除烟草制造业、住宿和餐饮业、批发和零售业、房地产业、租赁和商务服务业、娱乐业等以外，其他行业企业均可享受该政策。该公告的出台将有利于继续激励各行业企业加大研发投入，推动科技创新，提高企业的竞争力，促进产业发展的转型升级，进一步推动我国经济高质量发展。

税收优惠政策有助于增加企业分红能力和更好地建立对技术人员、管理者的激励机制，调动企业各类人才积极性，不断增强企业发展的技术、管理等内生动力。广大青年应该把个人选择和国家发展结合起来，做创新型人才，勇于创新，在时代发展中做个弄潮儿。

任务书

1. 请分析判断企业所得税的纳税人、计税依据、税率、税收优惠，计算企业所得税的应纳税额。

2. 请进行企业所得税的纳税申报。

任务分组

请登录 http://cssx.rdlearning.cn 下载学生任务分配表，进行任务分组。

准备工作

微课视频
扫一扫

1. 阅读工作任务书。

2. 收集《中华人民共和国企业所得税法》、《中华人民共和国企业所得税法实施条例》、《企业会计准则第 18 号——所得税》、《企业会计准则应用指南》和《小企业会计准则》知识点，观看微课视频。

3. 结合任务书分析企业所得税计算与会计核算的难点和常见问题。

思维导图

- 企业所得税会计核算
  - 纳税人
    - 居民企业
    - 非居民企业
  - 征税范围
    - 居民企业：境内和境外所得
    - 非居民企业：境内所得
  - 税率
    - 基本税率：25%
    - 优惠税率：15%、20%
  - 计税依据
    - 应纳税所得额 = 会计利润总额 + 纳税调整增加额 − 纳税调整减少额
    - 不征税收入
    - 税前允许扣除的项目：成本、费用、税金、损失和其他支出
    - 扣除标准
      - 合理的工资、薪金支出：据实扣除
      - 职工福利费：不超过工资薪金总额 14% 的部分扣除
      - 工会经费：不超过工资薪金总额 2% 的部分扣除
      - 职工教育经费：不超过工资薪金总额 8% 的部分扣除，超过部分结转到以后年度扣除
      - 社会保险费：
        - 四险一金：可以扣除
        - 补充养老（医疗）保险：5%
      - 借款费用
        - 向金融企业借款：据实扣除
        - 非金融企业向借款：不超过按照金融企业同期同类贷款利率计算的数额的部分可据实扣除，超过部分不允许扣除
      - 公益性捐赠：年度利润总额 12% 以内的部分，准予扣除；超过部分，准予结转以后 3 年内扣除
      - 业务招待费：发生额的60%，不超过销售（营业）收入的5‰的部分扣除
      - 广告费和业务宣传费
        - 一般企业：比例 15%
        - 化妆品制造或销售、医药制造、饮料制造（不含酒类制造）：比例 30%
        - 烟草企业：不得扣除
    - 不得扣除项目
      - 股息、红利
      - 企业所得税
      - 税收滞纳金
      - 罚金、罚款和被没收财物的损失
      - 超过规定标准的捐赠支出
      - 赞助支出
      - 未经核定的准备金支出
      - 企业之间支付的管理费、企业内营业机构之间支付的租金和特许权使用费，以及非银行企业内营业机构之间支付的利息
    - 亏损弥补
      - 一般企业：最长 5 年
      - 高新技术企业、科技型中小企业：最长 10 年
  - 资产的税务处理
    - 固定资产
    - 生产性生物资产
    - 无形资产
  - 税收优惠
    - 免税
      - 国债利息收入
      - 符合条件的居民企业之间的股息、红利等权益性投资收益
      - 在中国境内设立机构、场所的非居民企业从居民企业取得与该机构、场所有实际联系的股息、红利等权益性投资收益
      - 符合条件的非营利组织的收入
    - 免征：农林牧渔
    - 减半：花卉、茶以及其他饮料作物和香料作物的种植；海水养殖、内陆养殖
    - 加计扣除
      - 研究开发费用：一般企业加计扣除比例 100%
      - 支付给残疾职工工资：加计扣除比例 100%
    - 创业投资企业：股权投资未上市的中小高新技术企业 2 年以上的，可以按照其投资额的 70% 在股权持有满 2 年的当年抵扣该创业投资企业的应纳税所得额
    - 应纳税额抵免：企业购置并实际使用的环境保护、节能节水、安全生产等专用设备的，该专用设备的投资额的 10% 可以从企业当年的应纳税额中抵免；当年不足抵免的，可以在以后 5 个纳税年度结转抵免
  - 应纳税额的计算
    - 应纳税额=应纳税所得额×适用税率-减免税额-抵免税额
  - 会计核算
    - 应付税款法
      - 计提
      - 上缴
    - 资产负债表债务法
      - 递延所得税资产
      - 递延所得税负债

任务实施

小规模纳税人工作任务：企业所得税会计核算

情境导航：

根据小规模纳税人综合案例 A 中的“二、2023 年第 1—3 季度相关涉税信息”和“四、2023 年第 4 季度具体业务情况”，筛选出与企业所得税相关的情境。

（1）辨析纳税人。

引导问题 1：根据 13.1，吉祥公司是否是企业所得税的纳税人？ □是 □否

（2）识别征税范围。

引导问题 2：根据 13.2，吉祥公司是否属于企业所得税的征税范围？ □是 □否

（3）确定纳税义务发生时间。

引导问题 3：根据 13.3，吉祥公司企业所得税的纳税义务发生时间为________。

（4）编制科目余额表。

引导问题 4：参照第 1—3 季度科目余额表，请列出与企业所得税相关业务的会计处理，并填列《吉祥公司第 4 季度科目余额表》(扫描附录中的二维码可见)。

引导问题 5：请填列《吉祥公司 2023 年度科目余额表》(扫描附录中的二维码可见)。

（5）确定第 4 季度预缴企业所得税计税依据。

引导问题 6：根据 13.5，吉祥公司第 4 季度的会计利润总额是________。请填列《吉祥公司第 4 季度会计利润总额计算表》(扫描附录中的二维码可见)。

引导问题 7：根据 13.5，吉祥公司第 4 季度预缴企业所得税的计税依据是__________。请填列《吉祥公司第 4 季度预缴所得税计算表》(扫描附录中的二维码可见)。

（6）判断税收优惠。

引导问题 8：根据 13.7.3，吉祥公司是否享受企业所得税的税收优惠？

□是 □否

小提示：

小型微利企业的标准：年应纳税所得额≤ 300 万元，从业人数≤ 300 人，资产总额≤ 5 000 万元。

小型微利企业的从业人数和资产总额指标，应按企业全年的季度平均值确定。具体计算公式如下：

季度平均值 =(季初值 + 季末值) ÷2

全年季度平均值 = 全年各季度平均值之和 ÷4

吉祥公司员工人数和资产总额平均值的计算如表 A－17 所示。

表 A－17　员工人数和资产总额平均值计算表

时间	职工人数（人）	季度平均值（人）	全年季度平均值（人）
年初	5		
1 季度末	5	5	
2 季度末	5	5	
3 季度末	5	5	
4 季度末	5	5	5
时间	资产总额（万元）	季度平均值（万元）	全年季度平均值（万元）
年初	245.67		
1 季度末	253.28	249.48	
2 季度末	258.94	256.11	
3 季度末	264.91	261.93	
4 季度末	259.24	262.08	257.40

（7）确定第 4 季度预缴企业所得税税率。

引导问题 9：根据 **13.7.3**，吉祥公司适用的企业所得税税率是________。

（8）计算第 4 季度预缴企业所得税额。

引导问题 10：吉祥公司第 4 季度应预缴的企业所得税是________。

（9）确定 2023 年度企业所得税的计税依据。

引导问题 11：吉祥公司 2023 年度纳税调整额是__________。请填列《吉祥公司企业所得税纳税调整额计算表》(扫描附录中的二维码可见)。

引导问题 12：根据 **13.5**，吉祥公司 2023 年度企业所得税的计税依据是__________。

（10）计算 2023 年度应纳企业所得税额。

引导问题 13：根据 **13.8**，吉祥公司 2023 年度应纳企业所得税额是__________。

（11）计算 2023 年度应补（退）企业所得税额。

引导问题 14：吉祥公司 2023 年度应补（退）企业所得税额是________。

（12）确定纳税地点。

引导问题 15：根据 **13.9**，吉祥公司企业所得税的纳税地点是________。

（13）会计处理。

引导问题 16：根据 **13.11**，请完成吉祥公司第 4 季度预缴企业所得税和年度汇算清缴企业所得税的会计处理。

一般纳税人工作任务：企业所得税会计核算

情境导航：

根据一般纳税人综合案例 B 中的“二、2023 年 1—11 月相关涉税信息”和“三、2023 年 12 月具体业务情况”，筛选出与企业所得税相关的情境。

（1）辨析纳税人。

引导问题 1：根据 13.1，阳光公司是否是企业所得税的纳税义务人？□是 □否

（2）识别征税范围。

引导问题 2：根据 13.2，阳光公司是否属于企业所得税的征税范围？□是 □否

（3）确定纳税义务发生时间。

引导问题 3：根据 13.3，阳光公司企业所得税的纳税义务发生时间为__________。

（4）编制科目余额表。

引导问题 4：参照 1—11 月科目余额表，请列出与企业所得税相关业务的会计处理，并填列《阳光公司 12 月科目余额表》(扫描附录中的二维码可见)。

引导问题 5：请填列《阳光公司 2023 年度科目余额表》(扫描附录中的二维码可见)。

（5）确定第 4 季度预缴企业所得税计税依据。

引导问题 6：根据 13.5，阳光公司 12 月的会计利润总额是________。请填列《阳光公司 12 月会计利润总额计算表》(扫描附录中的二维码可见)。

引导问题 7：根据 13.5，阳光公司第 4 季度预缴企业所得税的计税依据是______。请填列《阳光公司第 4 季度预缴所得税计算表》(扫描附录中的二维码可见)。

（6）判断税收优惠。

引导问题 8：根据 13.7，阳光公司是否享受企业所得税的税收优惠？□是 □否

阳光公司员工人数和资产总额平均值的计算如表 B－25 所示。

表 B－25　员工人数和资产总额平均值计算表

时间	职工人数（人）	季度平均值（人）	全年季度平均值（人）
年初	10		
1 季度末	11	11	
2 季度末	11	11	
3 季度末	10	11	
4 季度末	10	10	11
时间	**资产总额（万元）**	**季度平均值（万元）**	**全年季度平均值（万元）**
年初	1 030.75		
1 季度末	1 091.24	1 061.00	
2 季度末	1 126.78	1 109.01	
3 季度末	1 173.94	1 150.36	
4 季度末	1 331.74	1 252.84	1 143.30

（7）确定第 4 季度预缴企业所得税税率。

引导问题 9：根据 **13.4** 和 **13.7.3**，阳光公司第 4 季度预缴企业所得税适用的税率是________。

（8）计算第 4 季度预缴企业所得税额。

引导问题 10：阳光公司第 4 季度应预缴的企业所得税是________。

（9）确定 2023 年度企业所得税的计税依据。

引导问题 11：阳光公司 2023 年度纳税调整额是__________。请填列《阳光公司企业所得税纳税调整额计算表》(扫描附录中的二维码可见)。

引导问题 12：根据 **13.5**，阳光公司 2023 年度企业所得税的计税依据是________。

（10）计算 2023 年度应纳企业所得税额。

引导问题 13：阳光公司 2023 年度应纳企业所得税额是________。

（11）计算 2023 年度应补（退）企业所得税额。

引导问题 14：阳光公司 2023 年度应补（退）企业所得税额是________。

（12）确定纳税地点。

引导问题 15：根据 **13.9**，阳光公司企业所得税的纳税地点是______。

（13）会计处理。

引导问题 16：根据 **13.11**，请完成阳光公司 12 月预缴企业所得税和年度汇算清缴企业所得税的会计处理。

任务评价

请登录 http://cssx.rdlearning.cn 下载评价表，进行任务评价。

任务总结

通过完成上述任务，你学到了哪些知识或技能？

企业所得税是对企业和其他取得收入的组织生产经营所得和其他所得征收的一种所得税。

13.1 纳税人

在中华人民共和国境内，企业和其他取得收入的组织（以下统称企业）为企业所得税的纳税人，依照我国《企业所得税法》的规定缴纳企业所得税。企业所得税纳税人包括各类企业、事业单位、社会团体、民办非企业单位和从事经营活动的其他组织。依照中国法律、行政法规成立的个人独资企业、合伙企业，不属于企业所得税纳税人，不缴纳企业所得税。

企业所得税采取收入来源地管辖权和居民管辖权相结合的双重管辖权，把企业分为居民企业和非居民企业，分别确定不同的纳税义务。

13.1.1 居民企业

居民企业，是指依法在中国境内成立，或者依照外国（地区）法律成立但实际管理机构在中国境内的企业。

实际管理机构，是指对企业的生产经营、人员、账务、财产等实施实质性全面管理和控制的机构。

13.1.2 非居民企业

非居民企业，是指依照外国（地区）法律成立且实际管理机构不在中国境内，但在中国境内设立机构、场所的，或者在中国境内未设立机构、场所，但有来源于中国境内所得的企业。

非居民企业委托营业代理人在中国境内从事生产经营活动的，包括委托单位或者个人经常代其签订合同，或者储存、交付货物等，将该营业代理人视为非居民企业在中国境内设立的机构、场所。

13.2 征税对象

13.2.1 居民企业的征税对象

居民企业应当就其来源于中国境内、境外的所得缴纳企业所得税，包括销售货物所得、提供劳务所得、转让财产所得、股息红利等权益性投资所得、利息所得、租金所得、特许权使用费所得、接受捐赠所得和其他所得。

13.2.2 非居民企业的征税对象

非居民企业在中国境内设立机构、场所的，应当就其所设机构、场所取得的来源于中国境内的所得，以及发生在中国境外但与其所设机构、场所有实际联系的所得，缴纳企业所得税。

非居民企业在中国境内未设立机构、场所的，或者虽设立机构、场所但取得的所得与其所设机构、场所没有实际联系的，应当就其来源于中国境内的所得缴纳企业所得税。

实际联系，是指非居民企业在中国境内设立的机构、场所拥有据以取得所得的股权、债权，以及拥有、管理、控制据以取得所得的财产等。

13.2.3 所得来源地的确定原则

来源于中国境内、境外所得的确定原则如表 13－1 所示。

表 13－1 所得来源的确定原则

所得类型		所得来源的确定
销售货物所得		按照交易活动发生地确定
提供劳务所得		按照劳务发生地确定
转让财产所得	不动产	按照不动产所在地确定
	动产	按照转让动产的企业或者机构、场所所在地确定
	权益性投资资产	按照被投资企业所在地确定
股息、红利等权益性投资所得		按照分配所得的企业所在地确定
利息、租金、特许权使用费所得		按照负担、支付所得的企业或者机构、场所所在地，个人的住所地确定
其他所得		由国务院财政、税务主管部门确定

13.3 纳税义务发生时间

企业所得税按月或按季预缴，年度汇算清缴。企业所得税需要从收入实现日期和扣除项目原则两个方面确定纳税义务发生时间。

13.3.1 收入实现日期

13.3.1.1 销售货物收入

销售货物收入，是指企业销售商品、产品、原材料、包装物、低值易耗品以及其他存货取得的收入。

除法律法规另有规定外，企业销售货物收入的确认，必须遵循权责发生制原则和实质重于形式原则。

13.3.1.2 提供劳务收入

提供劳务收入，是指企业从事建筑安装、修理修配、交通运输、仓储租赁、金融保险、邮政通信、咨询经纪、文化体育、科学研究、技术服务、教育培训、餐饮住宿、中介代理、卫生保健、社区服务、旅游、娱乐、加工以及其他劳务服务活动取得的收入。企业在各个纳税期末，提供劳务交易的结果能够可靠估计的，应采用完工进度（百分比）法确认提供劳务收入。企业应按照从接受劳务方已收或应收的合同或协议价款确定劳务收入总额，将纳税期末提供劳务收入总额乘以完工进度扣除以前纳税年度累计已确认提供劳务收入后的金额，确认为当期劳务收入；同时，按照提供劳务估计总成本乘以完工进度扣除以前纳税期间累计已确认劳务成本后的金额，结转当期劳务成本。

13.3.1.3 转让财产收入

转让财产收入，是指企业转让固定资产、生物资产、无形资产、股权、债权等财产取得的收入。转让财产收入应当按照从财产受让方已收或应收的合同或协议价款确认。

13.3.1.4 股息、红利等权益性投资收益

股息、红利等权益性投资收益，是指企业因权益性投资而从被投资方取得的收入。股息、红利等权益性投资收益，除国务院财政、税务主管部门另有规定外，按照被投资方做出利润分配决定的日期确认收入的实现。

13.3.1.5 利息收入

利息收入，是指企业将资金提供他人使用但不构成权益性投资，或者因他人占用本企业资金取得的收入，包括存款利息、贷款利息、债券利息、欠款利息等收入。利息收入，按照合同约定的债务人应付利息的日期确认。

13.3.1.6 租金收入

租金收入，是指企业提供固定资产、包装物或者其他有形资产的使用权取得的收入。租金收入，按照合同约定的承租人应付租金的日期确认。如果交易合同或协议中规定租赁期限跨年度，且租金提前一次性支付的，出租人可对上述已确认的收入，在租赁期内，分期均匀计入相关年度收入。

13.3.1.7 特许权使用费收入

特许权使用费收入，是指企业提供专利权、非专利技术、商标权、著作权以及其他特许权的使用权取得的收入。特许权使用费收入，按照合同约定的特许权使用人应付特许权使用费的日期确认。

13.3.1.8 接受捐赠收入

接受捐赠收入，是指企业接受的来自其他企业、组织或者个人无偿给予的货币性资产、非货币性资产。接受捐赠收入，按照实际收到捐赠资产的日期确认收入的实现。

13.3.1.9 特殊收入

（1）以分期收款方式销售货物的，按照合同约定的收款日期确认收入的实现。

（2）企业受托加工制造大型机械设备、船舶、飞机，以及从事建筑、安装、装配工程业务或者提供其他劳务等，持续时间超过 12 个月的，按照纳税年度内完工进度或者完成的工作量确认收入的实现。

（3）采取产品分成方式取得收入的，按照企业分得产品的日期确认收入的实现。

（4）企业发生非货币性资产交换，以及将货物、财产、劳务用于捐赠、偿债、赞助、集资、广告、样品、职工福利或者利润分配等的，应当视同销售货物、转让财产或者提供劳务，但国务院财政、税务主管部门另有规定的除外。

13.3.2 扣除项目的原则

企业申报的扣除项目和金额要真实、合法。所谓真实，是指能提供有关支出确属已经实际发生的证明；合法，是指符合国家税法的规定，若其他法规规定与税收法规规定不一致，应以税收法规的规定为标准。除税收法规另有规定外，税前扣除一般应遵循以下原则：

（1）权责发生制原则，是指企业的费用应在发生的所属期扣除，而不是在实际支付时确认扣除。

（2）配比原则，是指企业发生的费用应当与收入配比扣除。除特殊规定外，企业发生的费用不得提前或滞后申报扣除。

（3）相关性原则，是指企业可扣除的费用从性质和根源上必须与取得应税收入直接相关。

（4）确定性原则，是指企业可扣除的费用不论何时支付，其金额必须是确定的。

（5）合理性原则，是指企业发生的费用符合生产经营活动常规，应当计入当期损益或者有关资产的成本，是必要和正常的支出。

13.4 税率

企业所得税实行比例税率，如表 13－2 所示。

表 13－2　企业所得税税率表

种类	税率	适用范围
基本税率	25%	（1）居民企业； （2）境内设有机构、场所且所得与机构、场所有关联的非居民企业。
优惠税率	15%	（1）国家重点扶持的高新技术企业； （2）经认定的技术先进型服务企业。
	20%	符合条件的小型微利企业。
预提所得税税率	20%	（1）在中国境内未设立机构、场所的非居民企业； （2）虽设立机构、场所但取得的所得与其所设机构、场所没有实际联系的非居民企业。

13.5 计税依据

企业所得税的计税依据是应纳税所得额。在实际工作中，应纳税所得额的计算有两种方法。

（1）直接法计算法：

$$\text{应纳税所得额}=\text{收入总额}-\text{不征税收入}-\text{免税收入}-\text{各项扣除}-\text{允许弥补的以前年度亏损}$$

（2）间接法计算法：

应纳税所得额 = 会计利润总额 + 纳税调整增加额 − 纳税调整减少额

13.5.1 收入总额

企业收入总额是指以货币形式和非货币形式从各种来源取得的收入。企业收入总额包括：销售货物收入，提供劳务收入，转让财产收入，股息、红利等权益性投资收益，利息收入，租金收入，特许权使用费收入，接受捐赠收入和其他收入。

13.5.2 不征税收入

（1）财政拨款。

（2）依法收取并纳入财政管理的行政事业性收费、政府性基金。

（3）国务院规定的其他不征税收入。国务院规定的其他不征税收入是指企业取得的，由国务院财政、税务主管部门规定专项用途并经国务院批准的财政性资金。县级以上人民政府将国有资产无偿划入企业，凡指定专门用途并按规定进行管理的，企业可作为不征税收入进行企业所得税处理。其中，该项资产若属于非货币性资产，则应按政府确定的接收价值计算不征税收入。

13.5.3 税前扣除的项目

企业实际发生的与取得收入有关的、合理的支出，包括成本、费用、税金、损失和其他支出，准予在计算应纳税所得额时扣除。合理的支出，是指符合生产经营活动常规，应当计入当期损益或者有关资产成本的必要和正常的支出。除另有规定外，企业实际发生的成本、费用、税金、损失和其他支出，不得重复扣除。

企业发生的支出应当区分收益性支出和资本性支出。收益性支出在发生当期直接扣除；资本性支出应当分期扣除或者计入有关资产成本，不得在发生当期直接扣除。

企业的不征税收入用于支出所形成的费用或者财产，不得扣除或者计算对应的折旧、摊销扣除。

（1）成本，是指企业在生产经营活动中发生的销售成本、销货成本、业务支出以及其他耗费。

（2）费用，是指企业在生产经营活动中发生的销售费用、管理费用和财务费用。

（3）税金，是指企业发生的除企业所得税和允许抵扣的增值税以外的各项税金及其附加。企业所得税税前税金扣除方法如表 13－3 所示。

表 13－3　企业所得税税前税金扣除方法

是否扣除	扣除方式	税金
允许扣除	作为税金扣除	消费税、城市维护建设税、教育费附加、资源税、土地增值税、房产税、车船税、土地使用税、印花税、出口关税
	计入相关资产成本	契税、车辆购置税、进口关税、耕地占用税
不得扣除	—	增值税（价外税）
		企业所得税、企业为职工负担的个人所得税

（4）损失，是指企业在生产经营活动中发生的固定资产和存货的盘亏、毁损、报废损失，转让财产损失，呆账损失，坏账损失，自然灾害等不可抗力因素造成的损失以及其他损失。

企业发生的损失，减除责任人赔偿和保险赔款后的余额，依照国务院财政、税务主管部门的规定扣除。企业已经作为损失处理的资产，在以后纳税年度又全部收回或者部分收回时，应当计入当期收入。

（5）其他支出，是指除成本、费用、税金、损失外，企业在生产经营活动中发生的与生产经营活动有关的、合理的支出。

13.5.4　扣除标准

13.5.4.1　工资、薪金支出

企业发生的合理的工资、薪金支出，准予扣除。工资、薪金，是指企业每一纳税年度支付给在本企业任职或者受雇的员工的所有现金形式或者非现金形式的劳动报酬，包括基本工资、奖金、津贴、补贴、年终加薪、加班工资，以及与员工任职或者受雇有关的其他支出。

13.5.4.2　职工福利费、工会经费、职工教育经费

职工福利费、工会经费和职工教育经费税前扣除标准如表 13－4 所示。

表 13－4　职工福利费、工会经费和职工教育经费税前扣除标准

三项经费		扣除规定	实际超过税法部分是否结转
职工福利费		≤工资薪金额总额的 14%	不得结转到以后年度扣除
工会经费		≤工资薪金额总额的 2%	不得结转到以后年度扣除
职工教育经费	一般企业	≤工资薪金额总额的 8%	结转到以后年度扣除
	软件生产企业	职工培训费：据实扣除	—
		其他：≤工资薪金额总额的 8%	结转到以后年度扣除

13.5.4.3　社会保险费

社会保险费税前扣除标准如表 13－5 所示。

表 13－5　社会保险费税前扣除标准

保险名称	扣除规定
基本养老保险费、基本医疗保险费、失业保险费、工伤保险费等基本社会保险费和住房公积金	准予扣除
补充养老保险	分别不超过工资薪金总额 5% 的部分准予扣除
补充医疗保险	
企业财产保险	准予扣除
雇主责任险、公众责任险	准予扣除
特殊工种人身安全保险	准予扣除
职工因公出差乘坐交通工具发生的人身意外保险费	准予扣除
其他商业保险	不得扣除

13.5.4.4　借款费用

（1）企业在生产经营活动中发生的合理的不需要资本化的借款费用，准予扣除。

（2）企业为购置、建造固定资产、无形资产和经过 12 个月以上的建造才能达到预定可销售状态的存货发生借款的，在有关资产购置、建造期间发生的合理的借款费用，应当作为资本性支出计入有关资产的戚本，并依照我国《企业所得税法实施条例》的有关规定扣除。

13.5.4.5　利息费用

企业在生产经营活动中发生的下列利息支出，准予扣除：

（1）非金融企业向金融企业借款的利息支出、金融企业的各项存款利息支出和同业拆借利息支出、企业经批准发行债券的利息支出可据实扣除。

（2）非金融企业向非金融企业借款的利息支出，不超过按照金融企业同期同类贷款利率计算的数额的部分可据实扣除，超过部分不允许扣除。

金融企业，是指各类银行、保险公司及经中国人民银行批准从事金融业务的非银行金融机构。

（3）凡企业投资者在规定期限内未缴足其应缴资本额的，该企业对外借款所发生的利息，相当于投资者实缴资本额与在规定期限内应缴资本额的差额应计付的利息，其不属于企业合理的支出，应由企业投资者负担，不得在计算企业应纳税所得额时扣除。

（4）企业向股东或其他与企业有关联关系的自然人借款的利息支出，应根据《企业所得税法》及《财政部 国家税务总局关于企业关联方利息支出税前扣除标准有关税收政策问题的通知》规定的条件，计算企业所得税扣除额。

企业向除股东或其他与企业有关联关系的自然人以外的内部职工或其他人员借款的利息支出，其借款情况同时符合以下条件的，其利息支出在不超过按照金融企业同期同类贷款利率计算的数额的部分，准予扣除：

1）企业与个人之间的借贷是真实、合法、有效的，并且不具有非法集资目的或其他违反法律、法规的行为；

2）企业与个人之间签订了借款合同。

13.5.4.6　汇兑损失

企业在货币交易中，以及纳税年度终了时将人民币以外的货币性资产、负债按照期末即期人民币汇率中间价折算为人民币时产生的汇兑损失，除已经计入有关资产成本以及与向所有者进行利润分配相关的部分外，准予扣除。

13.5.4.7　公益性捐赠。

捐赠支出的税务处理如表 13－6 所示。

表 13－6　捐赠支出的税务处理

类别	含义	扣除规定
公益性捐赠	通过公益性社会组织或者县级（含县级）以上人民政府及其组成部门和直属机构，用于符合法律规定的慈善活动、公益事业的捐赠	在年度利润总额 12% 以内的部分，准予在计算应纳税所得额时扣除；超过部分，准予结转以后 3 年内在计算应纳税所得额时扣除。企业对公益性捐赠支出计算扣除时，应先扣除以前年度结转的捐赠支出，再扣除当年发生的捐赠支出
非公益性捐赠	直接捐赠或通过营利机构的捐赠	不得扣除

13.5.4.8　业务招待费

企业发生的与生产经营活动有关的业务招待费支出，按照发生额的 60% 扣除，但最高不得超过当年销售（营业）收入的 5‰。

企业在筹建期间，发生的与筹办活动有关的业务招待费支出，可按实际发生额的 60% 计入企业筹办费，并按有关规定在税前扣除。

对从事股权投资业务的企业（包括集团公司总部、创业投资企业等），其从被投资企业所分配的股息、红利以及股权转让收入，可以按规定的比例计算业务招待费扣除限额。

13.5.4.9　广告费和业务宣传费

广告费和业务宣传费税前扣除标准如表 13－7 所示。

表 13－7　广告费和业务宣传费税前扣除标准

行业	扣除规定
一般企业	不超过当年销售（营业）收入 15% 的部分准予扣除；超过部分，准予在以后纳税年度结转扣除
化妆品制造或销售	不超过当年销售（营业）收入 30% 的部分准予扣除；超过部分，准予在以后纳税年度结转扣除
医药制造	
饮料制造（不含酒类制造）	
烟草企业	不得扣除

13.5.4.10　环境保护专项资金

企业依照法律、行政法规有关规定提取的用于环境保护、生态恢复等方面的专项资金，准予扣除。上述专项资金提取后改变用途的，不得扣除。

13.5.4.11 保险费

企业参加财产保险，按照规定缴纳的保险费，准予扣除。除企业依照国家有关规定为特殊工种职工支付的人身安全保险费和国务院财政、税务主管部门规定可以扣除的其他商业保险费外，企业为投资者或职工支付的商业保险费，不得扣除。

企业参加雇主责任险、公众责任险等责任保险，按照规定缴纳的保险费，准予在企业所得税税前扣除。该项规定适用于2018年度及以后年度企业所得税的汇算清缴。

企业职工因公出差乘坐交通工具发生的人身意外保险费支出，准予企业在计算应纳税所得额时扣除。

13.5.4.12 租赁费

企业根据生产经营活动的需要租入固定资产支付的租赁费，按照以下方法扣除：

（1）以经营租赁方式租入固定资产发生的租赁费支出，按照租赁期限均匀扣除。经营租赁是指所有权不转移的租赁。

（2）以融资租赁方式租入固定资产发生的租赁费支出，按照规定构成融资租入固定资产价值的部分，应当提取折旧费用分期扣除。融资租赁是指在实质上转移与一项资产所有权有关的全部风险和报酬的一种租赁方式。

13.5.4.13 劳动保护费

企业发生的合理的劳动保护支出，准予扣除。

13.5.4.14 有关资产的费用

企业转让各类固定资产发生的费用，准予扣除。企业按规定计算的固定资产折旧费、无形资产和递延资产的摊销费，准予扣除。

13.5.4.15 总机构分摊的费用

非居民企业在中国境内设立的机构、场所，就其中国境外总机构发生的与该机构、场所生产经营有关的费用，能够提供总机构出具的费用汇集范围、定额、分配依据和方法等证明文件，并合理分摊的，准予扣除。

13.5.4.16 其他项目

依照有关法律、行政法规和国家有关税法规定准予扣除的其他项目。如会员费、合理的会议费、差旅费、违约金、诉讼费用等。

13.5.5 不得扣除项目

在计算应纳税所得额时，下列支出不得扣除：

（1）向投资者支付的股息、红利等权益性投资收益款项。

（2）企业所得税税款。

（3）税收滞纳金，具体是指纳税人违反税收法规，被税务机关处以的滞纳金。

（4）罚金、罚款和被没收财物的损失，是指纳税人违反国家有关法律、法规规定，被有关部门处以的罚款，以及被司法机关处以的罚金和被没收的财物。

（5）超过规定标准的捐赠支出。

（6）赞助支出，具体是指企业发生的与生产经营活动无关的各种非广告性质支出。

（7）未经核定的准备金支出，具体是指不符合国务院财政、税务主管部门规定的各项资产减值准备、风险准备等准备金支出。

（8）企业之间支付的管理费、企业内营业机构之间支付的租金和特许权使用费，以及非银行企业内营业机构之间支付的利息，不得扣除。

（9）与取得收入无关的其他支出。

13.5.6 亏损弥补

亏损，是指企业将每一纳税年度的收入总额减除不征税收入、免税收入和各项扣除后小于零的数额。企业亏损的弥补方法如表 13－8 所示。

表 13－8 企业亏损的弥补方法

企业类型	亏损弥补年限
一般企业	某一纳税年度发生的亏损，可以用下一年度的所得弥补，下一年度的所得不足弥补的，可以逐年延续弥补，但是最长不得超过 5 年
高新技术企业	自 2018 年 1 月 1 日起，当年具备资格的企业，其具备资格年度之前 5 个年度发生的尚未弥补完的亏损，准予结转以后年度弥补，最长结转年限由 5 年延长至 10 年
科技型中小企业	

13.5.7 非居民企业的应纳税所得额

在中国境内未设立机构、场所的，或者虽设立机构、场所但取得的所得与其所设机构、场所没有实际联系的非居民企业，其取得的来源于中国境内的所得，按照下列方法计算其应纳税所得额：

（1）股息、红利等权益性投资收益和利息、租金、特许权使用费所得，以收入全额为应纳税所得额。

（2）转让财产所得，以收入全额减除财产净值后的余额为应纳税所得额。

财产净值，是指有关资产、财产的计税基础减除已经按照规定扣除的折旧、折耗、摊销、准备金等后的余额。

（3）其他所得，参照前两项规定的方法计算应纳税所得额。

13.6 资产的税务处理

企业的各项资产，包括固定资产、生产性生物资产、无形资产、长期待摊费用、投资资产、存货等，以历史成本为计税基础。历史成本，是指企业取得该项资产时实际发生的支出。企业持有各项资产期间资产发生增值或者减值，除国务院财政、税务主管部门规定可以确认损益外，不得调整该资产的计税基础。

企业转让资产，该项资产的净值，准予在计算应纳税所得额时扣除。资产的净值，是指有关资产、财产的计税基础减除已经按照规定扣除的折旧、折耗、摊销、准备金等后的余额。除另有规定外，企业在重组过程中，应当在交易发生时确认有关资产的转让所得或者损失，相关资产应当按照交易价格重新确定计税基础。

13.6.1 固定资产

固定资产，是指企业为生产产品、提供劳务、出租或者经营管理而持有的、使用时间超过 12 个月的非货币性资产，包括房屋、建筑物、机器、机械、运输工具以及其他与生产经营活动有关的设备、器具、工具等。在计算应纳税所得额时，企业按照规定计算的固定资产折旧，准予扣除。

（1）下列固定资产不得计算折旧扣除：

1）房屋、建筑物以外未投入使用的固定资产；

2）以经营租赁方式租入的固定资产；

3）以融资租赁方式租出的固定资产；

4）已足额提取折旧仍继续使用的固定资产；

5）与经营活动无关的固定资产；

6）单独估价作为固定资产入账的土地；

7）其他不得计算折旧扣除的固定资产。

（2）固定资产按照取得方式确定计税基础，如表 13－9 所示。

表 13－9 固定资产的计税基础

取得方式		计税基础
外购		购买价款＋支付的相关税费＋直接归属于使用该资产达到预定用途发生的其他支出
自行建造		竣工结算前发生的支出
融资租入	租赁合同约定付款总额	合同约定的付款总额＋签订合同时发生的相关费用
	租赁合同未约定付款总额	该资产的公允价值＋签订合同时发生的相关费用
盘盈		同类固定资产的重置完全价值
捐赠、投资、非货币性资产交换、债务重组		公允价值＋支付的相关税费
改建		以改建支出增加计税基础

（3）固定资产按照直线法计算的折旧，准予扣除。企业应当自固定资产投入使用月份的次月起计算折旧；停止使用的固定资产，应当自停止使用月份的次月起停止计算折旧。

企业应当根据固定资产的性质和使用情况，合理确定固定资产的预计净残值。固定资产的预计净残值一经确定，不得变更。

（4）除国务院财政、税务主管部门另有规定外，固定资产计算折旧的最低年限如表 13－10 所示。

表 13－10 固定资产最低折旧年限

固定资产类型	最低折旧年限
房屋、建筑物	20 年
飞机、火车、轮船、机器、机械和其他生产设备	10 年
与生产经营活动有关的器具、工具、家具等	5 年
飞机、火车、轮船以外的运输工具	4 年
电子设备	3 年

13.6.2 生产性生物资产

生产性生物资产，是指企业为生产农产品，提供劳务或者出租等而持有的生物资产，包括经济林、薪炭林、产畜和役畜等。

（1）生产性生物资产计税基础的确定。

1）外购的生产性生物资产，以购买价款和支付的相关税费为计税基础；

2）通过捐赠、投资、非货币性资产交换、债务重组等方式取得的生产性生物资产，以该资产的公允价值和支付的相关税费为计税基础。

（2）生产性生物资产折旧的计算方法。

生产性生物资产按照直线法计算的折旧，准予扣除。企业应当从生产性生物资产投入使用月份的次月起计算折旧；停止使用的生产性生物资产，应当从停止使用月份的次月起停止计算折旧。企业应当根据生产性生物资产的性质和使用情况，合理确定生产性生物资产的预计净残值。生产性生物资产的预计净残值一经确定，不得随意变更。

（3）生产性生物资产的折旧年限。

1）林木类生产性生物资产的折旧年限为 10 年；

2）畜类生产性生物资产的折旧年限为 3 年。

13.6.3 无形资产

无形资产，是指企业为生产产品、提供劳务、出租或者经营管理而持有的、没有实物形态的非货币性长期资产，包括专利权、商标权、著作权、土地使用权、非专利技术、商誉等。在计算应纳税所得额时，企业按照规定计算的无形资产摊销费用，准予扣除。

（1）下列无形资产不得计算摊销费用扣除：

1）自行开发的支出已在计算应纳税所得额时扣除的无形资产；

2）自创商誉；

3）与经营活动无关的无形资产；

4）其他不得计算摊销费用扣除的无形资产。

（2）无形资产按照取得方式确定计税基础，如表 13－11 所示。

表 13-11 无形资产的计税基础

取得方式	计税基础
外购	购买价款+支付的相关税费+直接归属于使该资产达到预定用途发生的其他支出
自行开发	符合资本化条件后至达到预定用途前发生的支出
捐赠、投资、非货币性资产交换、债务重组	公允价值+支付的相关税费

（3）无形资产按照直线法计算的摊销费用，准予扣除。无形资产的摊销年限不得低于 10 年。

作为投资或者受让的无形资产，有关法律规定或者合同约定了使用年限的，可以按照规定或者约定的使用年限分期摊销。外购商誉的支出，在企业整体转让或者清算时，准予扣除。

13.6.4 长期待摊费用

长期待摊费用，是指企业发生的应在 1 个年度以上或几个年度进行摊销的费用。在计算应纳税所得额时，长期待摊费用的税务处理如表 13-12 所示。

表 13-12 长期待摊费用的税务处理

类别			税务处理
房屋、建筑物支出	日常维修支出		列入当期费用
	改建支出	已提足折旧的固定资产的改建支出	长期待摊费用，按照固定资产预计尚可使用年限分期摊销
		租入的固定资产的改建支出	长期待摊费用，按照合同约定的剩余租赁期限分期摊销
		其他	增加固定资产计税基础，适当延长折旧年限
其他固定资产	日常修理费用		列入当期费用
	大修理支出	同时符合下列条件的支出：（1）修理支出达到取得固定资产时的计税基础 50% 以上；（2）修理后固定资产的使用年限延长 2 年以上	长期待摊费用，按照固定资产尚可使用年限分期摊销
其他应当作为长期待摊费用的支出			自支出发生月份的次月起，分期摊销，摊销年限不得低于 3 年

13.6.5 投资资产

投资资产，是指企业对外进行权益性投资和债权性投资形成的资产。企业对外投资期间，投资资产的成本在计算应纳税所得额时不得扣除。企业在转让或者处置投资资产时，投资资产的成本准予扣除。投资资产的成本确定方法如表 13-13 所示。

表 13－13 投资资产的成本

取得方式	计税基础
支付现金方式	购买价款
支付现金以外的方式	公允价值＋支付的相关税费

13.6.6 存货

存货，是指企业持有以备出售的产品或者商品、处在生产过程中的在产品、在生产或者提供劳务过程中耗用的材料和物料等。存货成本的确定方法如表 13－14 所示。

表 13－14 存货的成本

取得方式	计税基础
支付现金方式	购买价款＋支付的相关税费
支付现金以外的方式	公允价值＋支付的相关税费

企业使用或者销售存货，按照规定计算的存货成本，准予在计算应纳税所得额时扣除。企业使用或者销售的存货的成本计算方法，可以在先进先出法、加权平均法、个别计价法中选用一种。计价方法一经选用，不得随意变更。

13.6.7 资产损失

资产损失，是指企业在生产经营活动中实际发生的、与取得应税收入有关的资产损失。包括现金损失，存款损失，坏账损失，贷款损失，股权投资损失，固定资产和存货的盘亏、毁损、报废、被盗损失，自然灾害等不可抗力因素造成的损失以及其他损失。

企业发生上述资产损失，应在按税法规定实际确认或者实际发生的当年申报扣除。企业以前年度发生的资产损失未能在当年税前扣除的，可以按照规定，向税务机关说明并进行专项申报扣除。其中，属于实际资产损失的，准予追补至该项损失发生年度扣除，其追补确认期限一般不得超过五年。企业因以前年度实际资产损失未在税前扣除而多缴的企业所得税税款，可在追补确认年度企业所得税应纳税款中予以抵扣，不足抵扣的，向以后年度递延抵扣。

13.7 税收优惠

13.7.1 免税收入

（1）国债利息收入。国债利息收入，是指企业持有国务院财政部门发行的国债取得的利息收入。

（2）符合条件的居民企业之间的股息、红利等权益性投资收益。符合条件的居民企业之间的股息、红利等权益性投资收益，是指居民企业直接投资于其他居民企业取得的投资收益。

（3）在中国境内设立机构、场所的非居民企业从居民企业取得与该机构、场所有实际联系的股息、红利等权益性投资收益。股息、红利等权益性投资收益，不包括连续持有居民企业公开发行并上市流通的股票不足 12 个月取得的投资收益。

（4）符合条件的非营利组织的收入。符合条件的非营利组织的收入，不包括非营利组织从事营利性活动取得的收入，但国务院财政、税务主管部门另有规定的除外。对非营利组织从事非营利性活动取得的收入给予免税，但对其从事营利性活动取得的收入则要征税。

13.7.2 减、免税所得

（1）企业从事下列项目的所得，免征企业所得税：

1）蔬菜、谷物、薯类、油料、豆类、棉花、麻类、糖料、水果、坚果的种植；

2）农作物新品种的选育；

3）中药材的种植；

4）林木的培育和种植；

5）牲畜、家禽的饲养；

6）林产品的采集；

7）灌溉、农产品初加工、兽医、农技推广、农机作业和维修等农、林、牧、渔服务业项目；

8）远洋捕捞。

（2）企业从事下列项目的所得，减半征收企业所得税：

1）花卉、茶以及其他饮料作物和香料作物的种植；

2）海水养殖、内陆养殖。

（3）从事国家重点扶持的公共基础设施项目投资经营的所得。国家重点扶持的公共基础设施项目，是指《公共基础设施项目企业所得税优惠目录》规定的港口码头、机场、铁路、公路、城市公共交通、电力、水利等项目。

1）企业从事上述国家重点扶持的公共基础设施项目的投资经营所得，自项目取得第 1 笔生产经营收入所属纳税年度起，第 1 年至第 3 年免征企业所得税，第 4 年至第 6 年减半征收企业所得税。

2）企业承包经营、承包建设和内部自建自用上述项目，不得享受企业所得税优惠。

（4）从事符合条件的环境保护、节能节水项目的所得。符合条件的环境保护、节能节水项目，包括公共污水处理、公共垃圾处理、沼气综合开发利用、节能减排技术改造、海水淡化等。项目的具体条件和范围由国务院财政、税务主管部门会商国务院有关部门制定，报国务院批准后公布施行。

企业从事上述规定的符合条件的环境保护、节能节水项目的所得，自项目取得第 1 笔生产经营收入所属纳税年度起，第 1 年至第 3 年免征企业所得税，第 4 年至第 6 年减半征收企业所得税。

（5）符合条件的技术转让所得。符合条件的技术转让所得免征、减征企业所得税，是指一个纳税年度内，居民企业技术转让所得不超过500万元的部分，免征企业所得税；超过500万元的部分，减半征收企业所得税。其计算公式为：

技术转让所得＝技术转让收入－技术转让成本和相关税费

（6）非居民企业所得。非居民企业的下列所得可以免征企业所得税：

1）外国政府向中国政府提供贷款取得的利息所得。

2）国际金融组织向中国政府和居民企业提供优惠贷款取得的利息所得。

3）经国务院批准的其他所得。

13.7.3　不同类型企业税收优惠

（1）符合条件的小型微利企业，减按20%的税率征收企业所得税。

1）小型微利企业的标准如表13－15所示。

表13－15　小型微利企业的标准

年应纳税所得额	从业人数	资产总额
≤300万元	≤300人	≤5 000万元

2）自2023年1月1日至2027年12月31日，对小型微利企业年应纳税所得额不超过300万元的部分，减按25%计入应纳税所得额，按20%的税率缴纳企业所得税，实际税负为5%。

3）年度应纳税所得额以弥补亏损后的数字为准。

4）从业人数包括与企业建立劳动关系的职工人数和企业接受的劳务派遣用工人数；年度中间开业或终止经营活动的，以其实际经营期作为一个纳税年度确定上述相关指标。

5）无论是查账征收企业还是核定征收企业，符合条件的，均可享受小型微利企业的税收优惠。

6）仅就来源于我国所得负有我国纳税义务的非居民企业，不适用小型微利企业的规定。

（2）国家需要重点扶持的高新技术企业，减按15%的税率征收企业所得税。

（3）自2018年1月1日起，对经认定的技术先进型服务企业（服务贸易类），减按15%的税率征收企业所得税。

（4）依法成立且符合条件的集成电路设计企业和软件企业，在2019年12月31日前自获利年度起计算优惠期，第1年至第2年免征企业所得税，第3年至第5年按照25%的法定税率减半征收企业所得税，并享受至期满为止。

13.7.4　加计扣除

企业的下列支出，可以在计算应纳税所得额时加计扣除：

（1）研究开发费用。研究开发费用的加计扣除，是指企业为开发新技术、新产品、新工艺发生的研究开发费用，未形成无形资产计入当期损益的，在按规定据实扣除的基础上，自 2023 年 1 月 1 日起，再按照实际发生额的 100% 在税前加计扣除；形成无形资产的，自 2023 年 1 月 1 日起，按照无形资产成本的 200% 在税前摊销。

下列行业不适用税前加计扣除政策：烟草制造业；住宿和餐饮业；批发和零售业；房地产业；租赁和商务服务业；娱乐业；财政部和国家税务总局规定的其他行业。

（2）安置残疾人员及国家鼓励安置的其他就业人员所支付的工资。企业安置残疾人员所支付的工资的加计扣除，是指企业安置残疾人员的，在按照支付给残疾职工工资据实扣除的基础上，按照支付给残疾职工工资的 100% 加计扣除。企业安置国家鼓励安置的其他就业人员所支付的工资的加计扣除办法，由国务院另行规定。

13.7.5 应纳税所得额抵扣

创业投资企业采取股权投资方式投资于未上市的中小高新技术企业 2 年以上的，可以按照其投资额的 70% 在股权持有满 2 年的当年抵扣该创业投资企业的应纳税所得额；当年不足抵扣的，可以在以后纳税年度结转抵扣。

公司制创业投资企业采取股权投资方式直接投资于种子期、初创期科技型企业满 2 年（24 个月）的，可以按照投资额的 70% 在股权持有满 2 年的当年抵扣该公司制创业投资企业的应纳税所得额；当年不足抵扣的，可以在以后纳税年度结转抵扣。

13.7.6 加速折旧

13.7.6.1 可以采用加速折旧的固定资产

企业的固定资产由于技术进步等原因，确需加速折旧的，可以缩短折旧年限或者采取加速折旧的方法。可以采取缩短折旧年限或者采取加速折旧的方法的固定资产包括：

（1）由于技术进步，产品更新换代较快的固定资产。

（2）常年处于强震动、高腐蚀状态的固定资产。

采取缩短折旧年限方法的，最低折旧年限不得低于税法规定折旧年限的 60%；采取加速折旧方法的，可以采取双倍余额递减法或者年数总和法。

13.7.6.2 适用特定行业加速折旧的规定

（1）《财政部 国家税务总局关于完善固定资产加速折旧企业所得税政策的通知》（财税〔2014〕75 号）。

1）对生物药品制造业，专用设备制造业，铁路、船舶、航空航天和其他运输设备制造业，计算机、通信和其他电子设备制造业，仪器仪表制造业，信息传输、软件和信息技术服务业 6 个行业的企业 2014 年 1 月 1 日后新购进的固定资产，可缩短折旧年限或采取加速折旧的方法。

2）对上述 6 个行业的小型微利企业 2014 年 1 月 1 日后新购进的研发和生产经

营共用的仪器、设备，单位价值不超过 100 万元的，允许一次性计入当期成本费用，在计算应纳税所得额时扣除，不再分年度计算折旧；单位价值超过 100 万元的，可缩短折旧年限或采取加速折旧的方法。

（2）《财政部 国家税务总局关于进一步完善固定资产加速折旧企业所得税政策的通知》(财税〔2015〕106 号)。

1）对轻工、纺织、机械、汽车 4 个领域重点行业的企业 2015 年 1 月 1 日后新购进的固定资产，可由企业选择缩短折旧年限或采取加速折旧的方法。

2）对上述行业的小型微利企业 2015 年 1 月 1 日后新购进的研发和生产经营共用的仪器、设备，单位价值不超过 100 万元的，允许一次性计入当期成本费用，在计算应纳税所得额时扣除，不再分年度计算折旧；单位价值超过 100 万元的，可由企业选择缩短折旧年限或采取加速折旧的方法。

（3）《财政部 税务总局关于扩大固定资产加速折旧优惠政策适用范围的公告》(财政部 税务总局公告 2019 年第 66 号)。

自 2019 年 1 月 1 日起，适用财税〔2014〕75 号和财税〔2015〕106 号规定固定资产加速折旧优惠的行业范围，扩大至全部制造业领域。

13.7.6.3 适用所有行业加速折旧的规定

（1）《财政部 国家税务总局关于完善固定资产加速折旧企业所得税政策的通知》(财税〔2014〕75 号)。

1）对所有行业企业 2014 年 1 月 1 日后新购进的专门用于研发的仪器、设备，单位价值不超过 100 万元的，允许一次性计入当期成本费用，在计算应纳税所得额时扣除，不再分年度计算折旧；单位价值超过 100 万元的，可缩短折旧年限或采取加速折旧的方法。

2）对所有行业企业持有的单位价值不超过 5 000 元的固定资产，允许一次性计入当期成本费用在计算应纳税所得额时扣除，不再分年度计算折旧。

（2）《财政部 税务总局关于设备、器具扣除有关企业所得税政策的通知》(财政部 国家税务总局公告 2023 年第 37 号)。

企业在 2024 年 1 月 1 日至 2027 年 12 月 31 日期间新购进的设备、器具，单位价值不超过 500 万元的，允许一次性计入当期成本费用在计算应纳税所得额时扣除，不再分年度计算折旧。

上述所称设备、器具是指除房屋、建筑物以外的固定资产；所称高新技术企业的条件和管理办法按照《科技部 财政部 国家税务总局关于修订印发〈高新技术企业认定管理办法〉的通知》(国科发火〔2016〕32 号）执行。

13.7.7 减计收入

（1）企业以《资源综合利用企业所得税优惠目录》规定的资源作为主要原材料，生产国家非限制和禁止并符合国家和行业相关标准的产品取得的收入，减按 90% 计入收入总额。原材料占生产产品材料的比例不得低于优惠目录规定的标准。

（2）自2019年6月1日起至2025年12月31日，社区提供养老、托育、家政等服务的机构，提供社区养老、托育、家政服务取得的收入，在计算应纳税所得额时，减按90%计入收入总额。社区包括城市社区和农村社区。

13.7.8 应纳税额抵免

企业购置并实际使用《环境保护专用设备企业所得税优惠目录》《节能节水专用设备企业所得税优惠目录》《安全生产专用设备企业所得税优惠目录》规定的环境保护、节能节水、安全生产等专用设备的，该专用设备的投资额的10%可以从企业当年的应纳税额中抵免；当年不足抵免的，可以在以后5个纳税年度结转抵免。享受上述规定的企业所得税优惠的企业，应当实际购置并自身实际投入使用上述规定的专用设备；企业购置上述专用设备在5年内转让、出租的，应当停止享受企业所得税优惠，并补缴已经抵免的企业所得税税款。

购置并实际使用的环境保护、节能节水和安全生产专用设备，包括承租方企业以融资租赁方式租入的，并在融资租赁合同中约定租赁期届满时租赁设备所有权转移给承租方企业，且符合规定条件的上述专用设备。凡融资租赁期届满后租赁设备所有权未转移至承租方企业的，承租方企业应停止享受抵免企业所得税优惠，并补缴已经抵免的企业所得税税款。

13.7.9 西部地区的减免税

对设在西部地区以《西部地区鼓励类产业目录》中新增鼓励类产业项目为主营业务，且其当年度主营业务收入占企业收入总额70%以上的企业，自2014年10月1日起，可减按15%税率缴纳企业所得税。

13.7.10 债券利息减免税

（1）对企业取得的2012年及以后年度发行的地方政府债券利息收入，免征企业所得税。

（2）对企业投资者持有2019—2023年发行的铁路债券取得的利息收入，减半征收企业所得税。

13.8 应纳税额的计算

企业所得税应纳税额的计算公式为：

应纳税额 = 应纳税所得额 × 适用税率 − 减免税额 − 抵免税额

其中的减免税额和抵免税额，是指依照我国《企业所得税法》和国务院的税收优惠规定减征、免征和抵免的应纳税额。

企业取得的下列所得已在境外缴纳的所得税税额，可以从其当期应纳税额中抵免，抵免限额为该项所得依照规定计算的应纳税额，超过抵免限额的部分，可以在以后 5 个年度内，用每年抵免限额抵免当年应抵税额后的余额进行抵补：

（1）居民企业来源于中国境外的应税所得。

（2）非居民企业在中国境内设立机构、场所，取得发生在中国境外但与该机构、场所有实际联系的应税所得。

已在境外缴纳的所得税税额，是指企业来源于中国境外的所得依照中国境外税收法律以及相关规定应当缴纳并已经实际缴纳的企业所得税性质的税款。

抵免限额，是指企业来源于中国境外的所得，依照规定计算的应纳税额。

5 个年度，是指从企业取得的来源于中国境外的所得，已经在中国境外缴纳的企业所得税性质的税额超过抵免限额的当年的次年起连续 5 个纳税年度。

自 2017 年 7 月 1 日起，企业可以选择按国（地区）别分别计算［即“分国（地区）不分项”］，或者不按国（地区）别汇总计算［即“不分国（地区）不分项”］其来源于境外的应纳税所得额，按照规定的税率，分别计算其可抵免境外所得税税额和抵免限额。上述方式一经选择，5 年内不得改变。

13.9 纳税地点

企业所得税的纳税地点如表 13－16 所示。

表 13－16　企业所得税的纳税地点

纳税人		纳税地点
居民企业	登记注册地为境内的	登记注册地
	登记注册在境外的	实际管理机构所在地
	境内设立不具有法人资格的营业机构的	汇总计算并缴纳企业所得税
非居民企业	境内设立机构场所	机构场所所在地
	境内设立两个或两个以上机构、场所的	符合规定条件的，可以选择由其主要机构、场所汇总缴纳
	未设立机构、场所或虽设立但与取得的所得无实际联系的	扣缴义务人所在地

13.10 纳税期限

按月或按季预缴企业所得税的，应当自月份或者季度终了之日起 15 日内，向税务机关报送预缴企业所得税纳税申报表，预缴税款。

企业在报送企业所得税纳税申报表时，应当按照规定附送财务会计报告和其他有关资料。企业应当在办理注销登记前，就其清算所得向税务机关申报并依法缴纳企业所得税。企业分月或者分季预缴企业所得税时，应当按照月度或者季度的实际利润额预缴；按照月度或者季度的实际利润额预缴有困难的，可以按照上一纳税年度应纳税所得额的月度或者季度平均额预缴，或者按照经税务机关认可的其他方法预缴。预缴方法一经确定，该纳税年度内不得随意变更。

企业在纳税年度内无论是盈利还是亏损，都应当依照规定期限，向税务机关报送预缴企业所得税纳税申报表、年度企业所得税纳税申报表、财务会计报告和税务机关规定应当报送的其他有关资料。

企业所得税以人民币计算。企业所得以人民币以外的货币计算的，应当折合成人民币计算并缴纳税款。

企业所得以人民币以外的货币计算的，预缴企业所得税时，应当按照月度或者季度最后 1 日的人民币汇率中间价，折合成人民币计算应纳税所得额。

年度终了汇算清缴时，对已经按照月度或者季度预缴税款的，不再重新折合计算，只就该纳税年度内未缴纳企业所得税的部分，按照纳税年度最后 1 日的人民币汇率中间价，折合成人民币计算应纳税所得额。

经税务机关检查确认，企业少计或者多计所得的，应当按照检查确认补税或者退税时的上一个月最后 1 日的人民币汇率中间价，将少计或者多计的所得折合成人民币计算应纳税所得额，再计算应补缴或者应退的税款。

13.11 会计核算

所得税的会计核算方法包括应付税款法和纳税影响会计法，具体内容如表 13－17 所示。《小企业会计准则》要求小企业采用应付税款法核算企业所得税，规定小企业应当按照《企业所得税法》规定计算的当期应纳税额，确认所得税费用。小企业应当在利润总额的基础上，按照《企业所得税法》规定进行纳税调整，计算出当期应纳税所得额，按照应纳税所得额与适用所得税税率计算确定当期应纳税额。《企业会计准则第 18 号——所得税》要求企业采用资产负债表债务法核算企业所得税，在计算缴纳所得税和递延所得税的基础上，确认所得税费用。

表 13－17 所得税的会计核算方法

<table>
<tr><th>核算方法</th><th colspan="2">具体内容</th></tr>
<tr><td>应付税款法</td><td colspan="2">将本期税前会计利润与纳税所得之间的差异造成的影响纳税的金额直接计入当期损益</td></tr>
<tr><td rowspan="3">纳税影响会计法</td><td>递延法</td><td></td></tr>
<tr><td rowspan="2">债务法</td><td>利润表债务法</td></tr>
<tr><td>资产负债表债务法</td></tr>
</table>

13.11.1 应付税款法

应付税款法是将本期税前会计利润与纳税所得之间的差异造成的影响纳税的金额直接计入当期损益，而不递延到以后各期。在应付税款法下，企业应按照税法规定对税前会计利润进行调整，得出应纳税所得额，再按税法规定的税率计算出当期应缴的所得税，作为所得税费用直接计入当期损益。

13.11.1.1 会计科目

在采用应付税款法进行所得税会计核算时，需要通过“所得税费用”和“应交税费——应交企业所得税”科目核算。

13.11.1.2 账务处理

（1）企业每月或者每个季度预缴企业所得税时：

借：所得税费用

　贷：应交税费——应交所得税

（2）实际预缴企业所得税时：

借：应交税费——应交所得税

　贷：银行存款

（3）期末，将“所得税费用”科目借方余额作为费用转入“本年利润”科目：

借：本年利润

　贷：所得税费用

（4）年末汇算清缴企业所得税时：

$$全年应缴纳企业所得税税额 = 应纳税所得额 \times 适用税率$$

$$\frac{汇算清缴多退少补}{企业所得税税额} = \frac{全年应缴纳}{企业所得税税额} - \frac{全年按月（季）累计}{已预缴的企业所得税税额}$$

借：所得税费用

　贷：应交税费——应交所得税

实际上缴企业所得税时：

借：应交税费——应交所得税

　贷：银行存款

13.11.2 资产负债表债务法

资产负债表债务法是指从资产负债表出发，对其列示的资产、负债按照《企业会计准则》的规定确定的账面价值与按照税法规定确定的计税基础进行比较，对于两者之间的差额分别应纳税暂时性差异与可抵扣暂时性差异，确认相关的递延所得税负债和递延所得税资产，并在此基础上确定每一期间利润表中的所得税费用。

13.11.2.1 计税基础与暂时性差异

（1）资产负债表债务法的程序。

在采用资产负债表债务法核算所得税的情况下，企业一般应于每一资产负债表日进行所得税核算。企业进行所得税核算时一般应遵循以下程序：

第一，按照会计准则规定确定资产负债表中除递延所得税资产和递延所得税负债以外的其他资产和负债项目的账面价值。

第二，按照会计准则中对于资产和负债计税基础的确定方法，以适用的税法规定为基础，确定资产负债表中有关资产、负债项目的计税基础。

第三，比较资产、负债的账面价值与其计税基础，对于两者之间存在差异的，分析其性质，除会计准则中规定的特殊情况外，分别应纳税暂时性差异与可抵扣暂时性差异，确定该资产负债表日递延所得税负债和递延所得税资产的应有金额，并与期初递延所得税资产和递延所得税负债的余额相比，确定当期应予以进一步确认的递延所得税资产和递延所得税负债金额或应予以转销的金额，作为构成利润表中所得税费用的递延所得税费用（或收益）。

第四，按照税法的规定计算确定当期应纳税所得额，将应纳税所得额与使用的所得税税率计算的结果确认为当期应交所得税，作为利润表中应予以确认的所得税费用中的当期所得税部分。

第五，确定利润表中的所得税费用。利润表中的所得税费用包括当期所得税和递延所得税两个组成部分。企业在计算确定当期所得税和递延所得税后，两者之和（或之差）即为利润表中的所得税费用。

（2）资产的计税基础。资产的计税基础，是指企业收回资产账面价值过程中，计算应纳税所得额时按照税法的规定可以自应税经济利益中抵扣的金额。企业应当按照适用的税法规定计算确定资产的计税基础。

1）固定资产。以各种方式取得的固定资产，初始确认时入账价值基本上是被税法认可的，即取得时其入账价值一般等于计税基础。固定资产在持有期间进行后续计量时，会计与税收处理的差异主要来自折旧方法、折旧年限的不同以及固定资产减值准备的提取。

第一，折旧方法、折旧年限不同产生的差异。

会计准则规定，企业可以根据固定资产经济利益的预期实现方式合理选择折旧方法，如可以按照直线法计提折旧，也可以按照双倍余额递减法、年数总和法等计提折旧。税法一般会规定固定资产的折旧方法，除某些按照规定可以加速折旧的情况外，基本上可以税前扣除的是按照直线法计提的折旧。另外，税法一般规定每一类固定资产的最低折旧年限，而会计处理是按照会计准则的规定，折旧年限是由企业按照固定资产能够为企业带来经济利益的期限估计确定的。因为折旧年限的不同，所以会产生固定资产账面价值与计税基础之间的差异。

第二，因计提固定资产减值准备产生的差异。

持有固定资产期间，在对固定资产计提了减值准备以后，由于所计提的减值准备不允许税前扣除，其账面价值下降，但计税基础不会随资产减值准备的提取而发生变化，因此，计提固定资产减值准备也会产生其账面价值与计税基础的差异。

2）无形资产。除内部研究开发形成的无形资产以外，以其他方式取得的无形资产，初始确认时其入账价值与税法规定的成本之间一般不存在差异。

第一，对于内部研究开发形成的无形资产，会计准则规定，有关内部研究开发活动区分两个阶段，研究阶段的支出应当费用化计入当期损益，而开发阶段符合资本化条件的支出应当计入所形成无形资产的成本。税法规定，自行开发的无形资产，以开发过程中该资产符合资本化条件后至达到预定用途前发生的支出为计税基础。

对于研究开发费用，税法规定可以加计扣除，即企业为开发新技术、新产品、新工艺发生的研究开发费用，未形成无形资产计入当期损益的，在按照规定据实扣除的基础上，按照研究开发费用的 100% 加计扣除；形成无形资产的，按照无形资产成本的 100% 税前摊销。对于内部研究开发形成的无形资产，初始确认时按照会计准则规定确认的成本与其计税基础通常是相同的。对于享受税收优惠的研究开发支出，在形成无形资产时，按照会计准则规定确定的成本为研究开发过程中符合资本化条件后至达到预定用途前发生的支出，而因税法规定按照无形资产成本的 200% 税前摊销，则其计税基础应在会计上入账价值的基础上加计 100%，因而产生账面价值与计税基础在初始确认时的差异，但如果该无形资产的确认不是产生于企业合并交易，同时在确认时既不影响会计利润也不影响应纳税所得额，按照所得税准则的规定，不确认该暂时性差异的所得税影响。

第二，无形资产在后续计量时，会计与税法的差异主要产生于对无形资产是否摊销及无形资产减值准备的计提。会计准则规定应根据无形资产的使用寿命情况，区分为使用寿命有限的无形资产和使用寿命不确定的无形资产。对于使用寿命不确定的无形资产，不要求摊销，在会计期末应进行减值测试。税法规定，企业取得的无形资产成本，应在一定期限内摊销，有关摊销额允许税前扣除。在对无形资产计提减值准备的情况下，因所计提的减值准备不允许税前扣除，也会造成其账面价值与计税基础的差异。

3）以公允价值计量且其变动计入当期损益的金融资产。按照《企业会计准则第 22 号——金融工具确认和计量》的规定，对于以公允价值计量且其变动计入当期损益的金融资产，其于某一会计期末的账面价值为公允价值。税法规定按照会计准则确认的公允价值变动损益在计税时不予考虑，即有关金融资产在某一会计期末的计税基础为其取得成本，会造成该类金融资产账面价值与计税基础之间的差异。

4）计提资产减值准备的各项资产。有关资产计提了减值准备以后，其账面价值会随之下降，而按照税法的规定，资产的减值在转化为实质性损失之前，不允许税前扣除，即其计税基础不会因减值准备的提取而发生变化，从而造成资产的账面价值与其计税基础之间的差异。

（3）负债的计税基础。负债的计税基础，是指负债的账面价值减去未来期间计算应纳税所得额时按照税法规定可予以抵扣的金额。

1）预计负债。

第一，因计提产品保修费用而确认的预计负债。按照或有事项准则的规定，企业应将预计提供售后服务发生的支出在销售当期确认为费用，同时确认预计负债。如果税法规定，有关的支出应于实际发生时税前扣除，则会产生暂时性差异。

第二，未决诉讼确认的预计负债。如果税法规定其支出无论是否实际发生均不允许税前扣除，例如因债务担保引起的未决诉讼，其产生的损失无论是否实际发生均不允许税前扣除，因此其账面价值与计税基础相同，不产生暂时性差异；如果税法规定未决诉讼实际发生时可以税前扣除，其账面价值与计税基础不相同，则产生暂时性差异。

2）合同负债。企业在收到客户预付的款项时，因不符合收入确认条件，会计上将其确认为合同负债。税法中对于收入的确认原则一般与会计规定相同，即会计上未确认收入时，计税时一般亦不计入应纳税所得额，该部分经济利益在未来期间计税时可予以税前扣除的金额为零，计税基础等于账面价值。

如果不符合会计准则规定的收入确认条件，但按照税法规定应计入当期应纳税所得额，则未来期间无须纳税，有关合同负债的计税基础为零。

3）应付职工薪酬。会计准则规定，企业为获得职工提供的服务所给予的各种形式的报酬以及其他相关支出均应作为企业的成本、费用，在未支付之前确认为负债。税法中对于合理的薪酬基本允许税前扣除，相关应付职工薪酬负债的账面价值等于计税基础。

4）其他负债。企业的其他负债项目，如应交的罚款和滞纳金等，在尚未支付之前按照会计准则的规定确认为费用，同时作为负债反映。按照税法的规定，罚款和滞纳金不允许税前扣除，其计税基础为账面价值减去未来期间计税时可予以税前扣除的金额（即零）之间的差额，即计税基础等于账面价值，不产生暂时性差异。

（4）暂时性差异。暂时性差异，是指资产或负债的账面价值与其计税基础之间的差额；未作为资产和负债确认的项目，按照税法的规定可以确定其计税基础的，该计税基础与其账面价值之间的差额也属于暂时性差异。

按照暂时性差异对未来期间应税金额的影响，分为应纳税暂时性差异和可抵扣暂时性差异。

1）应纳税暂时性差异。应纳税暂时性差异，是指在确定未来收回资产或清偿负债期间的应纳税所得额时，将导致产生应税金额的暂时性差异。

应纳税暂时性差异产生的情形：第一，资产的账面价值大于其计税基础；第二，负债的账面价值小于其计税基础。

2）可抵扣暂时性差异，是指在确定未来收回资产或清偿负债期间的应纳税所得额时，将导致产生可抵扣金额的暂时性差异。

可抵扣暂时性差异产生的情形：第一，资产的账面价值小于其计税基础；第二，负债的账面价值大于其计税基础。

13.11.2.2 递延所得税负债、资产的确认和计量

应纳税暂时性差异在转回期间将增加未来期间企业的应纳税所得额和应交所得税，导致企业经济利益的流出，从其发生当期看，构成企业应支付税金的义务，应作为负债确认。

（1）递延所得税负债的确认和计量。

1）递延所得税负债的确认。企业对与子公司、联营企业及合营企业投资相关的应纳税暂时性差异，应当确认相应的递延所得税负债。但是，同时满足下列条件的除外：投资企业能够控制暂时性差异转回的时间；该暂时性差异在可预见的未来很可能不会转回。

2）递延所得税负债的计量。递延所得税负债应以相关应纳税暂时性差异转回期间适用的所得税税率计量；无论应纳税暂时性差异的转回期间如何，递延所得税负债不要求折现。

（2）递延所得税资产的确认和计量。

1）递延所得税资产的确认。企业应当以很可能取得用来抵扣可抵扣暂时性差异的应纳税所得额为限，确认由可抵扣暂时性差异产生的递延所得税资产。但是，同时具有下列特征的交易中因资产或负债的初始确认所产生的递延所得税资产不予确认：该项交易不是企业合并；交易发生时既不影响会计利润也不影响应纳税所得额（或可抵扣亏损）。

2）递延所得税资产的计量。

第一，适用税率的确定。同递延所得税负债的计量原则相一致，确认递延所得税资产时，应估计相关可抵扣暂时性差异的转回时间，采用转回期间适用的所得税税率为基础计算确定。另外，无论相关的可抵扣暂时性差异转回期间如何，递延所得税资产均不予折现。

第二，递延所得税资产的减值。如果未来期间很可能无法取得足够的应纳税所得额用以利用递延所得税资产的利益，应当减记递延所得税资产的账面价值；递延所得税资产的账面价值因上述原因减记以后，以后期间根据新的环境和情况判断能够产生足够的应纳税所得额用以利用可抵扣暂时性差异，使得递延所得税资产包含的经济利益能够实现的，应相应恢复递延所得税资产的账面价值。

13.11.2.3 所得税费用的确认和计量

（1）当期所得税。

当期所得税，是指企业按照税法的规定计算确定的针对当期发生的交易和事项，应缴纳给税务部门的所得税金额，即应交所得税，应以适用的税收法规为基础计算确定。即：

当期所得税＝当期应交所得税

企业在确定当期所得税时，对于当期发生的交易或事项，会计处理与税法处理不同的，应在会计利润的基础上，按照适用税收法规的要求进行调整，计算出当期应纳税所得额，按照应纳税所得额与适用所得税税率计算确定当期应交所得税。

应纳税所得额＝会计利润 ± 调整项目

应交所得税额＝应纳税所得额 × 适用税率

（2）递延所得税。

递延所得税，是指按照《企业会计准则》的规定应予以确认的递延所得税资产和递延所得税负债在期末应有的金额相对于原已确认金额之间的差额，即递延所得税资产及递延所得税负债的当期发生额，但不包括直接计入所有者权益的交易或事项及企业合并产生的所得税影响，即：

$$\text{递延所得税}=\left(\text{递延所得税负债的期末余额}-\text{递延所得税负债的期初余额}\right)-\left(\text{递延所得税资产的期末余额}-\text{递延所得税资产的期初余额}\right)$$

（3）所得税费用。计算公式为：

$$\text{所得税费用}=\text{当期所得税}+\text{递延所得税}$$

13.11.2.4 会计科目

在采用资产负债表债务法进行所得税会计核算时，企业通过“所得税费用”“应交税费——应交企业所得税”“递延所得税资产”“递延所得税负债”科目核算。

13.11.2.5 账务处理

企业所得税的账务处理如表 13－18 所示。

表 13－18 企业所得税的账务处理

当期所得税	借：所得税费用 贷：应交税费——应交所得税		
递延所得税	递延所得税资产	递延所得税资产增加	借：递延所得税资产 贷：所得税费用
		递延所得税资产减少	借：所得税费用 贷：递延所得税资产
	递延所得税负债	递延所得税负债增加	借：所得税费用 贷：递延所得税负债
		递延所得税负债减少	借：递延所得税负债 贷：所得税费用

期末，将“所得税费用”科目的余额转入“本年利润”科目，结转后“所得税费用”科目应无余额，其会计分录为：

借：本年利润

　贷：所得税费用

即测即评

扫一扫 练一练

参考文献

［1］ 财政部会计资格评价中心．初级会计实务．北京：经济科学出版社，2023.

［2］ 财政部会计资格评价中心．初级会计实务历年真题精讲机考押题试卷．北京：经济科学出版社，2023.

［3］ 1990 年至 2024 年 1 月中华人民共和国相关财经、会计、税收等法律法规文件．

附　录

请登录财务实训平台完成阳光公司 12 月份的会计处理，扫描以下二维码可获取相关表格、平台操作视频和综合案例答案。

相关表格
扫一扫

平台操作视频
扫一扫

综合案例答案
扫一扫